劳动法规小丛书

企事业单位改制
相关法律法规
文件汇编

本书编写组◎编

QISHIYE DANWEI GAIZHI
XIANGGUAN FALÜ FAGUI
WENJIAN HUIBIAN

中国工人出版社

图书在版编目（CIP）数据

企事业单位改制相关法律法规文件汇编 /《企事业单位改制相关法律法规文件汇编》编写组编. —北京：中国工人出版社，2015.11

ISBN 978-7-5008-6145-4

Ⅰ. ①企…　Ⅱ. ①企…　Ⅲ. ①企业改革—法规—汇编—中国 ②行政事业单位—体制改革—法规—汇编—中国　Ⅳ. ①D922.110.9

中国版本图书馆CIP数据核字（2015）第115380号

企事业单位改制相关法律法规文件汇编

出 版 人	芮宗金
责任编辑	赵晨羽
责任校对	孙迺伟
责任印制	栾征宇
出版发行	中国工人出版社
地　　址	北京市东城区鼓楼外大街45号　邮编：100120
网　　址	http://www.wp-china.com
电　　话	（010）62350006（总编室）　（010）62005039（出版物流部） （010）82075935（工会与劳动关系分社）
发行热线	（010）62004002　（010）82081553（传真）
经　　销	各地书店
印　　刷	北京市密东印刷有限公司
开　　本	660毫米×960毫米　1/16
印　　张	16.75
字　　数	250千字
版　　次	2016年1月第1版　2016年1月第1次印刷
定　　价	28.00元

出版说明

近年来，我国相继颁布和修订了一批涉及劳动者权益的法律法规和规范性文件。为了满足广大劳动者学习、了解并准确查找与自身劳动权益相关的法律法规及规范性文件，我社推出“劳动法规小丛书”。

这套丛书分类科学、收录全面、内容准确、便于查找，每个分册均按照法律文件的效力等级进行编排，包括法律、行政法规、部门规章及规范性文件、司法解释等。

希望这套丛书的出版能给广大读者带来便利和帮助，同时书中难免还有不完善之处，还请读者不吝指正。

编　者

2015 年 12 月

目录

CONTENTS

事业单位改制

社会保险和福利

改制中的民主程序与权益保护

总　类

中华人民共和国劳动法（节录）

（1994年7月5日第八届全国人民代表大会常务委员会第八次会议通过　根据2009年8月27日第十一届全国人民代表大会常务委员会第十次会议《关于修改部分法律的决定》修正）

第三章　劳动合同和集体合同

第二十七条　用人单位濒临破产进行法定整顿期间或者生产经营状况发生严重困难，确需裁减人员的，应当提前三十日向工会或者全体职工说明情况，听取工会或者职工的意见，经向劳动行政部门报告后，可以裁减人员。

用人单位依据本条规定裁减人员，在六个月内录用人员的，应当优先录用被裁减的人员。

第三十条　用人单位解除劳动合同，工会认为不适当的，有权提出意见。如果用人单位违反法律、法规或者劳动合同，工会有权要求重新处理；劳动者申请仲裁或者提起诉讼的，工会应当依法给予支持和帮助。

第三十一条　劳动者解除劳动合同，应当提前三十日以书面形式通知用人单位。

第三十二条　有下列情形之一的，劳动者可以随时通知用人单位解除劳动合同：

（一）在试用期内的；

（二）用人单位以暴力、威胁或者非法限制人身自由的手段强迫劳动的；

（三）用人单位未按照劳动合同约定支付劳动报酬或者提供劳动条件的。

中华人民共和国劳动合同法（节录）

（2007年6月29日第十届全国人民代表大会常务委员会第二十八次会议通过　根据2012年12月28日第十一届全国人民代表大会常务委员会第三十次会议《关于修改〈中华人民共和国劳动合同法〉的决定》修正）

第四章　劳动合同的解除和终止

第三十六条　用人单位与劳动者协商一致，可以解除劳动合同。

第三十七条　劳动者提前三十日以书面形式通知用人单位，可以解除劳动合同。劳动者在试用期内提前三日通知用人单位，可以解除劳动合同。

第三十八条　用人单位有下列情形之一的，劳动者可以解除劳动合同：

（一）未按照劳动合同约定提供劳动保护或者劳动条件的；

（二）未及时足额支付劳动报酬的；

（三）未依法为劳动者缴纳社会保险费的；

（四）用人单位的规章制度违反法律、法规的规定，损害劳动者权益的；

（五）因本法第二十六条第一款规定的情形致使劳动合同无效的；

（六）法律、行政法规规定劳动者可以解除劳动合同的其他情形。

用人单位以暴力、威胁或者非法限制人身自由的手段强迫劳动者劳动的，或者用人单位违章指挥、强令冒险作业危及劳动者人身安全的，劳动者可以立即解除劳动合同，不需事先告知用人单位。

第三十九条　劳动者有下列情形之一的，用人单位可以解除劳动合同：

（一）在试用期间被证明不符合录用条件的；

（二）严重违反用人单位的规章制度的；

（三）严重失职，营私舞弊，给用人单位造成重大损害的；

（四）劳动者同时与其他用人单位建立劳动关系，对完成本单位的工作任务造成严重影响，或者经用人单位提出，拒不改正的；

（五）因本法第二十六条第一款第一项规定的情形致使劳动合同无效的；

（六）被依法追究刑事责任的。

第四十条 有下列情形之一的，用人单位提前三十日以书面形式通知劳动者本人或者额外支付劳动者一个月工资后，可以解除劳动合同：

（一）劳动者患病或者非因工负伤，在规定的医疗期满后不能从事原工作，也不能从事由用人单位另行安排的工作的；

（二）劳动者不能胜任工作，经过培训或者调整工作岗位，仍不能胜任工作的；

（三）劳动合同订立时所依据的客观情况发生重大变化，致使劳动合同无法履行，经用人单位与劳动者协商，未能就变更劳动合同内容达成协议的。

第四十一条 有下列情形之一，需要裁减人员二十人以上或者裁减不足二十人但占企业职工总数百分之十以上的，用人单位提前三十日向工会或者全体职工说明情况，听取工会或者职工的意见后，裁减人员方案经向劳动行政部门报告，可以裁减人员：

（一）依照企业破产法规定进行重整的；

（二）生产经营发生严重困难的；

（三）企业转产、重大技术革新或者经营方式调整，经变更劳动合同后，仍需裁减人员的；

（四）其他因劳动合同订立时所依据的客观经济情况发生重大变化，致使劳动合同无法履行的。

裁减人员时，应当优先留用下列人员：

（一）与本单位订立较长期限的固定期限劳动合同的；

（二）与本单位订立无固定期限劳动合同的；

（三）家庭无其他就业人员，有需要抚养的老人或者未成年人的。

用人单位依照本条第一款规定裁减人员，在六个月内重新招用人员的，应当通知被裁减的人员，并在同等条件下优先招用被裁减的人员。

第四十二条 劳动者有下列情形之一的，用人单位不得依照本法第四十条、第四十一条的规定解除劳动合同：

（一）从事接触职业病危害作业的劳动者未进行离岗前职业健康检查，或者疑似职业病病人在诊断或者医学观察期间的；

（二）在本单位患职业病或者因工负伤并被确认丧失或者部分丧失劳动能力的；

（三）患病或者非因工负伤，在规定的医疗期内的；

（四）女职工在孕期、产期、哺乳期的；

（五）在本单位连续工作满十五年，且距法定退休年龄不足五年的；

（六）法律、行政法规规定的其他情形。

第四十三条 用人单位单方解除劳动合同，应当事先将理由通知工会。用人单位违反法律、行政法规规定或者劳动合同约定的，工会有权要求用人单位纠正。用人单位应当研究工会的意见，并将处理结果书面通知工会。

第四十四条 有下列情形之一的，劳动合同终止：

（一）劳动合同期满的；

（二）劳动者开始依法享受基本养老保险待遇的；

（三）劳动者死亡，或者被人民法院宣告死亡或者宣告失踪的；

（四）用人单位被依法宣告破产的；

（五）用人单位被吊销营业执照、责令关闭、撤销或者用人单位决定提前解散的；

（六）法律、行政法规规定的其他情形。

第四十五条 劳动合同期满，有本法第四十二条规定情形之一的，劳动合同应当续延至相应的情形消失时终止。但是，本法第四十二条第二项规定丧失或者部分丧失劳动能力劳动者的劳动合同的终止，按照国家有关工伤保险的规定执行。

第四十六条 有下列情形之一的，用人单位应当向劳动者支付经济补偿：

（一）劳动者依照本法第三十八条规定解除劳动合同的；

（二）用人单位依照本法第三十六条规定向劳动者提出解除劳动合

同并与劳动者协商一致解除劳动合同的；

（三）用人单位依照本法第四十条规定解除劳动合同的；

（四）用人单位依照本法第四十一条第一款规定解除劳动合同的；

（五）除用人单位维持或者提高劳动合同约定条件续订劳动合同，劳动者不同意续订的情形外，依照本法第四十四条第一项规定终止固定期限劳动合同的；

（六）依照本法第四十四条第四项、第五项规定终止劳动合同的；

（七）法律、行政法规规定的其他情形。

第四十七条 经济补偿按劳动者在本单位工作的年限，每满一年支付一个月工资的标准向劳动者支付。六个月以上不满一年的，按一年计算；不满六个月的，向劳动者支付半个月工资的经济补偿。

劳动者月工资高于用人单位所在直辖市、设区的市级人民政府公布的本地区上年度职工月平均工资三倍的，向其支付经济补偿的标准按职工月平均工资三倍的数额支付，向其支付经济补偿的年限最高不超过十二年。

本条所称月工资是指劳动者在劳动合同解除或者终止前十二个月的平均工资。

第四十八条 用人单位违反本法规定解除或者终止劳动合同，劳动者要求继续履行劳动合同的，用人单位应当继续履行；劳动者不要求继续履行劳动合同或者劳动合同已经不能继续履行的，用人单位应当依照本法第八十七条规定支付赔偿金。

第四十九条 国家采取措施，建立健全劳动者社会保险关系跨地区转移接续制度。

第五十条 用人单位应当在解除或者终止劳动合同时出具解除或者终止劳动合同的证明，并在十五日内为劳动者办理档案和社会保险关系转移手续。

劳动者应当按照双方约定，办理工作交接。用人单位依照本法有关规定应当向劳动者支付经济补偿的，在办结工作交接时支付。

用人单位对已经解除或者终止的劳动合同的文本，至少保存二年备查。

中华人民共和国公司法（节录）

（1993年12月29日第八届全国人民代表大会常务委员会第五次会议通过　根据1999年12月25日第九届全国人民代表大会常务委员会第十三次会议《关于修改〈中华人民共和国公司法〉的决定》第一次修正　根据2004年8月28日第十届全国人民代表大会常务委员会第十一次会议《关于修改〈中华人民共和国公司法〉的决定》第二次修正　2005年10月27日第十届全国人民代表大会常务委员会第十八次会议修订　根据2013年12月28日第十二届全国人民代表大会常务委员会第六次会议《关于修改〈中华人民共和国海洋环境保护法〉等七部法律的决定》第三次修正）

第十八条　公司职工依照《中华人民共和国工会法》组织工会，开展工会活动，维护职工合法权益。公司应当为本公司工会提供必要的活动条件。公司工会代表职工就职工的劳动报酬、工作时间、福利、保险和劳动安全卫生等事项依法与公司签订集体合同。

公司依照宪法和有关法律的规定，通过职工代表大会或者其他形式，实行民主管理。

公司研究决定改制以及经营方面的重大问题、制定重要的规章制度时，应当听取公司工会的意见，并通过职工代表大会或者其他形式听取职工的意见和建议。

第六十六条　国有独资公司不设股东会，由国有资产监督管理机构行使股东会职权。国有资产监督管理机构可以授权公司董事会行使股东会的部分职权，决定公司的重大事项，但公司的合并、分立、解散、增加或者减少注册资本和发行公司债券，必须由国有资产监督管理机构决定；其中，重要的国有独资公司合并、分立、解散、申请破产的，应当由国有资产监督管理机构审核后，报本级人民政府批准。

前款所称重要的国有独资公司，按照国务院的规定确定。

第一百四十二条　公司不得收购本公司股份。但是，有下列情形之一的除外：

（一）减少公司注册资本；

（二）与持有本公司股份的其他公司合并；

（三）将股份奖励给本公司职工；

（四）股东因对股东大会作出的公司合并、分立决议持异议，要求公司收购其股份的。

公司因前款第（一）项至第（三）项的原因收购本公司股份的，应当经股东大会决议。公司依照前款规定收购本公司股份后，属于第（一）项情形的，应当自收购之日起十日内注销；属于第（二）项、第（四）项情形的，应当在六个月内转让或者注销。

公司依照第一款第（三）项规定收购的本公司股份，不得超过本公司已发行股份总额的百分之五；用于收购的资金应当从公司的税后利润中支出；所收购的股份应当在一年内转让给职工。

公司不得接受本公司的股票作为质押权的标的。

第一百七十二条 公司合并可以采取吸收合并或者新设合并。

一个公司吸收其他公司为吸收合并，被吸收的公司解散。两个以上公司合并设立一个新的公司为新设合并，合并各方解散。

第一百七十三条 公司合并，应当由合并各方签订合并协议，并编制资产负债表及财产清单。公司应当自作出合并决议之日起十日内通知债权人，并于三十日内在报纸上公告。债权人自接到通知书之日起三十日内，未接到通知书的自公告之日起四十五日内，可以要求公司清偿债务或者提供相应的担保。

第一百七十四条 公司合并时，合并各方的债权、债务，应当由合并后存续的公司或者新设的公司承继。

第一百七十五条 公司分立，其财产作相应的分割。

公司分立，应当编制资产负债表及财产清单。公司应当自作出分立决议之日起十日内通知债权人，并于三十日内在报纸上公告。

第一百七十六条 公司分立前的债务由分立后的公司承担连带责任。但是，公司在分立前与债权人就债务清偿达成的书面协议另有约定的除外。

中华人民共和国企业国有资产法（节录）

(2008年10月28日第十一届全国人民代表大会常务委员会第五次会议通过)

第三十条 国家出资企业合并、分立、改制、上市，增加或者减少注册资本，发行债券，进行重大投资，为他人提供大额担保，转让重大财产，进行大额捐赠，分配利润，以及解散、申请破产等重大事项，应当遵守法律、行政法规以及企业章程的规定，不得损害出资人和债权人的权益。

第三十七条 国家出资企业的合并、分立、改制、解散、申请破产等重大事项，应当听取企业工会的意见，并通过职工代表大会或者其他形式听取职工的意见和建议。

第三十九条 本法所称企业改制是指：

（一）国有独资企业改为国有独资公司；

（二）国有独资企业、国有独资公司改为国有资本控股公司或者非国有资本控股公司；

（三）国有资本控股公司改为非国有资本控股公司。

第四十条 企业改制应当依照法定程序，由履行出资人职责的机构决定或者由公司股东会、股东大会决定。

重要的国有独资企业、国有独资公司、国有资本控股公司的改制，履行出资人职责的机构在作出决定或者向其委派参加国有资本控股公司股东会会议、股东大会会议的股东代表作出指示前，应当将改制方案报请本级人民政府批准。

第四十一条 企业改制应当制定改制方案，载明改制后的企业组织形式、企业资产和债权债务处理方案、股权变动方案、改制的操作程序、资产评估和财务审计等中介机构的选聘等事项。

企业改制涉及重新安置企业职工的，还应当制定职工安置方案，并经职工代表大会或者职工大会审议通过。

第四十二条 企业改制应当按照规定进行清产核资、财务审计、资产评估，准确界定和核实资产，客观、公正地确定资产的价值。

企业改制涉及以企业的实物、知识产权、土地使用权等非货币财产折算为国有资本出资或者股份的，应当按照规定对折价财产进行评估，以评估确认价格作为确定国有资本出资额或者股份数额的依据。不得将财产低价折股或者有其他损害出资人权益的行为。

第四十七条 国有独资企业、国有独资公司和国有资本控股公司合并、分立、改制，转让重大财产，以非货币财产对外投资，清算或者有法律、行政法规以及企业章程规定应当进行资产评估的其他情形的，应当按照规定对有关资产进行评估。

第七十一条 国家出资企业的董事、监事、高级管理人员有下列行为之一，造成国有资产损失的，依法承担赔偿责任；属于国家工作人员的，并依法给予处分：

（一）利用职权收受贿赂或者取得其他非法收入和不当利益的；

（二）侵占、挪用企业资产的；

（三）在企业改制、财产转让等过程中，违反法律、行政法规和公平交易规则，将企业财产低价转让、低价折股的；

（四）违反本法规定与本企业进行交易的；

（五）不如实向资产评估机构、会计师事务所提供有关情况和资料，或者与资产评估机构、会计师事务所串通出具虚假资产评估报告、审计报告的；

（六）违反法律、行政法规和企业章程规定的决策程序，决定企业重大事项的；

（七）有其他违反法律、行政法规和企业章程执行职务行为的。

国家出资企业的董事、监事、高级管理人员因前款所列行为取得的收入，依法予以追缴或者归国家出资企业所有。

履行出资人职责的机构任命或者建议任命的董事、监事、高级管理人员有本条第一款所列行为之一，造成国有资产重大损失的，由履行出资人职责的机构依法予以免职或者提出免职建议。

中华人民共和国破产法（节录）

(2006年8月27日第十届全国人民代表大会常务委员会第二十三次会议通过)

第四十八条 债权人应当在人民法院确定的债权申报期限内向管理人申报债权。

债务人所欠职工的工资和医疗、伤残补助、抚恤费用，所欠应划入职工个人账户的基本养老保险、基本医疗保险费用，及法律、行政法规规定应当支付给职工的补偿金，不必申报，由管理人调查后列出清单并予以公示。职工对清单记载有异议的，可以要求管理人更正；管理人不予更正的，职工可以向人民法院提起诉讼。

第一百一十三条 破产财产在优先清偿破产费用和共益债务后，依照下列顺序清偿：

（一）破产人所欠职工的工资和医疗、伤残补助、抚恤费用，所欠应划入职工个人账户的基本养老保险、基本医疗保险费用，以及法律、行政法规规定应当支付给职工的补偿金；

（二）破产人欠缴的除前项规定以外的社会保险费用和破产人所欠税款；

（三）普通破产债权。

破产财产不足以清偿同一顺序的清偿要求的，按照比例分配。

破产企业的董事、监事和高级管理人员的工资按照该企业职工的平均工资计算。

第一百三十二条 本法施行后，破产人在本法公布之日前所欠职工的工资和医疗、伤残补助、抚恤费用，所欠的应当划入职工个人账户的基本养老保险、基本医疗保险费用，以及法律、行政法规规定应当支付给职工的补偿金，依照本法第一百一十三条的规定清偿后不足以清偿的部分，以本法第一百零九条规定的特定财产优先于对该特定财产享有担保权的权利人受偿。

中华人民共和国劳动争议调解仲裁法

（2007年12月29日第十届全国人民代表大会常务委员会第三十一次会议通过）

目 录

第一章 总 则

第一条 为了公正及时解决劳动争议，保护当事人合法权益，促进劳动关系和谐稳定，制定本法。

第二条 中华人民共和国境内的用人单位与劳动者发生的下列劳动争议，适用本法：

（一）因确认劳动关系发生的争议；

（二）因订立、履行、变更、解除和终止劳动合同发生的争议；

（三）因除名、辞退和辞职、离职发生的争议；

（四）因工作时间、休息休假、社会保险、福利、培训以及劳动保护发生的争议；

（五）因劳动报酬、工伤医疗费、经济补偿或者赔偿金等发生的争议；

（六）法律、法规规定的其他劳动争议。

第三条 解决劳动争议，应当根据事实，遵循合法、公正、及时、着重调解的原则，依法保护当事人的合法权益。

第四条 发生劳动争议，劳动者可以与用人单位协商，也可以请工会或者第三方共同与用人单位协商，达成和解协议。

第五条 发生劳动争议，当事人不愿协商、协商不成或者达成和解协议后不履行的，可以向调解组织申请调解；不愿调解、调解不成或者达成调解协议后不履行的，可以向劳动争议仲裁委员会申请仲裁；对仲裁裁决不服的，除本法另有规定的外，可以向人民法院提起诉讼。

第六条 发生劳动争议，当事人对自己提出的主张，有责任提供证据。与争议事项有关的证据属于用人单位掌握管理的，用人单位应当提供；用人单位不提供的，应当承担不利后果。

第七条 发生劳动争议的劳动者一方在十人以上，并有共同请求的，可以推举代表参加调解、仲裁或者诉讼活动。

第八条 县级以上人民政府劳动行政部门会同工会和企业方面代表建立协调劳动关系三方机制，共同研究解决劳动争议的重大问题。

第九条 用人单位违反国家规定，拖欠或者未足额支付劳动报酬，或者拖欠工伤医疗费、经济补偿或者赔偿金的，劳动者可以向劳动行政部门投诉，劳动行政部门应当依法处理。

第二章 调 解

第十条 发生劳动争议，当事人可以到下列调解组织申请调解：

（一）企业劳动争议调解委员会；

（二）依法设立的基层人民调解组织；

（三）在乡镇、街道设立的具有劳动争议调解职能的组织。

企业劳动争议调解委员会由职工代表和企业代表组成。职工代表由工会成员担任或者由全体职工推举产生，企业代表由企业负责人指定。企业劳动争议调解委员会主任由工会成员或者双方推举的人员担任。

第十一条 劳动争议调解组织的调解员应当由公道正派、联系群众、热心调解工作，并具有一定法律知识、政策水平和文化水平的成年公民担任。

第十二条 当事人申请劳动争议调解可以书面申请，也可以口头申请。口头申请的，调解组织应当当场记录申请人基本情况、申请调解的争议事项、理由和时间。

第十三条 调解劳动争议，应当充分听取双方当事人对事实和理由的陈述，耐心疏导，帮助其达成协议。

第十四条　经调解达成协议的，应当制作调解协议书。

调解协议书由双方当事人签名或者盖章，经调解员签名并加盖调解组织印章后生效，对双方当事人具有约束力，当事人应当履行。

自劳动争议调解组织收到调解申请之日起十五日内未达成调解协议的，当事人可以依法申请仲裁。

第十五条　达成调解协议后，一方当事人在协议约定期限内不履行调解协议的，另一方当事人可以依法申请仲裁。

第十六条　因支付拖欠劳动报酬、工伤医疗费、经济补偿或者赔偿金事项达成调解协议，用人单位在协议约定期限内不履行的，劳动者可以持调解协议书依法向人民法院申请支付令。人民法院应当依法发出支付令。

第三章　仲　裁

第一节　一般规定

第十七条　劳动争议仲裁委员会按照统筹规划、合理布局和适应实际需要的原则设立。省、自治区人民政府可以决定在市、县设立；直辖市人民政府可以决定在区、县设立。直辖市、设区的市也可以设立一个或者若干个劳动争议仲裁委员会。劳动争议仲裁委员会不按行政区划层层设立。

第十八条　国务院劳动行政部门依照本法有关规定制定仲裁规则。省、自治区、直辖市人民政府劳动行政部门对本行政区域的劳动争议仲裁工作进行指导。

第十九条　劳动争议仲裁委员会由劳动行政部门代表、工会代表和企业方面代表组成。劳动争议仲裁委员会组成人员应当是单数。

劳动争议仲裁委员会依法履行下列职责：

（一）聘任、解聘专职或者兼职仲裁员；

（二）受理劳动争议案件；

（三）讨论重大或者疑难的劳动争议案件；

（四）对仲裁活动进行监督。

劳动争议仲裁委员会下设办事机构，负责办理劳动争议仲裁委员会的日常工作。

第二十条 劳动争议仲裁委员会应当设仲裁员名册。

仲裁员应当公道正派并符合下列条件之一：

（一）曾任审判员的；

（二）从事法律研究、教学工作并具有中级以上职称的；

（三）具有法律知识、从事人力资源管理或者工会等专业工作满五年的；

（四）律师执业满三年的。

第二十一条 劳动争议仲裁委员会负责管辖本区域内发生的劳动争议。

劳动争议由劳动合同履行地或者用人单位所在地的劳动争议仲裁委员会管辖。双方当事人分别向劳动合同履行地和用人单位所在地的劳动争议仲裁委员会申请仲裁的，由劳动合同履行地的劳动争议仲裁委员会管辖。

第二十二条 发生劳动争议的劳动者和用人单位为劳动争议仲裁案件的双方当事人。

劳务派遣单位或者用工单位与劳动者发生劳动争议的，劳务派遣单位和用工单位为共同当事人。

第二十三条 与劳动争议案件的处理结果有利害关系的第三人，可以申请参加仲裁活动或者由劳动争议仲裁委员会通知其参加仲裁活动。

第二十四条 当事人可以委托代理人参加仲裁活动。委托他人参加仲裁活动，应当向劳动争议仲裁委员会提交有委托人签名或者盖章的委托书，委托书应当载明委托事项和权限。

第二十五条 丧失或者部分丧失民事行为能力的劳动者，由其法定代理人代为参加仲裁活动；无法定代理人的，由劳动争议仲裁委员会为其指定代理人。劳动者死亡的，由其近亲属或者代理人参加仲裁活动。

第二十六条 劳动争议仲裁公开进行，但当事人协议不公开进行或者涉及国家秘密、商业秘密和个人隐私的除外。

第二节　申请和受理

第二十七条 劳动争议申请仲裁的时效期间为一年。仲裁时效期间从当事人知道或者应当知道其权利被侵害之日起计算。

前款规定的仲裁时效，因当事人一方向对方当事人主张权利，或者向有关部门请求权利救济，或者对方当事人同意履行义务而中断。从中断时起，仲裁时效期间重新计算。

因不可抗力或者有其他正当理由，当事人不能在本条第一款规定的仲裁时效期间申请仲裁的，仲裁时效中止。从中止时效的原因消除之日起，仲裁时效期间继续计算。

劳动关系存续期间因拖欠劳动报酬发生争议的，劳动者申请仲裁不受本条第一款规定的仲裁时效期间的限制；但是，劳动关系终止的，应当自劳动关系终止之日起一年内提出。

第二十八条 申请人申请仲裁应当提交书面仲裁申请，并按照被申请人人数提交副本。

仲裁申请书应当载明下列事项：

（一）劳动者的姓名、性别、年龄、职业、工作单位和住所，用人单位的名称、住所和法定代表人或者主要负责人的姓名、职务；

（二）仲裁请求和所根据的事实、理由；

（三）证据和证据来源、证人姓名和住所。

书写仲裁申请确有困难的，可以口头申请，由劳动争议仲裁委员会记入笔录，并告知对方当事人。

第二十九条 劳动争议仲裁委员会收到仲裁申请之日起五日内，认为符合受理条件的，应当受理，并通知申请人；认为不符合受理条件的，应当书面通知申请人不予受理，并说明理由。对劳动争议仲裁委员会不予受理或者逾期未作出决定的，申请人可以就该劳动争议事项向人民法院提起诉讼。

第三十条 劳动争议仲裁委员会受理仲裁申请后，应当在五日内将仲裁申请书副本送达被申请人。

被申请人收到仲裁申请书副本后，应当在十日内向劳动争议仲裁委员会提交答辩书。劳动争议仲裁委员会收到答辩书后，应当在五日内将答辩书副本送达申请人。被申请人未提交答辩书的，不影响仲裁程序的进行。

第三节　开庭和裁决

第三十一条　劳动争议仲裁委员会裁决劳动争议案件实行仲裁庭制。仲裁庭由三名仲裁员组成，设首席仲裁员。简单劳动争议案件可以由一名仲裁员独任仲裁。

第三十二条　劳动争议仲裁委员会应当在受理仲裁申请之日起五日内将仲裁庭的组成情况书面通知当事人。

第三十三条　仲裁员有下列情形之一，应当回避，当事人也有权以口头或者书面方式提出回避申请：

（一）是本案当事人或者当事人、代理人的近亲属的；

（二）与本案有利害关系的；

（三）与本案当事人、代理人有其他关系，可能影响公正裁决的；

（四）私自会见当事人、代理人，或者接受当事人、代理人的请客送礼的。

劳动争议仲裁委员会对回避申请应当及时作出决定，并以口头或者书面方式通知当事人。

第三十四条　仲裁员有本法第三十三条第四项规定情形，或者有索贿受贿、徇私舞弊、枉法裁决行为的，应当依法承担法律责任。劳动争议仲裁委员会应当将其解聘。

第三十五条　仲裁庭应当在开庭五日前，将开庭日期、地点书面通知双方当事人。当事人有正当理由的，可以在开庭三日前请求延期开庭。是否延期，由劳动争议仲裁委员会决定。

第三十六条　申请人收到书面通知，无正当理由拒不到庭或者未经仲裁庭同意中途退庭的，可以视为撤回仲裁申请。

被申请人收到书面通知，无正当理由拒不到庭或者未经仲裁庭同意中途退庭的，可以缺席裁决。

第三十七条　仲裁庭对专门性问题认为需要鉴定的，可以交由当事人约定的鉴定机构鉴定；当事人没有约定或者无法达成约定的，由仲裁庭指定的鉴定机构鉴定。

根据当事人的请求或者仲裁庭的要求，鉴定机构应当派鉴定人参加开庭。当事人经仲裁庭许可，可以向鉴定人提问。

第三十八条 当事人在仲裁过程中有权进行质证和辩论。质证和辩论终结时，首席仲裁员或者独任仲裁员应当征询当事人的最后意见。

第三十九条 当事人提供的证据经查证属实的，仲裁庭应当将其作为认定事实的根据。

劳动者无法提供由用人单位掌握管理的与仲裁请求有关的证据，仲裁庭可以要求用人单位在指定期限内提供。用人单位在指定期限内不提供的，应当承担不利后果。

第四十条 仲裁庭应当将开庭情况记入笔录。当事人和其他仲裁参加人认为对自己陈述的记录有遗漏或者差错的，有权申请补正。如果不予补正，应当记录该申请。

笔录由仲裁员、记录人员、当事人和其他仲裁参加人签名或者盖章。

第四十一条 当事人申请劳动争议仲裁后，可以自行和解。达成和解协议的，可以撤回仲裁申请。

第四十二条 仲裁庭在作出裁决前，应当先行调解。

调解达成协议的，仲裁庭应当制作调解书。

调解书应当写明仲裁请求和当事人协议的结果。调解书由仲裁员签名，加盖劳动争议仲裁委员会印章，送达双方当事人。调解书经双方当事人签收后，发生法律效力。

调解不成或者调解书送达前，一方当事人反悔的，仲裁庭应当及时作出裁决。

第四十三条 仲裁庭裁决劳动争议案件，应当自劳动争议仲裁委员会受理仲裁申请之日起四十五日内结束。案情复杂需要延期的，经劳动争议仲裁委员会主任批准，可以延期并书面通知当事人，但是延长期限不得超过十五日。逾期未作出仲裁裁决的，当事人可以就该劳动争议事项向人民法院提起诉讼。

仲裁庭裁决劳动争议案件时，其中一部分事实已经清楚，可以就该部分先行裁决。

第四十四条 仲裁庭对追索劳动报酬、工伤医疗费、经济补偿或者赔偿金的案件，根据当事人的申请，可以裁决先予执行，移送人民法院执行。

仲裁庭裁决先予执行的，应当符合下列条件：

（一）当事人之间权利义务关系明确；

（二）不先予执行将严重影响申请人的生活。

劳动者申请先予执行的，可以不提供担保。

第四十五条 裁决应当按照多数仲裁员的意见作出，少数仲裁员的不同意见应当记入笔录。仲裁庭不能形成多数意见时，裁决应当按照首席仲裁员的意见作出。

第四十六条 裁决书应当载明仲裁请求、争议事实、裁决理由、裁决结果和裁决日期。裁决书由仲裁员签名，加盖劳动争议仲裁委员会印章。对裁决持不同意见的仲裁员，可以签名，也可以不签名。

第四十七条 下列劳动争议，除本法另有规定的外，仲裁裁决为终局裁决，裁决书自作出之日起发生法律效力：

（一）追索劳动报酬、工伤医疗费、经济补偿或者赔偿金，不超过当地月最低工资标准十二个月金额的争议；

（二）因执行国家的劳动标准在工作时间、休息休假、社会保险等方面发生的争议。

第四十八条 劳动者对本法第四十七条规定的仲裁裁决不服的，可以自收到仲裁裁决书之日起十五日内向人民法院提起诉讼。

第四十九条 用人单位有证据证明本法第四十七条规定的仲裁裁决有下列情形之一，可以自收到仲裁裁决书之日起三十日内向劳动争议仲裁委员会所在地的中级人民法院申请撤销裁决：

（一）适用法律、法规确有错误的；

（二）劳动争议仲裁委员会无管辖权的；

（三）违反法定程序的；

（四）裁决所根据的证据是伪造的；

（五）对方当事人隐瞒了足以影响公正裁决的证据的；

（六）仲裁员在仲裁该案时有索贿受贿、徇私舞弊、枉法裁决行为的。

人民法院经组成合议庭审查核实裁决有前款规定情形之一的，应当裁定撤销。

仲裁裁决被人民法院裁定撤销的，当事人可以自收到裁定书之日起十五日内就该劳动争议事项向人民法院提起诉讼。

第五十条 当事人对本法第四十七条规定以外的其他劳动争议案件的仲裁裁决不服的，可以自收到仲裁裁决书之日起十五日内向人民法院提起诉讼；期满不起诉的，裁决书发生法律效力。

第五十一条 当事人对发生法律效力的调解书、裁决书，应当依照规定的期限履行。一方当事人逾期不履行的，另一方当事人可以依照民事诉讼法的有关规定向人民法院申请执行。受理申请的人民法院应当依法执行。

第四章 附 则

第五十二条 事业单位实行聘用制的工作人员与本单位发生劳动争议的，依照本法执行；法律、行政法规或者国务院另有规定的，依照其规定。

第五十三条 劳动争议仲裁不收费。劳动争议仲裁委员会的经费由财政予以保障。

第五十四条 本法自2008年5月1日起施行。

企业单位改制

国务院关于在若干城市试行国有企业破产有关问题的通知

（1994年10月25日　国发〔1994〕59号）

各省、自治区、直辖市人民政府，国务院各部委、各直属机构：

为配合在18个城市（上海、天津、齐齐哈尔、哈尔滨、长春、沈阳、唐山、太原、青岛、淄博、常州、蚌埠、武汉、株洲、柳州、成都、重庆、宝鸡）进行企业优化资本结构试点工作的开展，建立和完善企业优胜劣汰机制，指导和规范这些城市国有企业（以下简称企业）破产工作，根据《中华人民共和国企业破产法（试行）》（以下简称《破产法》）和其他有关法律、行政法规的规定，现就有关问题通知如下：

一、实施企业破产必须首先安置好破产企业职工

《破产法》第四条规定，"国家通过各种途径妥善安排破产企业职工重新就业，并保障他们重新就业前的基本生活需要，具体办法由国务院另行规定"。据此，各有关城市人民政府要按照本通知，在实施企业破产中，采取各种有效措施，首先妥善安置破产企业职工，保持社会稳定。

二、破产企业土地使用权的处置

企业破产时，企业依法取得的土地使用权，应当以拍卖或者招标方式为主依法转让，转让所得首先用于破产企业职工安置；安置破产企业职工后有剩余的，剩余部分与其他破产财产统一列入破产财产分配方案。

三、破产财产的处置

破产财产处置前，应当由具有法定资格的资产评估机构进行评估，并以评估价值作底价，通过拍卖、招标等方式依法转让。处置企业土地使用权所得不足以安置破产企业职工的，不足部分应当从处置其他破产财产所得中拨付。企业在破产前为维持生产经营，向职工筹借的款项，视为破产企业所欠职工工资处理，借款利息按照供款实际使用时间和银行同期存款利率计算。职工在企业破产前作为资本金投资的款项，视为破产财产。破产企业的职工住房、学校、托幼园（所）、医院等福利性设施，原则上不计入破产财产，由破产企业所在地的市或者市辖区、县的人民政府接收处理，其职工由接收单位安置。但是，没有必要续办并能整体出让的，可以计入破产财产。

四、担保的处理

破产企业作为抵押物的财产，债权人放弃优先受偿权利的，抵押财产计入破产财产；债权人不放弃优先受偿权利的，超过抵押债权的部分计入破产财产。企业对其同一财产设定两个以上抵押权的，企业破产时，抵押权人按照抵押顺序受偿。一个企业为另一个企业提供担保的，被担保企业破产后，担保企业应当按照担保合同承担担保责任。但是，偿债期限可以由担保企业与被担保企业的债权人协商确定。行政机关为企业提供担保的，应当按照国家有关规定确认担保合同无效。

五、破产企业职工的安置

破产企业所在地的市或者市辖区、县人民政府应当采取转业培训、介绍就业、生产自救、劳务输出等各种措施，妥善安排破产企业职工重新就业，并保障他们在重新就业前的基本生活需要。政府鼓励破产企业职工自谋职业。对自谋职业的，政府可以根据当地的实际情况，发放一次性安置费，不再保留国有企业职工身份。一次性安置费原则上按照破产企业所在市的企业职工上年平均工资收入的 3 倍发放，具体发放标准由各有关市人民政府规定。破产企业职工失业期间，依照《国有企业职工待业保险规定》享受失业保险待遇。失业保险期满无法重新就业的职工，符合社会救济条件的，由当地民政部门按照规定发给社会救济金。破产企业离退休职工的离退休费和医疗费由当地社会养老、医疗保险机构负责管理。破产企业参加养老保险、医疗保险基金社会统筹的，其离退休职工的离退休费、医疗费由当地社会养老、医疗保险机构分别从养老保险、医疗保险基金社会统筹中支付。没有参加养老保险、医疗保险基金社会统筹或者养老保险、医疗保险基金社会统筹不足的，从企业土地使用权出让所得支付；处置土地使用权所得不足以支付的，不足部分从处置其他破产财产所得中拨付。破产企业中因工致残或者患严重职业病、全部或者大部分丧失劳动能力的职工，作为离退休职工安置。距离退休年龄不足5年的职工，经本人申请，可以提前离退休。破产企业中的劳动合同制职工的安排，依照《国营企业实行劳动合同制暂行规定》等法律、行政法规的规定办理；临时工的安排，依照《全民所有制企业临时工管理暂行规定》办理。破产企业职工的安置费用来源不足的，按照企业隶属关系，由破产企业所在地的市或者市辖区、县的人民政府负担。

六、银行因企业破产受到的贷款损失的处理

银行因企业破产受到的贷款本金、利息损失，应当严格按照国家有关规定，经国家有关银行总行批准后，分别在国家核定银行提取的呆帐准备金和坏账准备金控制比例内冲销。

七、破产企业的整体接收

人民法院裁定清算组提出的破产财产分配方案后，执行分配方案前，其他企业整体接收破产企业财产、承担分配方案确定清偿的破产企业债务、安置破产企业职工的，可以按照国家有关规定，享受兼并企业的优惠待遇。

八、濒临破产企业的重组

对濒临破产的企业，企业所在地的市或者市辖区、县的人民政府可

以采取改组企业管理层、改变企业资产经营形式、引导企业组织结构调整等措施，予以重组。企业所在地的市或者市辖区、县的人民政府认为企业不宜破产的，应当给予资助或者采取其他措施，帮助企业清偿债务。濒临破产的企业在申请破产前，经拥有三分之二以上债权额的债权人同意，并经企业所在地的市或者市辖区、县的人民政府批准，可以将企业效益好的部分同企业分立。分立后的企业，应当按照商定的比例承担原企业的债务。

九、实施企业破产的组织领导

实施企业破产，涉及面广，政策性强，难度很大。有关城市的人民政府要加强对这项工作的组织领导，由一名政府负责人牵头，经贸委（经委、计经委）、计委、财委、银行、劳动、审计、税务、国有资产管理、土地、工会等部门和单位参加的工作机构，统一负责组织、协调、解决实施企业破产中遇到的问题，确保这项工作的顺利开展。要根据当地社会的承受能力，制定切实可行的企业破产预案，要采取积极、稳妥的措施，及时处理实施企业破产中的重点、难点问题。要发挥有关社会中介组织在企业破产实施中的作用。实施企业破产中遇到的紧急情况和重大问题，要及时上报。

劳动部关于印发《关于贯彻执行〈中华人民共和国劳动法〉若干问题的意见》的通知

（1995 年 8 月 4 日　劳部发〔1995〕309 号）

各省、自治区、直辖市及计划单列市劳动（劳动人事）厅（局）、国务院有关部门、解放军总后勤部生产管理部：

现将《关于贯彻执行〈中华人民共和国劳动法〉若干问题的意见》印发给你们，请遵照执行。

附：

关于贯彻执行《中华人民共和国劳动法》若干问题的意见

《中华人民共和国劳动法》（以下简称劳动法）已于一九九五年一月一日起施行，现就劳动法在贯彻执行中遇到的若干问题提出以下意见。

一、适用范围

1. 劳动法第二条中的“个体经济组织”是指一般雇工在七人以下的个体工商户。

2. 中国境内的企业、个体经济组织与劳动者之间，只要形成劳动关系，即劳动者事实上已成为企业、个体经济组织的成员，并为其提供有偿劳动，适用劳动法。

3. 国家机关、事业组织、社会团体实行劳动合同制度的以及按规定应实行劳动合同制度的工勤人员；实行企业化管理的事业组织的人员；其他通过劳动合同与国家机关、事业组织、社会团体建立劳动关系的劳动者，适用劳动法。

4. 公务员和比照实行公务员制度的事业组织和社会团体的工作人员，以及农村劳动者（乡镇企业职工和进城务工、经商的农民除外）、现役军人和家庭保姆等不适用劳动法。

5. 中国境内的企业、个体经济组织在劳动法中被称为用人单位。国家机关、事业组织、社会团体和与之建立劳动合同关系的劳动者依照劳动法执行。根据劳动法的这一规定，国家机关、事业组织、社会团体应当视为用人单位。

二、劳动合同和集体合同

（一）劳动合同的订立

6. 用人单位应与其富余人员、放长假的职工，签订劳动合同，但其劳动合同与在岗职工的劳动合同在内容上可以有所区别。用人单位与劳动者经协商一致可以在劳动合同中就不在岗期间的有关事项作出规定。

7. 用人单位应与其长期被外单位借用的人员、带薪上学人员以及其他非在岗但仍保持劳动关系的人员签订劳动合同，但在外借和上学期间，劳动合同中的某些相关条款经双方协商可以变更。

8. 请长病假的职工，在病假期间与原单位保持着劳动关系，用人单位应与其签订劳动合同。

9. 原固定工中经批准的停薪留职人员，愿意回原单位继续工作的，原单位应与其签订劳动合同；不愿回原单位继续工作的，原单位可以与其解除劳动关系。

10. 根据劳动部《实施〈劳动法〉中有关劳动合同问题的解答》（劳部发〔1995〕202 号）的规定，党委书记、工会主席等党群专职人员也是职工的一员，依照劳动法的规定，与用人单位签订劳动合同。对于有特殊规定的，可以按有关规定办理。

11. 根据劳动部《实施〈劳动法〉中有关劳动合同问题的解答》（劳部发〔1995〕202 号）的规定，经理由其上级部门聘任（委任）

的，应与聘任（委任）部门签订劳动合同。实行公司制的经理和有关经营管理人员，应依据《中华人民共和国公司法》的规定与董事会签订劳动合同。

12. 在校生利用业余时间勤工助学，不视为就业，未建立劳动关系，可以不签订劳动合同。

13. 用人单位发生分立或合并后，分立或合并后的用人单位可依据其实际情况与原用人单位的劳动者遵循平等自愿、协商一致的原则变更原劳动合同。

14. 派出到合资、参股单位的职工如果与原单位仍保持着劳动关系，应当与原单位签订劳动合同，原单位可就劳动合同的有关内容在与合资、参股单位订立的劳务合同时，明确职工的工资、保险、福利、休假等有关待遇。

15. 租赁经营（生产）、承包经营（生产）的企业，所有权并没有发生改变，法人名称未变，在与职工订立劳动合同时，该企业仍为用人单位一方。依据租赁合同或承包合同，租赁人、承包人如果作为该企业的法定代表人或者该法定代表人的授权委托人时，可代表该企业（用人单位）与劳动者订立劳动合同。

16. 用人单位与劳动者签订劳动合同时，劳动合同可以由用人单位拟定，也可以由双方当事人共同拟定，但劳动合同必须经双方当事人协商一致后才能签订，职工被迫签订的劳动合同或未经协商一致签订的劳动合同为无效劳动合同。

17. 用人单位与劳动者之间形成了事实劳动关系，而用人单位故意拖延不订立劳动合同，劳动行政部门应予以纠正。用人单位因此给劳动者造成损害的，应按劳动部《违反〈劳动法〉有关劳动合同规定的赔偿办法》（劳部发〔1995〕223 号）的规定进行赔偿。

（二）劳动合同的内容

18. 劳动者被用人单位录用后，双方可以在劳动合同中约定试用期，试用期应包括在劳动合同期限内。

19. 试用期是用人单位和劳动者为相互了解、选择而约定的不超过六个月的考察期。一般对初次就业或再次就业的职工可以约定。在原固定工进行劳动合同制度的转制过程中，用人单位与原固定工签订劳动合同时，可以不再约定试用期。

20. 无固定期限的劳动合同是指不约定终止日期的劳动合同。按照平等自愿、协商一致的原则，用人单位和劳动者只要达成一致，无论初次就业的，还是由固定工转制的，都可以签订无固定期限的劳动合同。

无固定期限的劳动合同不得将法定解除条件约定为终止条件，以规避解除劳动合同时用人单位应承担支付给劳动者经济补偿的义务。

21. 用人单位经批准招用农民工，其劳动合同期限可以由用人单位和劳动者协商确定。

从事矿山井下以及在其他有害身体健康的工种、岗位工作的农民工，实行定期轮换制度，合同期限最长不超过八年。

22. 劳动法第二十条中的“在同一用人单位连续工作满十年以上”是指劳动者与同一用人单位签订的劳动合同的期限不间断达到十年，劳动合同期满双方同意续订劳动合同时，只要劳动者提出签订无固定期限劳动合同的，用人单位应当与其签订无固定期限的劳动合同。在固定工转制中各地如有特殊规定的，从其规定。

23. 用人单位用于劳动者职业技能培训费用的支付和劳动者违约时培训费的赔偿可以在劳动合同中约定，但约定劳动者违约时负担的培训费和赔偿金的标准不得违反劳动部《违反〈劳动法〉有关劳动合同规定的赔偿办法》（劳部发〔1995〕223 号）等有关规定。

24. 用人单位在与劳动者订立劳动合同时，不得以任何形式向劳动者收取定金、保证金（物）或抵押金（物）。对违反以上规定的，应按照劳动部、公安部、全国总工会《关于加强外商投资企业和私营企业劳动管理切实保障职工合法权益的通知》（劳部发〔1994〕118 号）和劳动部办公厅《对“关于国有企业和集体所有制企业能否参照执行劳部发〔1994〕118 号文件中的有关规定的请示”的复函》（劳办发〔1994〕256 号）的规定，由公安部门和劳动行政部门责令用人单位立即退还给劳动者本人。

（三）经济性裁员

25. 依据劳动法第二十七条和劳动部《企业经济性裁减人员规定》

（劳部发〔1994〕447 号）第四条的规定，用人单位确需裁减人员，应按下列程序进行：

（1）提前三十日向工会或全体职工说明情况，并提供有关生产经营状况的资料；

（2）提出裁减人员方案，内容包括：被裁减人员名单、裁减时间及实施步骤，符合法律、法规规定和集体合同约定的被裁减人员的经济补偿办法；

（3）将裁减人员方案征求工会或者全体职工的意见，并对方案进行修改和完善；

（4）向当地劳动行政部门报告裁减人员方案以及工会或者全体职工的意见，并听取劳动行政部门的意见；

（5）由用人单位正式公布裁减人员方案，与被裁减人员办理解除劳动合同手续，按照有关规定向被裁减人员本人支付经济补偿金，并出具裁减人员证明书。

（四）劳动合同的解除和无效劳动合同

26. 劳动合同的解除是指劳动合同订立后，尚未全部履行以前，由于某种原因导致劳动合同一方或双方当事人提前消灭劳动关系的法律行为。劳动合同的解除分为法定解除和约定解除两种。根据劳动法的规定，劳动合同既可以由单方依法解除，也可以双方协商解除。劳动合同的解除，只对未履行的部分发生效力，不涉及已履行的部分。

27. 无效劳动合同是指所订立的劳动合同不符合法定条件，不能发生当事人预期的法律后果的劳动合同。劳动合同的无效由人民法院或劳动争议仲裁委员会确认，不能由合同双方当事人决定。

28. 劳动者涉嫌违法犯罪被有关机关收容审查、拘留或逮捕的，用人单位在劳动者被限制人身自由期间，可与其暂时停止劳动合同的履行。

暂时停止履行劳动合同期间，用人单位不承担劳动合同规定的相应义务。劳动者经证明被错误限制人身自由的，暂时停止履行劳动合同期间劳动者的损失，可由其依据《国家赔偿法》要求有关部门赔偿。

29. 劳动者被依法追究刑事责任的，用人单位可依据劳动法第二十五条解除劳动合同。

“被依法追究刑事责任”是指：被人民检察院免予起诉的、被人民法院判处刑罚的、被人民法院依据刑法第三十二条免予刑事处分的。

劳动者被人民法院判处拘役、三年以下有期徒刑缓刑的，用人单位可以解除劳动合同。

30. 劳动法第二十五条为用人单位可以解除劳动合同的条款，即使存在第二十九条规定的情况，只要劳动者同时存在第二十五条规定的四种情形之一，用人单位也可以根据第二十五条的规定解除劳动合同。

31. 劳动者被劳动教养的，用人单位可以依据被劳教的事实解除与该劳动者的劳动合同。

32. 按照劳动法第三十一条的规定，劳动者解除劳动合同，应当提前三十日以书面形式通知用人单位。超过三十日，劳动者可以向用人单位提出办理解除劳动合同手续，用人单位予以办理。如果劳动者违法解除劳动合同给原用人单位造成经济损失，应当承担赔偿责任。

33. 劳动者违反劳动法规定或劳动合同的约定解除劳动合同（如擅自离职），给用人单位造成经济损失的，应当根据劳动法第一百零二条和劳动部《违反〈劳动法〉有关劳动合同规定的赔偿办法》（劳部发〔1995〕223 号）的规定，承担赔偿责任。

34. 除劳动法第二十五条规定的情形外，劳动者在医疗期、孕期、产期和哺乳期内，劳动合同期限届满时，用人单位不得终止劳动合同。劳动合同的期限应自动延续至医疗期、孕期、产期和哺乳期期满为止。

35. 请长病假的职工在医疗期满后，能从事原工作的，可以继续履行劳动合同；医疗期满后仍不能从事原工作也不能从事由单位另行安排的工作的，由劳动鉴定委员会参照工伤与职业病致残程度鉴定标准进行劳动能力鉴定。被鉴定为一至四级的，应当退出劳动岗位，解除劳动关系，办理因病或非因工负伤退休退职手续，享受相应的退休退职待遇；被鉴定为五至十级的，用人单位可以解除劳动合同，并按规定支付经济补偿金和医疗补助费。

（五）解除劳动合同的经济补偿

36. 用人单位依据劳动法第二十四条、第二十六条、第二十七条的规定解除劳动合同，应当按照劳动法和劳动部《违反和解除劳动合同的经济补偿办法》（劳部发〔1994〕481号）支付劳动者经济补偿金。

37. 根据《民法通则》第四十四条第二款“企业法人分立、合并，它的权利和义务由变更后的法人享有和承担”的规定，用人单位发生分立或合并后，分立或合并后的用人单位可依据其实际情况与原用人单位的劳动者遵循平等自愿、协商一致的原则变更、解除或重新签订劳动合同。

在此种情况下的重新签订劳动合同视为原劳动合同的变更，用人单位变更劳动合同，劳动者不能依据劳动法第二十八条要求经济补偿。

38. 劳动合同期满或者当事人约定的劳动合同终止条件出现，劳动合同即行终止，用人单位可以不支付劳动者经济补偿金。国家另有规定的，可以从其规定。

39. 用人单位依据劳动法第二十五条解除劳动合同，可以不支付劳动者经济补偿金。

40. 劳动者依据劳动法第三十二条第（一）项解除劳动合同，用人单位可以不支付经济补偿金，但应按照劳动者的实际工作天数支付工资。

41. 在原固定工实行劳动合同制度的过程中，企业富余职工辞职，经企业同意可以不与企业签订劳动合同的，企业应根据《国有企业富余职工安置规定》（国务院令第111号，1993年公布）发给劳动者一次性生活补助费。

42. 职工在接近退休年龄（按有关规定一般为五年以内）时因劳动合同到期终止劳动合同的，如果符合退休、退职条件，可以办理退休、退职手续；不符合退休、退职条件的，在终止劳动合同后按规定领取失业救济金。享受失业救济金的期限届满后仍未就业，符合社会救济条件的，可以按规定领取社会救济金，达到退休年龄时办理退休手续，领取养老保险金。

43. 劳动合同解除后，用人单位对符合规定的劳动者应支付经济补偿金。不能因劳动者领取了失业救济金而拒付或克扣经济补偿金，失业保险机构也不得以劳动者领取了经济补偿金为由，停发或减发失业救济金。

（六）体制改革过程中实行劳动合同制度的有关政策

44. 困难企业签订劳动合同，应区分不同情况，有些亏损企业属政策性亏损，生产仍在进行，还能发出工资，应该按照劳动法的规定签订劳动合同。已经停产半停产的企业，要根据具体情况签订劳动合同，保证这些企业职工的基本生活。

45. 在国有企业固定工转制过程中，劳动者无正当理由不得单方面与用人单位解除劳动关系；用人单位也不得以实行劳动合同制度为由，借机辞退部分职工。

46. 关于在企业内录干、聘干问题，劳动法规定用人单位内的全体职工统称为劳动者，在同一用人单位内，各种不同的身份界限随之打破。应该按照劳动法的规定，通过签订劳动合同来明确劳动者的工作内容、岗位等。用人单位根据工作需要，调整劳动者的工作岗位时，可以与劳动者协商一致，变更劳动合同的相关内容。

47. 由于各用人单位千差万别，对工作内容、劳动报酬的规定也就差异很大，因此，国家不宜制定统一的劳动合同标准文本。目前，各地、各行业制定并向企业推荐的劳动合同文本，对于用人单位和劳动者双方有一定的指导意义，但这些劳动合同文本只能供用人单位和劳动者参考。

48. 按照劳动部办公厅《对全面实行劳动合同制若干问题的请示的复函》（劳办发〔1995〕19 号）的规定，各地企业在与原固定工签订劳动合同时，应注意保护老弱病残职工的合法权益。对工作时间较长，年龄较大的职工，各地可以根据劳动法第一百零六条制定一次性的过渡政策，具体办法由各省、自治区、直辖市确定。

49. 在企业全面建立劳动合同制度以后，原合同制工人与本企业内的原固定工应享受同等待遇。是否发给 15% 的工资性补贴，可以由各省、自治区、直辖市人民政府根据劳动法第一百零六条在制定劳动合同制度的实施步骤时加以规定。

50. 在目前工伤保险和残疾人康复就业制度尚未建立和完善的情况下，对因工部分丧失劳动能力的职工，劳动合同期满也不能终止劳动合同，仍由原单位按照国家有关规定提供医疗等待遇。

（七）集体合同

51. 当前签订集体合同的重点应在非国有企业和现代企业制度试点的企业进行，积累经验，逐步扩大范围。

52. 关于国有企业在承包制条件下签订的“共保合同”，凡内容符合劳动法和有关法律、法规和规章关于集体合同规定的，应按照有关规定办理集体合同送审、备案手续；凡不符合劳动法和有关法律、法规和规章规定的，应积极创造条件逐步向规范的集体合同过渡。

三、工资

（一）最低工资

53. 劳动法中的“工资”是指用人单位依据国家有关规定或劳动合同的约定，以货币形式直接支付给本单位劳动者的劳动报酬，一般包括计时工资、计件工资、奖金、津贴和补贴、延长工作时间的工资报酬以及特殊情况下支付的工资等。“工资”是劳动者劳动收入的主要组成部分。

劳动者的以下劳动收入不属于工资范围：（1）单位支付给劳动者个人的社会保险福利费用，如丧葬抚恤救济费、生活困难补助费、计划生育补贴等；（2）劳动保护方面的费用，如用人单位支付给劳动者的工作服、解毒剂、清凉饮料费用等；（3）按规定未列入工资总额的各种劳动报酬及其他劳动收入，如根据国家规定发放的创造发明奖、国家星火奖、自然科学奖、科学技术进步奖、合理化建议和技术改进奖、中华技能大奖等，以及稿费、讲课费、翻译费等。

54. 劳动法第四十八条中的“最低工资”是指劳动者在法定工作时间内履行了正常劳动义务的前提下，由其所在单位支付的最低劳动报酬。最低工资不包括延长工作时间的工资报酬，以货币形式支付的住房和用人单位支付的伙食补贴，中班、夜班、高温、低温、井下、有毒、有害等特殊工作环境和劳动条件下的津贴，国家法律、法规、规章规定的社会保险福利待遇。

55. 劳动法第四十四条中的“劳动者正常工作时间工资”是指劳动合同规定的劳动者本人所在工作岗位（职位）相对应的工资。鉴于当前劳动合同制度尚处于推进过程中，按上述规定执行确有困难的用人单位，地方或行业劳动部门可在不违反劳动部《关于工资〈支付暂行规定〉有关问题的补充规定》（劳部发〔1995〕226号）文件所确定的总的原则的基础上，制定过渡办法。

56. 在劳动合同中，双方当事人约定的劳动者在未完成劳动定额或承包任务的情况下，用人单位可低于最低工资标准支付劳动者工资的条款不具有法律效力。

57. 劳动者与用人单位形成或建立劳动关系后，试用、熟练、见习期间，在法定工作时间内提供了正常劳动，其所在的用人单位应当支付其不低于最低工资标准的工资。

58. 企业下岗待工人员，由企业依据当地政府的有关规定支付其生活费，生活费可以低于最低工资标准，下岗待工人员中重新就业的，企业应停发其生活费。女职工因生育、哺乳请长假而下岗的，在其享受法定产假期间，依法领取生育津贴；没有参加生育保险的企业，由企业照发原工资。

59. 职工患病或非因工负伤治疗期间，在规定的医疗期间内由企业按有关规定支付其病假工资或疾病救济费，病假工资或疾病救济费可以低于当地最低工资标准支付，但不能低于最低工资标准的80%。

（二）延长工作时间的工资报酬

60. 实行每天不超过8小时，每周不超过44小时或40小时标准工作时间制度的企业，以及经批准实行综合计算工时工作制的企业，应当按照劳动法的规定支付劳动者延长工作时间的工资报酬。全体职工已实行劳动合同制度的企业，一般管理人员（实行不定时工作制人员除外）经批准延长工作时间的，可以支付延长工作时间的工资报酬。

61. 实行计时工资制的劳动者的日工资，按其本人月工资标准除以平均每月法定工作天数（实行每周40小时工作制的为21.16天，实行每周44小时工作制的为23.33天）进行计算。

62. 实行综合计算工时工作制的企业职工，工作日正好是周休息日的，属于正常工作；工作日正好是法定节假日时，要依照劳动法第四十四条第（三）项的规定支付职工的工资报酬。

（三）有关企业工资支付的政策

63. 企业克扣或无故拖欠劳动者工资的，劳动监察部门应根据劳动法第九十一条、劳动部《违反和解除劳动合同的经济补偿办法》第三条、《违反〈中华人民共和国劳动法〉行政处罚办法》第六条予以处理。

64. 经济困难的企业执行劳动部《工资支付暂行规定》（劳部发〔1994〕489号）确有困难，应根据以下规定执行：

（1）《关于做好国有企业职工和离退休人员基本生活保障工作的通知》（国发〔1993〕76号）的规定，“企业发放工资确有困难时，应发给职工基本生活费，具体标准由各地区、各部门根据实际情况确定”；

（2）《关于国有企业流动资金贷款的紧急通知》（银传〔1994〕34号）的规定，“地方政府通过财政补贴，企业主管部门有可能也要拿出一部分资金，银行要拿出一部分贷款，共同保证职工基本生活和社会的稳定”；

（3）《国有企业富余职工安置规定》（国务院令第111号，1993年发布）的规定：“企业可以对职工实行有限期的放假。职工放假期间，由企业发给生活费”。

四、工作时间和休假

（一）综合计算工作时间

65. 经批准实行综合计算工作时间的用人单位，分别以周、月、季、年等为周期综合计算工作时间，但其平均日工作时间和平均周工作时间应与法定标准工作时间基本相同。

66. 对于那些在市场竞争中，由于外界因素的影响，生产任务不均衡的企业的部分职工，经劳动行政部门严格审批后，可以参照综合计算工时工作制的办法实施，但用人单位应采取适当方式确保职工的休息休假权利和生产、工作任务的完成。

67. 经批准实行不定时工作制的职工，不受劳动法第四十一条规定的日延长工作时间标准和月延长工作时间标准的限制，但用人单位应采用弹性工作时间等适当的工作和休息方式，确保职工的休息休假权利和生产、工作任务的完成。

68. 实行标准工时制度的企业，延长工作时间应严格按劳动法第四十一条的规定执行，不能按季、年综合计算延长工作时间。

69. 中央直属企业、企业化管理的事业单位实行不定时工作制和综合计算工时工作制等其他工作和休息办法的，须经国务院行业主管部门审核，报国务院劳动行政部门批准。地方企业实行不定时工作制和综合计算工时工作制等其他工作和休息办法的审批办法，由省、自治区、直辖市人民政府劳动行政部门制定，报国务院劳动行政部门备案。

（二）延长工作时间

70. 休息日安排劳动者工作的，应先按同等时间安排其补休，不能安排补休的应按劳动法第四十四条第（二）项的规定支付劳动者延长工作时间的工资报酬。法定节假日（元旦、春节、劳动节、国庆节）安排劳动者工作的，应按劳动法第四十四条第（三）项支付劳动者延长工作时间的工资报酬。

71. 协商是企业决定延长工作时间的程序（劳动法第四十二条和《劳动部贯彻〈国务院关于职工工作时间的规定〉的实施办法》第七条规定除外），企业确因生产经营需要，必须延长工作时间时，应与工会和劳动者协商。协商后，企业可以在劳动法限定的延长工作时数内决定延长工作时间，对企业违反法律、法规强迫劳动者延长工作时间的，劳动者有权拒绝。若由此发生劳动争议，可以提请劳动争议处理机构予以处理。

（三）休假

72. 实行新工时制度后，企业职工原有的年休假制度仍然实行。在国务院尚未作出新的规定之前，企业可以按照1991年6月5日《中共中央国务院关于职工休假问题的通知》，安排职工休假。

五、社会保险

73. 企业实施破产时，按照国家有关企业破产的规定，从其财产清产和土地转让所得中按实际需要划拨出社会保险费用和职工再就业的安置费。其划拨的养老保险费和失业保险费由当地社会保险基金经办机构和劳动部门就业服务机构接收，并负责支付离退休人员的养老保险费用和支付失业人员应享受的失业保险待遇。

74. 企业富余职工、请长假人员、请长病假人员、外借人员和带薪上学人员，其社会保险费仍按规定由原单位和个人继续缴纳，缴纳保险费期间计算为缴费年限。

75. 用人单位全部职工实行劳动合同制度后，职工在用人单位内由转制前的原工人岗位转为原干部（技术）岗位或由原干部（技术）岗位转为原工人岗位，其退休年龄和条件，按现岗位国家规定执行。

76. 依据劳动部《企业职工患病或非因工负伤医疗期的规定》（劳部发〔1994〕479号）和劳动部《关于贯彻〈企业职工患病或非因工负伤医疗期的规定〉的通知》（劳部发〔1995〕236号），职工患病或非因工负伤，根据本人实际参加工作的年限和本企业工作年限长短，享受3—24个月的医疗期。对于某些患特殊疾病（如癌症、精神病、瘫痪等）的职工，在24个月内尚不能痊愈的，经企业和当地劳动部门批准，可以适当延长医疗期。

77. 劳动者的工伤待遇在国家尚未颁布新的工伤保险法律、行政法规之前，各类企业仍要执行《劳动保险条例》及相关的政策规定，如果当地政府已实行工伤保险制度改革的，应执行当地的新规定；个体经济组织的劳动者的工伤保险参照企业职工的规定执行；国家机关、事业组织、社会团体的劳动者的工伤保险，如果包括在地方人民政府的工伤改革规定范围内的，按地方政府的规定执行。

78. 劳动者患职业病按照1987年由卫生部等部门发布的《职业病范围和职业病患者处理办法的规定》和所附的“职业病名单”（〔87〕卫防第60号）处理，经职业病诊断机构确诊并发给《职业病诊断证明书》，劳动行政部门据此确认工伤，并通知用人单位或者社会保险基金经办机构发给有关工伤保险待遇；劳动者因工负伤的，劳动行政部门根据企业的工伤事故报告和工伤者本人的申请，作出工伤认定，由社会保险基金经办机构或用人单位，发给有关工伤保险待遇。患职业病或工伤致残的，由当地劳动鉴定委员会按照劳动部《职工工伤和职业病致残程度鉴定标准》（劳险字〔1992〕6号）评定伤残等级和护理依赖程度。

劳动鉴定委员会的伤残等级和护理依赖程度的结论，以医学检查、诊断结果为技术依据。

79. 劳动者因工负伤或患职业病，用人单位应按国家和地方政府的规定进行工伤事故报告，或者经职业病诊断机构确诊进行职业病报告。用人单位和劳动者有权按规定向当地劳动行政部门报告。如果用人单位瞒报、漏报工作或职业病，工会、劳动者可以向劳动行政部门报告。经劳动行政部门确认后，用人单位或社会保险基金经办机构应补发工伤保险待遇。

80. 劳动者对劳动行政部门作出的工伤或职业病的确认意见不服，可依法提起行政复议或行政诉讼。

81. 劳动者被认定患职业病或因工负伤后，对劳动鉴定委员会作出的伤残等级和护理依赖程度鉴定结论不服，可依法提起行政复议或行政诉讼。对劳动能力鉴定结论所依据的医学检查、诊断结果有异议的，可以要求复查诊断，复查诊断按各省、自治区和直辖市劳动鉴定委员会规定的程序进行。

六、劳动争议

82. 用人单位与劳动者发生劳动争议不论是否订立劳动合同，只要存在事实劳动关系，并符合劳动法的适用范围和《中华人民共和国企业劳动争议处理条例》的受案范围，劳动争议仲裁委员会均应受理。

83. 劳动合同鉴证是劳动行政部门审查、证明劳动合同的真实性、合法性的一项行政监督措施，尤其在劳动合同制度全面实施的初期有其必要性。劳动行政部门鼓励并提倡用人单位和劳动者进行劳动合同鉴证。劳动争议仲裁委员会不能以劳动合同未经鉴证为由不受理相关的劳动争议案件。

84. 国家机关、事业组织、社会团体与本单位工人以及其他与之建立劳动合同关系的劳动者之间，个体工商户与帮工、学徒之间，以及军队、武警部队的事业组织和企业与其无军籍的职工之间发生的劳动争议，只要符合劳动争议的受案范围，劳动争议仲裁委员会应予受理。

85. “劳动争议发生之日”是指当事人知道或者应当知道其权利被

侵害之日。

86. 根据《中华人民共和国商业银行法》的规定，商业银行为企业法人。商业银行与其职工适用《劳动法》、《中华人民共和国企业劳动争议处理条例》等劳动法律、法规和规章。商业银行与其职工发生的争议属于劳动争议的受案范围的，劳动争议仲裁委员会应予受理。

87. 劳动法第二十五条第（三）项中的“重大损害”，应由企业内部规章来规定，不便于在全国对其作统一解释。若用人单位以此为由解除劳动合同，与劳动者发生劳动争议，当事人向劳动争议仲裁委员会申请仲裁的，由劳动争议仲裁委员会根据企业类型、规模和损害程度等情况，对企业规章中规定的“重大损害”进行认定。

88. 劳动监察是劳动法授予劳动行政部门的职责，劳动争议仲裁是劳动法授予各级劳动争议仲裁委员会的职能。用人单位或行业部门不能设立劳动监察机构和劳动争议仲裁委员会，也不能设立劳动行政部门劳动监察机构的派出机构和劳动争议仲裁委员会的派出机构。

89. 劳动争议当事人向企业劳动争议调解委员会申请调解，从当事人提出申请之日起，仲裁申诉时效中止，企业劳动争议调解委员会应当在三十日内结束调解，即中止期间最长不得超过三十日。结束调解之日起，当事人的申诉时效继续计算。调解超过三十日的，申诉时效从三十日之后的第一天继续计算。

90. 劳动争议仲裁委员会的办事机构对未予受理的仲裁申请，应逐件向仲裁委员会报告并说明情况，仲裁委员会认为应当受理的，应及时通知当事人。当事人从申请至受理的期间应视为时效中止。

七、法律责任

91. 劳动法第九十一条的含义是，如果用人单位实施了本条规定的前三项侵权行为之一的，劳动行政部门应责令用人单位支付劳动者的工资报酬和经济补偿，并可以责令支付赔偿金。如果用人单位实施了本条规定的第四项侵权行为，即解除劳动合同后未依法给予劳动者经济补偿的，因不存在支付工资报酬的问题，故劳动行政部门只责令用人单位支付劳动者经济补偿，还可以支付赔偿金。

92. 用人单位实施下列行为之一的，应认定为劳动法第一百零一条中的“无理阻挠”行为：

（1）阻止劳动监督检查人员进入用人单位内（包括进入劳动现场）进行监督检查的；

（2）隐瞒事实真相，出具伪证，或者隐匿、毁灭证据的；

（3）拒绝提供有关资料的；

（4）拒绝在规定的时间和地点就劳动行政部门所提问题作出解释和说明的；

（5）法律、法规和规章规定的其他情况。

八、适用法律

93. 劳动部、外经贸部《外商投资企业劳动管理规定》（劳部发〔1994〕246 号）与劳动部《违反和解除劳动合同的经济补偿办法》（劳部发〔1994〕481 号）中关于解除劳动合同的经济补偿规定是一致的，246 号文中的“生活补助费”是劳动法第二十八条所指经济补偿的具体化，与 481 号文中的“经济补偿金”可视为同一概念。

94. 劳动部、外经贸部《外商投资企业劳动管理规定》（劳部发〔1994〕246 号）与劳动部《违反〈中华人民共和国劳动法〉行政处罚办法》（劳部发〔1994〕532 号）在企业低于当地最低工资标准支付职工工资应付赔偿金的标准，延长工作时间的罚款标准，阻止劳动监察人员行使监督检查权的罚款标准等方面规定不一致，按照同等效力的法律规范新法优于旧法执行的原则，应执行劳动部劳部发〔1994〕532 号规章。

95. 劳动部《企业最低工资规定》（劳部发〔1993〕333 号）与劳动部《违反〈中华人民共和国劳动法〉行政处罚办法》（劳部发〔1994〕532 号）在拖欠或低于国家最低工资标准支付工资的赔偿金标准方面规定不一致，应按劳动部劳部发〔1994〕532 号规章执行。

96. 劳动部《违反〈中华人民共和国劳动法〉行政处罚办法》（劳部发〔1994〕532 号）对行政处罚行为、处罚标准未作规定，而其他劳动行政规章和地方政府规章作了规定的，按有关规定执行。

97. 对违反劳动法的用人单位，劳动行政部门有权依据劳动法律、法规和规章的规定予以处理，用人单位对劳动行政部门作出的行政处罚决定不服，在法定期限内不提起诉讼或不申请复议又不执行行政处罚决定的，劳动行政部门可以根据行政诉讼法第六十六条申请人民法院强制执行。劳动行政部门依法申请人民法院强制执行时，应当提交申请执行书，据以执行的法律文书和其他必须提交的材料。

98. 适用法律、法规、规章及其他规范性文件遵循下列原则：

（1）法律的效力高于行政法规与地方性法规；行政法规与地方性法规效力高于部门规章和地方政府规章；部门规章和地方政府规章效力高于其他规范性文件。

（2）在适用同一效力层次的文件时，新法律优于旧法律；新法规优于旧法规；新规章优于旧规章；新规范性文件优于旧规范性文件。

99. 依据《法规规章备案规定》（国务院令第48号，1990年发布）“地方人民政府规章同国务院部门规章之间或者国务院部门规章相互之间有矛盾的，由国务院法制局进行协调；经协调不能取得一致意见的，由国务院法制局提出意见，报国务院决定。”地方劳动行政部门在发现劳动部规章与国务院其他部门规章或地方政府规章相矛盾时，可将情况报劳动部，由劳动部报国务院法制局进行协调或决定。

100. 地方或行业劳动部门发现劳动部的规章之间、其他规范性文件之间或规章与其他规范性文件之间相矛盾，一般适用“新文件优于旧文件”的原则，同时可向劳动部请示。

劳动部关于企业实施股份制和股份合作制改革中履行劳动合同问题的通知

（1998年1月26日　劳部发〔1998〕34号）

各省、自治区、直辖市及计划单列市、新疆建设兵团和副省级省会城市劳动（劳动人事）厅（局），国务院有关部委、直属机构、解放军总后勤部生产管理部：

当前，在企业实施股份制和股份合作制改造过程中，一些企业出现了未经与劳动者协商，违反劳动法律法规擅自单方变更劳动合同或把解除劳动关系作为强制职工入股的手段等问题，对劳动关系的和谐稳定带来了一定影响。为维护劳动者的合法权益，保障企业改革的顺利进行，现就企业实行股份制和股份合作制改造过程中履行劳动合同问题通知如下：

一、在企业实施股份制或股份合作制改造后，用人单位主体发生变化的，应当由变化后的用工主体继续与职工履行原劳动合同。由于企业改制导致原劳动合同不能履行的，企业与职工应当依法变更劳动合同。

二、在企业实施股份制或股份合作制改造过程中，与职工经协商确实不能就变更劳动合同达成一致意见的，可以按照《劳动法》第二十六条（三）项的规定办理。

三、按照国家体改委《关于发展城市股份合作制企业的指导意见》（体改字〔1997〕96号）以及国家有关企业改革的精神，实施股份合作制的企业，在职工投资入股方面，鼓励职工在自愿的基础上人人投资入股。因此，在股份合作制改造中，企业不得强迫职工入股，不得因职工不入股而降低劳动报酬、停发工资或硬性安排下岗，更不得以此为由解除与职工的劳动关系。

四、在企业实施股份制或股份合作制改造过程中，凡涉及职工切身利益的劳动关系重大问题，如集体变更或解除劳动关系等，要发挥职工代表大会的民主管理、民主监督作用，保持劳动关系的和谐稳定。

五、各级劳动行政部门要加强对企业实施股份制和股份合作制改造过程中履行劳动合同情况的监督检查，对一些企业存在的因职工未入股影响劳动合同履行的行为，劳动部门应及时予以纠正。

六、对因职工入股问题影响劳动合同履行引起的劳动争议，应当按照国家有关劳动争议的规定办理。

关于出售国有小型企业中若干问题意见的通知

（1999年2月11日　国经贸中小企〔1999〕89号）

各省、自治区、直辖市人民政府，国务院各部门、各直属机构：

近年来，各地积极探索放开搞活国有小型企业的路子，取得了一定成效。但是，一些地方违背党的十五大精神，把出售国有小型企业作为改革的主要形式甚至唯一形式，采取“一卖了之”的作法，出现了一些不规范行为，导致国有资产流失、银行债务和拖欠税款悬空、职工合法权益受到损害。为了制止上述错误倾向，经国务院同意，现就出售国有小型企业（以下简称出售企业）中若干问题的意见通知如下：

一、全面理解、正确贯彻党的十五大关于国有小型企业改革的方针。党的十五大提出，国有小型企业改革要采取改组、联合、兼并、租赁、承包经营和股份合作制、出售等多种形式。国有小型企业不是不能出售，但出售不是主要形式，更不能统统“一卖了之”。要坚持从实际出发，因地制宜，因企业制宜，采取多种有效形式放开搞活国有小型企业。要抵制各种错误言论的误导，坚决制止出售企业之风，特别要制止名卖实送、半卖半送、逃废银行债务、拖欠税款和规避安置职工的错误作法。国有小型企业出售要按照国家法律、法规和规章操作。

二、出售企业是指将国有小型企业出让给其他经济组织或者个人的行为。国有小型企业在企业划型标准调整前，按现行标准确定；企业划型标准调整后，按新标准确定。严格控制出售企业的范围和数量。不得出售社会公益性企业和法律、法规规定不能出售的企业。向国外（境外）购买者出售企业，依照国家有关规定执行。

出售企业必须坚持公开、公平、公正的原则，严格维护国家所有者权益，不得造成国有资产流失；不得悬空银行及其他债权人债权；必须妥善安置在职职工和离退休人员。

三、出售企业的审批主体和审批权限。出售县（旗、区、市）属企业，由县级人民政府提出方案，报地级市人民政府（含州、盟，下同）审批，并由地级市人民政府报省级人民政府备案，省级人民政府认为不宜出售的企业，不得出售；出售地级市属企业，由地级市人民政府提出方案，报省级人民政府审批。除地级市以上地方人民政府有权审批其管辖范围内的企业出售外，其他任何部门、机构、企业和个人均不得决定出售企业。

四、出售企业应遵循的程序：

（一）地级市以下人民政府（含地级市人民政府，以下简称出售方）将出售方案征求有关企业职工代表大会（以下简称职代会）或职工大会意见后，须向上一级人民政府提出申请，经批准后发布出售信息；

（二）拟购买者须向出售方提出购买申请，由出售方审查其资信情况；

（三）出售方要指定具备资格的审计机构对原企业法定代表人进行离任审计，财政部门和土地管理部门要对企业进行资产清查、土地使用权界定；

（四）出售方委托具备资格的评估机构对企业资产（包括无形资产）和土地使用权进行评估，评估结果应按有关规定经有关部门确认；

（五）出售方应以有关主管部门确认的评估值为依据，合理确定出售底价，通过拍卖、招标或协议转让等方式确定企业出售价格及购买者；

（六）购买者须与社会保险经办机构落实企业职工社会保险的有关事宜，与出售企业的债权经营机构签订转贷和还款协议，并提供相应担保；

（七）出售方与购买者签定出售协议。采取协议转让方式出售的企业，经上一级人民政府审核批准后协议方可生效。出售方与购买者要及时办理产权变更、企业法人变更和税务登记等有关手续。

五、购买者应具备的条件及付款方式。购买者应出具不低于所购买企业价款（以下简称价款）的有效资信证明，不得以所购买企业的资产作抵押，获取银行贷款购买该企业。购买者应一次性支付价款；确有困难的，经出售方同意可以分期支付价款。分期支付价款的，首期付款额不得低于价款的30%，一年内应支付价款的70%，两年内必须付清价款。未付价款部分参照银行贷款利率由购买者向出售方支付利息。购买者在尚未全额支付价款前单方面终止协议的，已付款项不予退还。

购买者尚未全额支付价款前，出售方应派人监督企业财务状况；购买者确因生产经营需对企业固定资产进行处置的，应经出售方同意；购买者不得将企业有偿转让给其他所有制企业法人、合伙制企业或自然人。购买者全额支付价款后，财政部门、土地管理部门方可按规定为企业办理产权变动证明和土地使用权证书。

六、出售企业的资产清查及原法定代表人的离任审计。企业出售前，有关部门应依法对其进行资产清查，在清查中发现的盘亏、报损、财务呆坏账等，需要核销的，按国家有关规定报有关部门审批后处置。出售方应指定具备资格的审计机构对出售企业的原法定代表人进行审计，在审计中发现由于原企业法定代表人以权谋私、恶意经营等造成企业损失的，要由有关部门依照有关规定追究其责任。未经资产清查和原法定代表人离任审计的企业，不得出售。

七、对出售企业的产权界定和资产评估及出售价格的确认。出售企业前，出售方应根据国家有关规定界定企业产权。被出售企业的资产和土地使用权，由出售方委托具备资格的评估机构进行评估。对于不同性质和用途的资产，应选择正确的评估方法进行资产评估。评估基准日应定在资产清查、审计和产权界定后，评估结果报经上级人民政府有关部门确认，并以确认值作为确定出售企业底价的依据，出售价格不得低于底价。地方各级人民政府及其部门不得超出国家有关规定，在出售价格上给予购买者优惠。

出售企业的用地原为国有划拨土地，购买者应与县级以上人民政府土地管理部门签订国有土地使用权出让合同。

出售企业的非经营性资产一般应从企业中剥离，可以留在企业由购买者有偿使用，并交纳不低于该部分资产评估金额同期银行贷款利息的使用费。有关部门要加强对这部分资产使用的监督。

出售企业前，原企业拖欠职工的所有医疗费和生活费、欠缴的各项社会保险费用、离退休人员的安置费（包括养老保险费和医疗保险费）、自谋职业职工的安置费用、未退还的职工集资款，经上一级财政部门审批后方可从出售价款中相应抵扣。

八、严格保护债权人利益。出售企业过程中要充分尊重债权人的意见，依法落实各项债权。已为债权金融机构的贷款设定抵押或质押的企业财产，出售方在出售时必须征得债权金融机构的同意。出售时，银行贷款已到期的，出售收入必须优先用于清偿贷款本息；未到期的，购买者应与出售企业的债权金融机构签订转贷和还款协议，并提供相应担保。出售企业已为其他单位和个人的贷款提供担保的，出售后，购买者应继续承担原企业的担保责任。地方各级人民政府及其部门不得以任何形式要求银行减免出售企业的债务，也不得随意减免税收；银行不得违反国家金融政策规定减免出售企业的债务。非银行的债务经债权人同意，可将其对企业的债权转为股权。购买双方与债权人就债务处理问题未达成一致意见的企业，不得批准出售。

九、确保企业职工合法权益不受侵犯。出售方应在申请出售前征求职工对出售方案和职工安置方案的意见。职工安置方案应经企业职代会或职工大会讨论通过。

出售企业的全部职工原则上由购买者负责妥善安置，并负责参加各项社会保险。对原来未参加基本养老保险、医疗保险、失业保险等社会保险的企业，按当地政府有关规定，由购买者与社会保险经办机构落实参加基本养老保险、基本医疗保险、失业保险等社会保险的有关事宜。对出售后愿意继续留在该企业工作的职工，购买者应与其重新签订劳动合同，明确职工与购买者的劳动关系，按照《中华人民共和国劳动法》的规定，履行应尽义务。劳动合同期限一般应不短于职工与出售企业原签订劳动合同的期限。不愿留在该企业工作的职工，可自谋职业。自谋职业的职工，应与企业解除劳动关系，可按当地政府规定领取安置费，并可按照当地政府规定继续参加社会保险。任何部门和单位不得在企业出售中终止职工社会保险关系。不得借出售企业之机，违反国家有关规定对职工“买断工龄”或为职工办理提前退休，把职工推向社会。

十、出售企业的净收入要上缴财政，在预算上单设科目反映，专项用于补充国有企业资本金或支持国有中小企业发展，不得挪作他用，不得留在原企业继续使用，不得作为借贷资金借给其他企业使用。集团或母公司出售所属小型企业的净收入，专项用于该集团或母公司的资本再投入或技术改造。地方各级人民政府有关部门要加强对出售企业收入使用的监督。

十一、对出售后的企业进行必要的监督和管理。地方各级人民政府及有关部门和银行要监督购买者执行还贷协议，防止购买者抽逃资金，防止恶意经营、故意恶化劳动条件，严格执行企业出售和职工安置方案，维护职工合法权益不受侵犯。

十二、加强对企业出售工作的检查和监督。各级监察部门应加强对企业出售过程的监督、检查，设立和公布举报电话，及时发现和纠正出售中的违法、违纪问题。对于违反程序和有关规定或利用职权徇私舞弊、谋取非法收入、与购买者串通、故意压价出售企业的单位和个人，要依法追究其行政责任或者刑事责任。购买者购买企业后不执行协议规定，或在购买企业过程中有违法行为的，应当依法承担民事责任或者刑事责任。

地方各级人民政府要加强对企业出售工作的组织领导，指定部门负责出售企业的组织、协调工作，防止多头管理、政出多门和无人负责。要加强监督，规范操作，不得以强迫命令、压指标、定任务和规定时限等方式出售企业。

中共中央关于国有企业改革和发展若干重大问题的决定

（1999 年 9 月 22 日中国共产党第十五届中央委员会第四次全体会议通过）

为实现党的十五大提出的我国改革开放和现代化建设跨世纪发展的宏伟目标，中国共产党第十五届中央委员会第四次全体会议讨论了国有企业改革和发展的若干重大问题，并作如下决定。

一、推进国有企业改革和发展是一项重要而紧迫的任务

新中国成立 50 年来，我们党领导各族人民不懈奋斗，取得了社会主义建设的巨大成就。我国由一个贫穷落后的农业国，发展成为即将进入小康社会、向工业化和现代化目标大步迈进的社会主义国家。这是中华民族发展进程中一次伟大的历史性跨越。国有企业和工人阶级为此作出了不可磨灭的重大贡献。

党的十一届三中全会以来，在邓小平理论指导下，我们党开辟了建设有中国特色社会主义的新道路。为克服传统计划经济体制的弊端，我们坚持解放思想，实事求是，积极探索，循序渐进，不断深化国有企业改革和整个经济体制改革，推进现代化建设。国有企业管理体制和经营机制发生了深刻变化，一批企业在市场竞争中成长壮大，技术装备水平明显提高，以国有企业为主生产的一些重要产品的产量跃居世界前列。在公有制为主体、多种所有制经济共同发展的新格局下，国有经济的总体实力进一步增强，在国民经济中继续发挥着主导作用，并且一直是财政收入的主要来源，有力地支持了国家的改革和建设。经过多年的努力，国有企业朝着建立社会主义市场经济体制的改革目标，迈出了前所未有的重大步伐。

国有企业改革是一场广泛而深刻的变革。当前，国有企业的体制转换和结构调整进入攻坚阶段，一些深层次矛盾和问题集中暴露出来。由于传统体制的长期影响、历史形成的诸多问题、多年以来的重复建设以

及市场环境的急剧变化，相当一部分国有企业还不适应市场经济的要求，经营机制不活，技术创新能力不强，债务和社会负担沉重，富余人员过多，生产经营艰难，经济效益下降，一些职工生活困难。必须采取切实有效的措施解决这些问题。这不仅关系到国有企业改革的成败，也关系到整个经济体制改革的成败。全党既要充分认识推进国有企业改革和发展的重要性和紧迫性，又要清醒地看到这项工作的艰巨性和长期性，锲而不舍地努力，不断取得新的突破。

世纪之交，和平和发展依然是时代的主题，但霸权主义和强权政治有新的发展。综合国力越来越成为决定一个国家前途命运的主导因素。我们要增强国家的经济实力、国防实力和民族凝聚力，就必须不断促进国有经济的发展壮大。包括国有经济在内的公有制经济，是我国社会主义制度的经济基础，是国家引导、推动、调控经济和社会发展的基本力量，是实现广大人民群众根本利益和共同富裕的重要保证。坚定不移地贯彻十五大精神，推进国有企业的改革和发展，从总体上增强国有企业的活力和国有经济的控制力，对于建立社会主义市场经济体制，促进经济持续快速健康发展，提高人民生活水平，保持安定团结的政治局面，巩固社会主义制度，都具有十分重要的意义。

国有企业是我国国民经济的支柱。发展社会主义社会的生产力，实现国家的工业化和现代化，始终要依靠和发挥国有企业的重要作用。在经济全球化和科技进步不断加快的形势下，国有企业面临着日趋激烈的市场竞争。发展是硬道理。必须敏锐地把握国内外经济发展趋势，切实转变经济增长方式，拓展发展空间，尽快形成国有企业的新优势。

国有企业改革是整个经济体制改革的中心环节。建立和完善社会主义市场经济体制，实现公有制与市场经济的有效结合，最重要的是使国有企业形成适应市场经济要求的管理体制和经营机制。必须继续解放思想，实事求是，以有利于发展社会主义社会的生产力、有利于增强社会主义国家的综合国力、有利于提高人民的生活水平为根本标准，大胆利用一切反映现代社会化生产规律的经营方式和组织形式，努力探索能够极大促进生产力发展的公有制多种实现形式，在深化国有企业的改革上迈出新步伐。

搞好国有企业的改革和发展，是实现国家长治久安和保持社会稳定的重要基础。必须正确处理改革、发展、稳定的关系，改革的力度、发展的速度要同国力和社会承受能力相适应，努力开创改革、发展、稳定相互促进的新局面。

我们党和我国工人阶级历来勇于面对并善于战胜任何艰难险阻。我们有马克思列宁主义、毛泽东思想、邓小平理论和党的基本路线的指导，有比过去更加雄厚的综合国力，有多年积累的实践经验，有广大职工的积极参与，只要全党坚定信心，团结奋斗，就一定能够夺取国有企业改革和发展的新胜利。

二、国有企业改革和发展的主要目标与指导方针

党的十五大和十五届一中全会提出，用三年左右的时间，使大多数国有大中型亏损企业摆脱困境，力争到本世纪末大多数国有大中型骨干企业初步建立现代企业制度。推进国有企业改革和发展，首先要尽最大努力实现这一目标。要从不同行业和地区的实际出发，根据不平衡发展的客观进程，着力抓好重点行业、重点企业和老工业基地，把解决当前的突出问题与长远发展结合起来，为国有企业跨世纪发展创造有利条件。到2010年，国有企业改革和发展的目标是：适应经济体制与经济增长方式两个根本性转变和扩大对外开放的要求，基本完成战略性调整和改组，形成比较合理的国有经济布局和结构，建立比较完善的现代企业制度，经济效益明显提高，科技开发能力、市场竞争能力和抗御风险能力明显增强，使国有经济在国民经济中更好地发挥主导作用。

推进国有企业改革和发展，必须坚持以下指导方针：

（一）以公有制为主体，多种所有制经济共同发展。调整和完善所有制结构，积极探索公有制多种实现形式，增强国有经济在国民经济中的控制力，促进各种所有制经济公平竞争和共同发展。

（二）从战略上调整国有经济布局和改组国有企业。着眼于搞好整个国有经济，推进国有资产合理流动和重组，调整国有经济布局和结构，积极发展大型企业和企业集团，放开搞活中小企业。

（三）改革同改组、改造、加强管理相结合。适应市场经济的要

求，着力转换企业经营机制，提高企业整体素质，构造产业结构优化和经济高效运行的微观基础。

（四）建立现代企业制度。实现产权清晰、权责明确、政企分开、管理科学，健全决策、执行和监督体系，使企业成为自主经营、自负盈亏的法人实体和市场主体。

（五）推动企业科技进步。加强企业的科研开发和技术改造，重视科技人才，促进产学研结合，形成技术创新机制，走集约型和可持续发展道路。

（六）全面加强企业管理。推行科学管理，强化基础工作，改善经营，提高效益，实行以按劳分配为主体的多种分配方式，形成有效的激励和约束机制。

（七）建立企业优胜劣汰的竞争机制。实行鼓励兼并、规范破产、下岗分流、减员增效和再就业工程。依靠各方面力量，扩大就业门路，确保国有企业下岗职工基本生活。

（八）协调推进各项配套改革。转变政府职能，建立权责明确的国有资产管理、监督和营运体系，保证国有资产保值增值。加强法制建设，维护市场经济秩序。健全社会保障体系。帮助企业增资减债、减轻负担。

（九）全心全意依靠工人阶级，发挥企业党组织的政治核心作用。加强企业党组织建设和思想政治工作，提高企业经营管理者队伍素质，坚持和完善以职工代表大会为基本形式的企业民主管理，切实维护职工合法权益。

（十）推进企业精神文明建设。加强思想道德教育和技术业务培训，全面提高职工队伍素质，培育积极向上的企业文化，推动物质文明和精神文明建设协调发展。

三、从战略上调整国有经济布局

在社会主义市场经济条件下，国有经济在国民经济中的主导作用主要体现在控制力上。

（一）国有经济的作用既要通过国有独资企业来实现，更要大力发展股份制，探索通过国有控股和参股企业来实现。

（二）国有经济在关系国民经济命脉的重要行业和关键领域占支配地位，支撑、引导和带动整个社会经济的发展，在实现国家宏观调控目标中发挥重要作用。

（三）国有经济应保持必要的数量，更要有分布的优化和质的提高；在经济发展的不同阶段，国有经济在不同产业和地区的比重可以有所差别，其布局要相应调整。

从战略上调整国有经济布局，要同产业结构的优化升级和所有制结构的调整完善结合起来，坚持有进有退，有所为有所不为。目前，国有经济分布过宽，整体素质不高，资源配置不尽合理，必须着力加以解决。国有经济需要控制的行业和领域主要包括：涉及国家安全的行业，自然垄断的行业，提供重要公共产品和服务的行业，以及支柱产业和高新技术产业中的重要骨干企业。其他行业和领域，可以通过资产重组和结构调整，集中力量，加强重点，提高国有经济的整体素质。在坚持国有、集体等公有制经济为主体的前提下，鼓励和引导个体、私营等非公有制经济的发展。随着国民经济的不断发展，国有经济有着广阔的发展空间，总量将会继续增加，整体素质进一步提高，分布更加合理，但在整个国民经济中的比重还会有所减少。只要坚持公有制为主体，国家控制国民经济命脉，国有经济的控制力和竞争力得到增强，这种减少不会影响我国的社会主义性质。

积极探索公有制的多种有效实现形式。国有资本通过股份制可以吸引和组织更多的社会资本，放大国有资本的功能，提高国有经济的控制力、影响力和带动力。国有大中型企业尤其是优势企业，宜于实行股份制的，要通过规范上市、中外合资和企业互相参股等形式，改为股份制企业，发展混合所有制经济，重要的企业由国家控股。

统筹规划，采取有效的政策措施，加快老工业基地和中西部地区国有经济布局的调整。对困难较大的老工业基地，国家要在技术改造、资产重组、结构调整以及国有企业下岗职工安置和社会保障资金等方面，加大支持力度。国家要通过优先安排基础设施建设、增加财政转移支付等措施，支持中西部地区和少数民族地区加快发展。国家要实施西部大开发战略。中西部地区要从自身条件出发，发展有比较优势的产业和技术先进的企业，促进产业结构的优化升级。东部地区要在加快改革和发展的同时，本着互惠互利、优势互补、共同发展的原则，通过产业转移、技术转让、对口支援、联合开发等方式，支持和促进中西部地区的经济发展。

四、推进国有企业战略性改组

改革开放以来，国有企业组织结构发生了积极的变化，但目前仍不合理。主要是重复建设严重，企业大而全、小而全，没有形成专业化生产、社会化协作体系和规模经济，缺乏市场竞争能力。要区别不同情况，继续对国有企业实施战略性改组。极少数必须由国家垄断经营的企业，在努力适应市场经济要求的同时，国家给予必要支持，使其更好地发挥应有的功能；竞争性领域中具有一定实力的企业，要吸引多方投资加快发展；对产品有市场但负担过重、经营困难的企业，通过兼并、联合等形式进行资产重组和结构调整，盘活存量资产；产品没有市场、长期亏损、扭亏无望和资源枯竭的企业，以及浪费资源、技术落后、质量低劣、污染严重的小煤矿、小炼油、小水泥、小玻璃、小火电等，要实行破产、关闭。

坚持"抓大放小"。要着力培育实力雄厚、竞争力强的大型企业和企业集团，有的可以成为跨地区、跨行业、跨所有制和跨国经营的大企业集团。要发挥这些企业在资本营运、技术创新、市场开拓等方面的优势，使之成为国民经济的支柱和参与国际竞争的主要力量。发展企业集团，要遵循客观经济规律，以企业为主体，以资本为纽带，通过市场来形成，不能靠行政手段勉强撮合，不能盲目求大求全。要在突出主业、增强竞争优势上下功夫。

放开搞活国有中小企业。要积极扶持中小企业特别是科技型企业，使它们向"专、精、特、新"的方向发展，同大企业建立密切的协作关系，提高生产的社会化水平。要从实际出发，继续采取改组、联合、兼并、租赁、承包经营和股份合作制、出售等多种形式，放开搞活国有小企业，不搞一个模式。对这几年大量涌现的股份合作制企业，要支持和引导，不断总结经验，使之逐步完善。出售要严格按照国家有关规定进行。无论采取哪种放开搞活的形式，都必须听取职工意见，规范操作，注重实效。重视发挥各种所有制中小企业在活跃城乡经济、满足社会多方面需要、吸收劳动力就业、开发新产品、促进国民经济发展等方面的重要作用。培育中小企业服务体系，为中小企业提供信息咨询、市场开拓、筹资融资、贷款担保、技术支持、人才培训等服务。

在国有企业战略性改组过程中，要充分发挥市场机制作用，综合运用经济、法律和必要的行政手段。在涉及产权变动的企业并购中要规范资产评估，防止国有资产流失，防止逃废银行债务及国家税款，妥善安置职工，保护职工合法权益。

五、建立和完善现代企业制度

建立现代企业制度，是发展社会化大生产和市场经济的必然要求，是公有制与市场经济相结合的有效途径，是国有企业改革的方向。要从我国国情出发，总结实践经验，按照十四届三中全会决定和十五大报告关于建立现代企业制度的论述，全面理解和把握产权清晰、权责明确、政企分开、管理科学的要求，突出抓好以下几个环节。

（一）继续推进政企分开。政府对国家出资兴办和拥有股份的企业，通过出资人代表行使所有者职能，按出资额享有资产受益、重大决策和选择经营管理者等权利，对企业的债务承担有限责任，不干预企业日常经营活动。企业依法自主经营，照章纳税，对所有者的净资产承担保值增值责任，不得损害所有者权益。各级党政机关都要同所办的经济实体和直接管理的企业在人财物等方面彻底脱钩。

（二）积极探索国有资产管理的有效形式。要按照国家所有、分级管理、授权经营、分工监督的原则，逐步建立国有资产管理、监督、营运体系和机制，建立与健全严格的责任制度。国务院代表国家统一行使国有资产所有权，中央和地方政府分级管理国有资产，授权大型企业、企业集团和控股公司经营国有资产。要确保出资人到位。允许和鼓励地方试点，探索建立国有资产管理的具体方式。继续试行稽查特派员制度，同时要积极贯彻十五大精神，健全和规范监事会制度，过渡到从体制上、机制上加强对国有企业的监督，确保国有资产及其权益不受侵犯。

（三）对国有大中型企业实行规范的公司制改革。公司制是现代企业制度的一种有效组织形式。公司法人治理结构是公司制的核心。要明确股东会、董事会、监事会和经理层的职责，形成各负其责、协调运转、有效制衡的公司法人治理结构。所有者对企业拥有最终控制权。董事会要维护出资人权益，对股东会负责。董事会对公司的发展目标和重大经营活动作出决策，聘任经营者，并对经营者的业绩进行考核和评价。发挥监事会对企业财务和董事、经营者行为的监督作用。国有独资和国有控股公司的党委负责人可以通过法定程序进入董事会、监事会，董事会和监事会都要有职工代表参加；董事会、监事会、经理层及工会中的党员负责人，可依照党章及有关规定进入党委会；党委书记和董事长可由一人担任，董事长、总经理原则上分设。充分发挥董事会对重大问题统一决策、监事会有效监督的作用。党组织按照党章、工会和职代会按照有关法律法规履行职责。股权多元化有利于形成规范的公司法人治理结构，除极少数必须由国家垄断经营的企业外，要积极发展多元投资主体的公司。

（四）面向市场着力转换企业经营机制。要逐步形成企业优胜劣汰、经营者能上能下、人员能进能出、收入能增能减、技术不断创新、国有资产保值增值等机制。建立与现代企业制度相适应的收入分配制度，在国家政策指导下，实行董事会、经理层等成员按照各自职责和贡献取得报酬的办法；企业职工工资水平，由企业根据当地社会平均工资和本企业经济效益决定；企业内部实行按劳分配原则，适当拉开差距，允许和鼓励资本、技术等生产要素参与收益分配。要采取切实措施，解决目前某些垄断行业个人收入过高的问题。

六、加强和改善企业管理

强化企业管理，提高科学管理水平，是建立现代企业制度的内在要求，也是国有企业扭亏增盈、提高竞争能力的重要途径。必须高度重视和切实加强企业管理工作，从严管理企业，实现管理创新，尽快改变相当一部分企业决策随意、制度不严、纪律松弛、管理水平低下的状况。

加强企业发展战略研究。企业要适应市场，制定和实施明确的发展战略、技术创新战略和市场营销战略，并根据市场变化适时调整。实行科学决策、民主决策，提高决策水平。搞好风险管理，避免出现大的失误。

健全和完善各项规章制度。强化基础工作，彻底改变无章可循、有章不循、违章不究的现象。建立各级、各个环节的严格责任制度，加强考核和督促检查，确保各项工作有人负责。完善劳动合同制，推行职工全员竞争上岗，严格劳动纪律，严明奖惩，充分发挥职工的积极性和创造性。增强法制意识，依法经营管理。

狠抓管理薄弱环节。重点搞好成本管理、资金管理、质量管理。建立健全全国统一的会计制度。要及时编制资产负债表、损益表和现金流量表，真实反映企业经营状况。切实改进和加强经济核算，堵塞各种漏洞。坚持质量第一，采用先进标准，搞好全员全过程的质量管理。坚持预防为主，落实安全措施，确保安全生产。重视企业无形资产的管理、保护和合理利用。要把加强管理和反腐倡廉结合起来，加强对企业经济活动的审计和监督，坚决制止和严肃查处做假账、违反财经纪律、营私舞弊、挥霍浪费等行为。

广泛采用现代管理技术、方法和手段。总结过去行之有效的管理经验，不断赋予新的内涵。推广先进企业的管理经验，引进国外智力，借鉴国外企业现代管理方法。发挥管理专家的作用，为企业改进经营管理提供咨询服务。加强现代信息技术的运用，建立灵敏、准确的信息系统。合理设置企业内部机构，改变管理机构庞大、管理人员过多的状况。

七、改善国有企业资产负债结构和减轻企业社会负担

逐步解决国有企业负债率过高、资本金不足、社会负担重等问题，对于实现国有企业改革和发展目标至关重要。要根据宏观经济环境和国家财力，区别不同情况，有步骤地分类加以解决。

（一）增加银行核销呆坏账准备金，主要用于国有大中型企业的兼

并破产和资源枯竭矿山的关闭，并向重点行业倾斜。国有和集体企业兼并国有企业可以享受有关鼓励政策。所有兼并破产和关闭的企业，都要按国家有关规定，妥善安置职工。

（二）结合国有银行集中处理不良资产的改革，通过金融资产管理公司等方式，对一部分产品有市场、发展有前景，由于负债过重而陷入困境的重点国有企业实行债转股，解决企业负债率过高的问题。实行债转股的企业，必须转换经营机制，实行规范的公司制改革，并经过金融资产管理公司独立评审。要按照市场经济的原则和有关规定规范操作，防止一哄而起和国有资产流失。

（三）提高直接融资比重。符合股票上市条件的国有企业，可通过境内外资本市场筹集资本金，并适当提高公众流通股的比重。有些企业可以通过债务重组，具备条件后上市。允许国有及国有控股企业按规定参与股票配售。选择一些信誉好、发展潜力大的国有控股上市公司，在不影响国家控股的前提下，适当减持部分国有股，所得资金由国家用于国有企业的改革和发展。要完善股票发行、上市制度，进一步推动证券市场健康发展。

（四）非上市企业经批准，可将国家划拨给企业的土地使用权有偿转让及企业资产变现，其所得用于增资减债或结构调整。要严格按照国家的法律法规操作，坚持公开、公平、公正的原则，维护国家所有者权益和银行及其他债权人权益。

（五）严格执行国家利率政策，切实减轻企业利息负担。银行要合理确定贷款期限，支持企业合理的资金需求，对不合理的贷款期限，要及时纠正；不得超过规定擅自提高或以各种名义变相提高贷款利率；对信用等级较高、符合国家产业政策、贷款风险较低的企业，贷款利率可适当下浮。

（六）具备偿债能力的国有大型企业，经过符合资质的中介机构评估，可在国家批准的额度内发行企业债券，有的经批准可在境外发债。严格禁止各种形式的非法集资。

（七）分离企业办社会的职能，切实减轻国有企业的社会负担。位于城市的企业，要逐步把所办的学校、医院和其他社会服务机构移交地方政府统筹管理，所需费用可在一定期限内由企业和政府共同承担，并逐步过渡到由政府承担，有些可以转为企业化经营。独立工矿区也要努力创造条件，实现社会服务机构与企业分离。各级政府要采取措施积极推进这项工作。

改善国有企业资产负债结构和减轻企业社会负担，一定要同防范和化解金融风险相结合，一定要同深化企业内部改革、建立新机制和加强科学管理相结合，防止卸了原有包袱，又重复出现老的问题。

八、做好减员增效、再就业和社会保障工作

下岗分流、减员增效和再就业，是国有企业改革的重要内容。要把减员与增效有机结合起来，达到降低企业成本、提高效率和效益的目的。鼓励有条件的国有企业实行主辅分离、转岗分流，创办独立核算、自负盈亏的经济实体，安置企业富余人员，减轻社会就业压力。要规范职工下岗程序，认真办好企业再就业服务中心，切实做好下岗职工基本生活保障工作，维护社会稳定。下岗分流要同国家财力和社会承受能力相适应。要调整财政支出结构，坚持实行企业、社会、政府各方负担的办法落实资金，亏损企业和社会筹集费用不足的部分，财政要给予保证。地方财政确有困难的，中央财政通过转移支付给予一定的支持。要进一步完善下岗职工基本生活保障、失业保险和城市居民最低生活保障制度，搞好这三条保障线的相互衔接，把保障下岗职工和失业人员基本生活的政策措施落到实处。

大力做好再就业工作。采取有效的政策措施，广开就业门路，增加就业岗位。积极发展第三产业，吸纳更多的下岗职工。引导职工转变择业观念，下大力气搞好下岗职工培训，提高他们的再就业能力。进一步完善促进下岗职工再就业的优惠政策，鼓励下岗职工到非公有制经济单位就业、自己组织起来就业或从事个体经营，使需要再就业的下岗职工尽快走上新的岗位。对自谋职业的，要在工商登记、场地安排、税费减免、资金信贷等方面，给予更多的扶持。要积极发展和规范劳动力市场，形成市场导向的就业机制。

加快社会保障体系建设，是顺利推进国有企业改革的重要条件。要

依法扩大养老、失业、医疗等社会保险的覆盖范围，城镇国有、集体、外商投资、私营等各类企业及其职工都要参加社会保险，缴纳社会保险费。强化社会保险费的征缴，提高收缴率，清理追缴企业拖欠的社会保险费，确保养老金的按时足额支付。进一步完善基本养老保险省级统筹制度，增强基金调剂能力。要采取多种措施，包括变现部分国有资产、合理调整财政支出结构等，开拓社会保障新的筹资渠道，充实社会保障基金。严格管理各项社会保障基金，加强监督，严禁挤占挪用，确保基金的安全和增值。逐步推进社会保障的社会化管理，实行退休人员与原企业相分离，养老金由社会服务机构发放，人员由社区管理。认真落实企业离休干部的政治、生活待遇，做好管理和服务工作。

九、加快国有企业技术进步和产业升级

要实现国民经济持续快速健康发展，必须适应全球产业结构调整的大趋势和国内外市场需求的变化，加快技术进步和产业升级。国有经济在国民经济中的重要地位，决定了国有企业必须在技术进步和产业升级中走在前列，积极拓展新的发展空间，发挥关键性作用。

国有企业技术进步和产业升级的方向与重点是：以市场为导向，用先进技术改造传统产业，围绕增加品种、改进质量、提高效益和扩大出口，加强现有企业的技术改造；在电子信息、生物工程、新能源、新材料、航空航天、环境保护等新兴产业和高技术产业占据重要地位，掌握核心技术，占领技术制高点，发挥先导作用。处理好提高质量和增加产量、发展技术密集型产业和劳动密集型产业、自主创新和引进技术、经济发展和环境保护的关系。

通过技术进步和产业升级，少数大型企业和企业集团要在产品质量、工艺技术、生产装备、劳动生产率等方面达到或接近世界先进水平，在国际市场上占有一定的份额；一批企业和企业集团要具有较高技术水平，能够生产高附加值产品，在国内外市场有较强竞争力；多数企业要不断进行技术改造和产品更新，并充分发挥我国劳动力充裕的优势，积极参与国内外市场竞争。

采取积极有效的政策措施，支持企业技术进步和产业升级。特别要

利用当前国家实行积极财政政策、扩大内需的有利时机，集中必要力量，对重点行业、重点企业、重点产品和重大先进装备制造加大技术改造投入，并向老工业基地倾斜，在企业技术进步和产业升级方面取得明显成效。对于有市场、有效益、符合国家产业政策的技术改造项目，给予贷款贴息支持；对这类技术改造项目的国产设备投资，实行税收鼓励政策。培育和发展产业投资基金和风险投资基金。充分利用国内外资本市场筹集资金，支持企业技术改造、结构调整和高新技术产业发展。实施促进科技成果转化的鼓励政策，积极发展技术市场。继续采取加速折旧、加大新产品开发费提取、减免进口先进技术与设备的关税和进口环节税等政策措施，鼓励企业进行技术改造。

技术进步和产业升级的主体是企业，要形成以企业为中心的技术创新体系。企业要加强技术开发力量和加大资金投入，大型企业都要建立技术开发中心，研究开发有自主知识产权的主导产品，增加技术储备，搞好技术人才培训。推进产学研结合，鼓励科研机构和大专院校的科研力量进入企业和企业集团，强化应用技术的开发和推广，增加中间试验投入，促进科技成果向现实生产力的转化。对重大技术难题组织联合攻关，重视发挥科技专家的作用。要形成吸引人才和调动科技人员积极性的激励机制，保护知识产权。

十、为国有企业改革和发展创造良好的外部环境

国有企业改革和发展是一个复杂的社会系统工程，需要搞好宏观调控和相关的配套改革。

（一）保持经济总量基本平衡。扩大内需，开拓城乡市场，增加就业，促进国民经济持续快速健康发展，防止经济增长的大幅度波动，为国有企业发展创造有利的宏观经济环境。

（二）继续扩大对外开放。推进和完善全方位、多层次、宽领域的对外开放格局。鼓励国有企业合理利用国内外两个市场、两种资源，提高国际竞争力。积极引进先进技术，注重消化、吸收和创新。优化进出口商品结构，实施市场多元化，拓展对外贸易。改善投资环境，扩大利用外资，提高利用外资水平。确有条件的国有企业发挥比较优势到国外

设立企业，开拓国际市场，国家要给予必要的政策支持，并加强监管。

（三）制止不合理的重复建设。加快投融资体制改革，建立投资风险约束机制，严格执行项目资本金制度和项目法人责任制，做到谁决策谁承担责任和风险。政府要通过制定产业政策和发布信息等方式进行引导，鼓励资金投向提高技术水平、产品有市场有效益的项目，对国内生产能力已经明显超过市场需求的新上项目必须严格控制。

（四）发展各类市场，维护正常经济秩序。继续完善商品市场，培育和发展要素市场，建立有利于商品、资金、技术、劳动力合理流动的全国统一的市场体系。健全市场规则，规范市场行为，加强市场监管，清除分割、封锁市场的行政性壁垒，营造公平竞争的市场环境。采取有力措施，抓紧解决企业互相拖欠款项的问题，强化信用观念，严格结算纪律。依法严厉打击走私贩私、制售假冒伪劣商品以及其他经济违法犯罪行为。推进税费改革，清理整治乱收费、乱罚款和各种摊派，切实减轻企业负担。

（五）健全中介服务体系。社会中介服务机构要与政府部门彻底脱钩。规范会计、律师、公证、资产评估、咨询等社会中介机构的行为，真正做到客观、真实、公正。对弄虚作假的要追究责任，依法惩处。整顿和规范各类行业协会，加强行业自律。

（六）建立健全社会主义市场经济的法律制度。要抓紧制定和完善有关维护市场秩序、实施宏观调控、规范市场主体、健全社会保障等方面的法律法规。加强和改善司法、行政执法和执法监督。依法惩处侵犯企业合法权益的违法犯罪行为。加强社会治安综合治理，为企业生产经营创造良好的社会环境。

十一、建设高素质的经营管理者队伍

国有企业要适应建立现代企业制度的要求，在激烈的市场竞争中生存发展，必须建设高素质的经营管理者队伍，培育一大批优秀企业家。国有企业的经营管理者队伍总体是好的，为企业改革和发展作出了重要贡献。发展社会主义市场经济对国有企业经营管理者提出了更高要求。他们应该是：思想政治素质好，认真执行党和国家的方针政策与法律法规，具有强烈的事业心和责任感；经营管理能力强，熟悉本行业务，系统掌握现代管理知识，具有金融、科技和法律等方面基本知识，善于根据市场变化作出科学决策；遵纪守法，廉洁自律，求真务实，联系群众。

深化国有企业人事制度改革。坚持党管干部原则，改进管理方法。中央和地方党委对关系国家安全和国民经济命脉的重要骨干企业领导班子要加强管理。要按照企业的特点建立对经营管理者培养、选拔、管理、考核、监督的办法，并逐步实现制度化、规范化。积极探索适应现代企业制度要求的选人用人新机制，把组织考核推荐和引入市场机制、公开向社会招聘结合起来，把党管干部原则和董事会依法选择经营管理者以及经营管理者依法行使用人权结合起来。进一步完善对国有企业领导人员管理的具体办法，避免一个班子多头管理。对企业及企业领导人不再确定行政级别。加快培育企业经营管理者人才市场，建立企业经营管理人才库。按照公开、平等、竞争、择优原则，优化人才资源配置，打破人才部门所有、条块分割，促进人才合理流动。采取多种形式加强教育培训，全面提高经营管理者素质。继续举办和规范工商管理培训，改进培训内容和方法，提高培训质量。努力创造条件，营造经营管理者和企业家队伍健康成长的社会环境。

建立和健全国有企业经营管理者的激励和约束机制。实行经营管理者收入与企业的经营业绩挂钩。把物质鼓励同精神鼓励结合起来，既要使经营管理者获得与其责任和贡献相符的报酬，又要提倡奉献精神，宣传和表彰有突出贡献者，保护经营管理者的合法权益。少数企业试行经理（厂长）年薪制、持有股权等分配方式，可以继续探索，及时总结经验，但不要刮风。要规范经营管理者的报酬，增加透明度。加强和完善监督机制，把外部监督和内部监督结合起来。健全法人治理结构，发挥党内监督和职工民主监督的作用，加强对企业及经营管理者在资金运作、生产经营、收入分配、用人决策和廉洁自律等重大问题上的监督。建立企业经营业绩考核制度和决策失误追究制度，实行企业领导人员任期经济责任审计，凡是由于违法违规等人为因素给企业造成重大损失的，要依法追究其责任，并不得继续担任或易地担任领导职务。

十二、加强党对国有企业改革和发展工作的领导

加强和改善党的领导是加快国有企业改革和发展的根本保证。要搞好国有企业，必须建立符合市场经济规律和我国国情的国有企业领导体制与组织管理制度，加强企业领导班子建设，发挥企业党组织的政治核心作用，坚持全心全意依靠工人阶级的方针。要把发挥党的政治优势同运用市场机制结合起来，调动各方面的积极性，形成合力，确保国有企业改革和发展任务的顺利完成。

坚持党的领导，发挥国有企业党组织的政治核心作用，是一个重大原则，任何时候都不能动摇。企业党组织的政治核心作用主要体现在：保证、监督党和国家方针政策在本企业的贯彻执行；参与企业重大问题决策，支持股东会、董事会、监事会和经理（厂长）依法行使职权；全心全意依靠职工群众，领导和支持工会、共青团等群众组织及职工代表大会依照法律和各自章程独立自主地开展工作；领导企业思想政治工作和精神文明建设，努力建设有理想、有道德、有文化、有纪律的职工队伍；加强党组织自身建设，搞好党性党风教育，发挥党支部的战斗堡垒作用和党员的先锋模范作用。企业党组织要认真贯彻党的基本路线，围绕生产经营开展工作，为实现党的任务和企业改革发展服务。要不断改进企业党组织的工作内容和活动方式，进一步探索发挥政治核心作用的途径和方法。加强和改进思想政治工作，用建设有中国特色社会主义的共同理想凝聚群众，引导广大职工积极支持和参与改革，满腔热情地帮助他们解决实际困难。困难企业和实行兼并破产企业的党组织尤其要深入细致地做好群众工作。

搞好国有企业的改革和发展，必须切实尊重职工的主人翁地位，充分发挥职工群众的积极性、主动性和创造性。坚决维护职工的经济利益，保障职工的民主权利。进一步理顺劳动关系，依法进行平等协商，认真执行劳动合同和集体合同制度。发挥工会和职工代表大会在民主决策、民主管理、民主监督中的作用。坚持和完善以职工代表大会为基本形式的企业民主管理制度，实行民主评议企业领导人和厂务公开。加强职工队伍建设。坚持用邓小平理论和党的基本路线武装广大职工，大力

弘扬爱国主义、集体主义、社会主义和艰苦创业精神，深入进行形势任务和民主法制教育，引导职工树立正确的世界观、人生观、价值观。加强职工业务技术和劳动技能培训。加强企业精神文明建设，发展企业文化，广泛开展创建文明行业、文明企业、文明班组和争当文明职工活动，树立爱岗敬业、诚实守信、奉献社会的良好职业道德和职业风尚，提倡科学精神，反对封建迷信，不断提高职工的思想道德和科学文化素质。

各级党委和政府要坚定地站在国有企业改革的前列，解放思想，实事求是，遵循客观经济规律，尊重群众首创精神。要认真改进领导作风，从工交、商贸、金融等各行各业国有企业的实际出发，深入调查研究，总结新经验，研究新情况，解决新问题，团结和带领广大干部群众迎难而上，开拓前进。

全会号召，全党紧密地团结在以江泽民同志为核心的党中央周围，高举邓小平理论伟大旗帜，深入贯彻党的十五大精神，按照中央的统一部署，同心同德，奋力拼搏，扎实工作，坚定不移地实现国有企业改革和脱困目标，努力开创国有企业改革和发展的新局面，把建设有中国特色社会主义的伟大事业全面推向21世纪！

关于国有大中型企业主辅分离辅业改制分流安置富余人员的实施办法

（2002 年 11 月 18 日　国经贸企改〔2002〕859 号）

为贯彻落实《中共中央国务院关于进一步做好下岗失业人员再就业工作的通知》（中发〔2002〕12 号，以下简称《通知》）精神，推进国有及国有控股大中型企业（以下简称国有大中型企业）主辅分离，辅业改制，分流安置富余人员，制定本办法。

一、总体思路和原则

（一）坚持党的十五届四中全会确定的国有企业改革方向，鼓励有条件的国有大中型企业在进行结构调整、重组改制和主辅分离中，利用非主业资产、闲置资产和关闭破产企业的有效资产（以下简称“三类资产”），改制创办面向市场、独立核算、自负盈亏的法人经济实体，多渠道分流安置企业富余人员和关闭破产企业职工，减轻社会就业压力（以下简称改制分流）。

（二）国有大中型企业改制分流应遵循以下原则：

1. 正确处理改革、发展、稳定的关系，充分考虑企业、职工和社会的承受能力，整体规划，分步实施确保稳定；

2. 实施改制分流要与企业的结构调整、改制重组和做强主业相结合，符合国家产业政策，有利于加快企业发展，促进企业资产结构、组织结构、人员结构的优化；

3. 实施改制分流要依法进行，规范操作，坚持“公开、公平、公正”的原则，维护国家、企业及职工的合法权益，防止国有资产流失和逃废银行债务。

二、改制企业享受扶持政策的条件

（三）国有大中型企业主辅分离，辅业改制，分流安置本企业富余人员兴办的经济实体，凡符合以下条件的，经有关部门认定，税务机关审核，可享受《通知》规定的三年内免征企业所得税的政策。

1. 利用原企业的“三类资产”；

2. 独立核算、产权清晰并逐步实现产权主体多元化；

3. 吸纳原企业富余人员达到30%（含）以上；

4. 与安置的职工变更或签订新的劳动合同。

三、改制分流的范围

（四）国有大中型企业应根据企业发展战略和结构调整的需要，以精干主业、减员增效、安置富余人员为目标，从本企业实际出发，合理界定“三类资产”的范围。

非主业资产指按照企业改革发展的要求和专业化分工原则，需要分离的辅业资产、后勤服务单位的资产以及与主业关联度不大的其他资产；

闲置资产指闲置一年以上的企业资产；

关闭破产企业的有效资产指政策性关闭破产企业中，符合国家产业政策、有一定获利能力，并用于抵偿职工安置等费用部分的资产。

（五）改制企业安置的富余人员，是指原企业需精简分流的富余人员。

四、改制分流的形式

（六）改制企业应当按照《中华人民共和国公司法》和其他有关法律法规的规定，通过合资、合作、出售等方式，逐步实现产权主体多元化。具备一定市场生存能力的改制企业，可直接改制为非国有法人控股的法人实体；暂时不具备上述条件的改制企业，可保持国有法人的控股地位，但必须产权明晰、独立核算、面向市场、自负盈亏。

改制企业与原主体企业除产权关系外，不再具有行政隶属关系，原主体企业仅以出资额为限承担有限责任，并依法享有股东权利。

（七）改制企业要建立以产权关系为基础的法人治理结构，建立健全相应的组织机构，制定各项管理制度，完善监督约束机制。原主体企业在改制企业设立过程中，有责任帮助推荐考核经营者人选并监督其产生程序的合法性。防止恶意侵犯投资者和职工合法权益的行为。

五、资产处置

（八）改制分流过程中涉及资产定价、损失核销、产权变更等有关国有资本管理与财务处理的事项，按照财政部《企业公司制改建有关国有资本管理与财务处理的暂行规定》（财企〔2002〕313号）办理。

（九）改制企业可用国有净资产支付解除职工劳动关系的经济补偿金等，由此造成的账面国有资产减少，按规定程序报批后冲减国有资本。

（十）改制企业的国有净资产按规定进行各项支付的不足部分，应由原主体企业予以补足；剩余部分可向改制企业的员工或外部投资者出售，也可采取租赁、入股或转为债权等方式留在改制企业。

已完成改制分流的单位，原主体企业要按规定及时办理相关的资产转移、产权登记手续。

（十一）按照国家和当地土地管理的有关法律法规，改制企业占用的原主体企业的行政划拨土地，只要不改变土地用途，经所在地县级（含）以上人民政府批准，可继续以划拨方式使用；需要转让土地使用权的，依法办理转让手续；需要改变用途的，应按照《划拨土地目录》（国土资源部令第9号）核定，改变后的用途符合《划拨土地目录》的可继续以划拨方式使用，不符合《划拨土地目录》的，应依法办理土地有偿使用手续，允许将土地出让收益用于支付改制成本，具体办法由各地人民政府制定。

六、债权债务关系

（十二）原主体企业要做好改制企业的债权债务清理工作，进行必要的债务审计，落实债权债务人。防止利用改制之机逃废银行或其他债权人的债务。

改制企业原为独立法人的，要继续承担和落实原有的债权债务关系；从原主体企业分立重组的改制企业，按商定的比例承担债务，并及时办理有关手续。

（十三）改制企业对所欠原主体企业的债务，要制定出切实可行的还款计划，按期偿还；原主体企业要按规定妥善处理拖欠职工的集资款、工资、医药费和欠缴社会保险费等债务问题。

七、劳动关系的处理

（十四）依法规范劳动关系。对从原主体企业分流进入改制企业的富余人员，应由原主体企业与其变更或解除劳动合同，并由改制企业与其变更或重新签订三年以上期限的劳动合同。变更或签订新的劳动合同应在改制企业工商登记后30天内完成。

（十五）对分流进入改制为非国有法人控股企业的富余人员，原主体企业要依法与其解除劳动合同，并支付经济补偿金。职工个人所得经济补偿金，可在自愿的基础上转为改制企业的等价股权或债权。

（十六）对分流进入改制为国有法人控股企业的富余人员，原主体企业和改制企业可按国家规定与其变更劳动合同，用工主体由原主体企业变更为改制企业，企业改制前后职工的工作年限合并计算。

（十七）改制企业要及时为职工接续养老、失业、医疗等各项社会保险关系。

八、申报程序

（十八）中央企业所属企业改制分流按以下程序办理：

1. 中央企业所属企业改制分流的总体方案，在与当地政府协调衔接的同时，报国家经贸委、财政部、劳动保障部联合批复；各部门在接到企业的改制分流方案后20个工作日内出具批复意见。

2. 中央企业依据批复的意见，对所属企业改制分流中利用“三类资产”和实现产权主体多元化的情况，逐个进行审核认定，并出具相关认定证明，分别报财政部和国家经贸委备案；其中规范劳动关系、吸纳富余人员的比例以及接续各项社会保险的情况，由改制企业所在地省级劳动保障部门审核认定，并出具相关认定证明，报劳动保障部备案。

3. 改制企业可凭上述联合批复意见和有关认定证明以及税务机关规定的其他有关材料，向当地主管税务机关提出免税申请。具体办法按照税务总局、劳动保障部《关于促进下岗失业人员再就业税收政策具体实施意见的通知》执行。

（十九）地方企业改制分流方案的申报程序，由省级人民政府参照本办法和税务总局、劳动保障部《关于促进下岗失业人员再就业税收政策具体实施意见的通知》要求，另行规定。

（二十）企业的改制分流方案须经过改制企业职工代表大会讨论，充分听取职工意见。其中涉及职工分流安置和用于安置职工的资产处置等有关事项，要经职工代表大会审议通过；未经审议通过，不得实施企业改制分流工作。

九、其他相关事项

（二十一）各级地方人民政府要按照属地化管理原则，及时将非国有法人控股的改制企业中党、团等组织关系、职工的各项社会保险关系以及职工档案管理、职称评定等移交接收工作，进行统一归口管理。原企业要积极做好改制企业属地管理的交接工作。

（二十二）各级政府和工商、税务、土地、经贸、财政、劳动保障等部门要按照《通知》和本办法的要求，主动做好服务，简化有关的审批手续，对在改制分流过程中发生的资产置换以及土地、房产、车辆过户等各项行政性收费，应予以适当减免，为企业改制分流、安置富余人员创造有利条件。

（二十三）企业在改制分流中要做好深入细致的思想政治工作，重视发挥企业党团组织和工会的作用，做好政策解释和宣传工作，引导职工和分流富余人员增强改革意识和承受能力，转变就业观念，使职工理解、支持改革并主动参与改革。

（二十四）要注意防止企业改制过程中弄虚作假、骗取优惠政策的不正当行为。对于侵占国有权益、无偿量化国有资产、擅自核销国有资本等行为，各级政府和有关部门要依法查处，并追究有关人员的责任；对不符合条件享受免税政策的企业，经查实后，取消其政策优惠并补缴税款，给予经济处罚，并依法追究有关人员的责任。

（二十五）各地可根据《通知》精神和本办法的原则，结合本地区实际，因地制宜，制定地方企业改制分流的实施细则。

国务院办公厅转发国务院国有资产监督管理委员会关于规范国有企业改制工作意见的通知

（2003 年 11 月 30 日　国办发〔2003〕96 号）

各省、自治区、直辖市人民政府，国务院各部委、各直属机构：

国务院国有资产监督管理委员会《关于规范国有企业改制工作的意见》已经国务院同意，现转发给你们，请认真贯彻执行。

关于规范国有企业改制工作的意见

（2003 年 11 月 25 日）

党的十五大以来，各地认真贯彻国有经济有进有退、有所为有所不为的方针，积极推进国有经济布局和结构调整，探索公有制的多种有效实现形式和国有企业改制的多种途径，取得了显著成效，积累了宝贵经验。但前一阶段国有企业改制工作中出现了一些不够规范的现象，造成国有资产的流失。国有企业改制是一项政策性很强的工作，涉及出资人、债权人、企业和职工等多方面的利益，既要积极探索，又要规范有序。为全面贯彻落实党中央关于国有经济布局结构调整和国有企业改革的精神，保证国有企业改制工作健康、有序、规范地进行，现提出以下意见：

一、健全制度，规范运作

（一）批准制度。国有企业改制应采取重组、联合、兼并、租赁、承包经营、合资、转让国有产权和股份制、股份合作制等多种形式进行。国有企业改制，包括转让国有控股、参股企业国有股权或者通过增资扩股来提高非国有股的比例等，必须制订改制方案。方案可由改制企业国有产权持有单位制订，也可由其委托中介机构或者改制企业（向本企业经营管理者转让国有产权的企业和国有参股企业除外）制订。国有企业改制方案需按照《企业国有资产监督管理暂行条例》（国务院令第378号，以下简称《条例》）和国务院国有资产监督管理委员会（以下简称国资委）的有关规定履行决定或批准程序，未经决定或批准不得实施。国有企业改制涉及财政、劳动保障等事项的，需预先报经同级人民政府有关部门审核，批准后报国有资产监督管理机构协调审批；涉及政府社会公共管理审批事项的，依照国家有关法律法规，报经政府有关部门审批；国有资产监督管理机构所出资企业改制为国有股不控股或不参股的企业（以下简称非国有的企业），改制方案需报同级人民政府批准；转让上市公司国有股权审批暂按现行规定办理，并由国资委会同证监会抓紧研究提出完善意见。

（二）清产核资。国有企业改制，必须对企业各类资产、负债进行全面认真的清查，做到账、卡、物、现金等齐全、准确、一致。要按照“谁投资、谁所有、谁受益”的原则，核实和界定国有资本金及其权益，其中国有企业借贷资金形成的净资产必须界定为国有产权。企业改制中涉及资产损失认定与处理的，必须按有关规定履行批准程序。改制企业法定代表人和财务负责人对清产核资结果的真实性、准确性负责。

（三）财务审计。国有企业改制，必须由直接持有该国有产权的单位决定聘请具备资格的会计师事务所进行财务审计。凡改制为非国有的企业，必须按照国家有关规定对企业法定代表人进行离任审计。改制企业必须按照有关规定向会计师事务所或政府审计部门提供有关财务会计资料和文件，不得妨碍其办理业务。任何人不得授意、指使、强令改制企业会计机构、会计人员提供虚假资料文件或违法办理会计事项。

（四）资产评估。国有企业改制，必须依照《国有资产评估管理办法》（国务院令第91号）聘请具备资格的资产评估事务所进行资产和土地使用权评估。国有控股企业进行资产评估，要严格履行有关法律法规规定的程序。向非国有投资者转让国有产权的，由直接持有该国有产权的单位决定聘请资产评估事务所。企业的专利权、非专利技术、商标权、商誉等无形资产必须纳入评估范围。评估结果由依照有关规定批准国有企业改制和转让国有产权的单位核准。

（五）交易管理。非上市企业国有产权转让要进入产权交易市场，不受地区、行业、出资和隶属关系的限制，并按照《企业国有产权转让管理暂行办法》的规定，公开信息，竞价转让。具体转让方式可以采取拍卖、招投标、协议转让以及国家法律法规规定的其他方式。

（六）定价管理。向非国有投资者转让国有产权的底价，或者以存量国有资产吸收非国有投资者投资时国有产权的折股价格，由依照有关规定批准国有企业改制和转让国有产权的单位决定。底价的确定主要依据资产评估的结果，同时要考虑产权交易市场的供求状况、同类资产的市场价格、职工安置、引进先进技术等因素。上市公司国有股转让价格在不低于每股净资产的基础上，参考上市公司盈利能力和市场表现合理定价。

（七）转让价款管理。转让国有产权的价款原则上应当一次结清。一次结清确有困难的，经转让和受让双方协商，并经依照有关规定批准国有企业改制和转让国有产权的单位批准，可采取分期付款的方式。分期付款时，首期付款不得低于总价款的30%，其余价款应当由受让方提供合法担保，并在首期付款之日起一年内支付完毕。转让国有产权的价款优先用于支付解除劳动合同职工的经济补偿金和移交社会保障机构管理职工的社会保险费，以及偿还拖欠职工的债务和企业欠缴的社会保险费，剩余价款按照有关规定处理。

（八）依法保护债权人利益。国有企业改制要征得债权金融机构同意，保全金融债权，依法落实金融债务，维护其他债权人的利益。要严格防止利用改制逃废金融债务，金融债务未落实的企业不得进行改制。

（九）维护职工合法权益。国有企业改制方案和国有控股企业改制为非国有的企业的方案，必须提交企业职工代表大会或职工大会审议，充分听取职工意见。其中，职工安置方案需经企业职工代表大会或职工大会审议通过后方可实施改制。改制为非国有的企业，要按照有关政策处理好改制企业与职工的劳动关系。改制企业拖欠职工的工资、医疗费和挪用的职工住房公积金以及企业欠缴的社会保险费等要按有关规定予以解决。改制后的企业要按照有关规定按时足额缴纳社会保险费，及时为职工接续养老、失业、医疗、工伤、生育等各项社会保险关系。

（十）管理层收购。向本企业经营管理者转让国有产权必须严格执行国家的有关规定，以及本指导意见的各项要求，并需按照有关规定履行审批程序。向本企业经营管理者转让国有产权方案的制订，由直接持有该企业国有产权的单位负责或其委托中介机构进行，经营管理者不得参与转让国有产权的决策、财务审计、离任审计、清产核资、资产评估、底价确定等重大事项，严禁自卖自买国有产权。经营管理者筹集收购国有产权的资金，要执行《贷款通则》的有关规定，不得向包括本企业在内的国有及国有控股企业借款，不得以这些企业的国有产权或实物资产作标的物为融资提供保证、抵押、质押、贴现等。经营管理者对企业经营业绩下降负有责任的，不得参与收购本企业国有产权。

二、严格监督，追究责任

各级监察机关、国有资产监督管理机构和其他有关部门，要加强联系、密切配合，加大对国有企业改制工作的监督检查力度。通过建立重要事项通报制度和重大案件报告制度，以及设立并公布举报电话和信箱等办法，及时发现和严肃查处国有企业改制中的违纪违法案件。对国有资产监督管理机构工作人员、企业领导人员利用改制之机转移、侵占、侵吞国有资产的，隐匿资产、提供虚假会计资料造成国有资产流失的，营私舞弊、与买方串通低价转让国有产权的，严重失职、违规操作、损害国家和群众利益的，要进行认真调查处理。其中涉嫌犯罪的，依法移交司法机关处理；造成国有资产损失的，按照《条例》的规定，追究有关责任人的赔偿责任。对中介机构弄虚作假、提供虚假审计报告、故意压低评估价格等违规违法行为，要加大惩处力度；国有资产监督管理机构和国有及国有控股企业不得再聘请该中介机构及其责任人从事涉及国有及国有控股企业的中介活动。

为加快建设和完善产权交易市场体系，确保产权交易公开、公平、公正，由法制办会同国资委、财政部等有关部门研究有关产权交易市场的法规和监管制度，各地依照法律法规及有关规定，根据实际情况制订具体实施细则。

三、精心组织，加强领导

（一）全面准确理解国有经济布局和结构调整战略方针，坚持党的十六大提出的必须毫不动摇地巩固和发展公有制经济，必须毫不动摇地鼓励、支持和引导非公有制经济发展的方针。国有企业改制要坚持国有经济控制重要行业和关键领域，提高国有经济的控制力、影响力和带动力。在其他行业和领域，国有企业通过重组改制、结构调整、深化改革、转换机制，在市场竞争中实现优胜劣汰。

（二）在国有企业改制工作中，各地区要防止和纠正不顾产权市场供求状况及其对价格形成的影响作用、不计转让价格和收益，下指标、限时间、赶进度，集中成批向非国有投资者转让国有产权的做法。防止和避免人为造成买方市场、低价处置和贱卖国有资产的现象。

（三）国有企业改制要从企业实际出发，着眼于企业的发展。要建立竞争机制，充分考虑投资者搞好企业的能力，选择合格的投资者参与国有企业改制，引入资金、技术、管理、市场、人才等资源增量，推动企业制度创新、机制转换、盘活资产、扭亏脱困和增加就业，促进企业加快发展。

（四）地方各级人民政府及其国有资产监督管理机构、国有及国有控股企业，要高度重视国有企业改制工作，全面理解和正确贯彻党中央、国务院有关精神，切实负起责任，加强组织领导。要从实际出发，把握好改制工作的力度和节奏。在国有企业改制的每一个环节都要做到依法运作，规范透明，落实责任。上级国有资产监督管理机构要加强对下级国有资产监督管理机构的指导和监督，及时总结经验，发现和纠正国有企业改制工作中存在的问题，促进国有资产合理流动和重组，实现国有资产保值增值，更好地发挥国有经济的主导作用。

关于国有大中型企业主辅分离辅业改制分流安置富余人员的劳动关系处理办法

（2003年7月31日　劳社部发〔2003〕21号）

为贯彻落实《中共中央国务院关于进一步做好下岗失业人员再就业工作的通知》（中发〔2002〕12号），切实做好国有大中型企业主辅分离、辅业改制中分流安置富余人员的劳动关系处理等工作，维护职工的合法权益，促进劳动关系的和谐稳定，根据《关于国有大中型企业主辅分离辅业改制分流安置富余人员的实施办法》（国经贸企改〔2002〕859号），制定本办法。

一、关于国有企业改制分流中劳动关系处理工作

（一）国有大中型企业实行主辅分离、辅业改制的企业（以下简称"改制企业"）应当在工商登记后30日内，与原主体企业分流到本单位的职工签订劳动合同。

（二）对分流到国有法人绝对控股改制企业的职工，应当采取原主体企业解除劳动合同，改制企业签订新劳动合同的方式变更劳动合同，由改制企业继续与职工履行原劳动合同约定的权利与义务。

改制企业与职工重新签订劳动合同就劳动合同期限不能协商一致的，应当继续履行原劳动合同中尚未履行的期限；原劳动合同未履行期限短于3年的，应延长至3年。

符合签订无固定期限劳动合同条件的，职工提出签订无固定期限的劳动合同，用人单位应当签订无固定期限劳动合同。

（三）对分流到非国有法人控股改制企业的职工，原主体企业应当与其办理解除劳动合同手续，并依法支付经济补偿金；改制企业应当与职工重新签订劳动合同。劳动合同的期限由改制企业与职工协商确定，重新签订劳动合同的期限应不短于3年。

（四）对分流到国有法人绝对控股改制企业的职工，改制企业解除

劳动合同时，对符合支付经济补偿金条件的，计发经济补偿金的年限应当将职工在原主体企业的工作年限与到改制企业后的工作年限合并计算。劳动合同期满，终止劳动合同时，支付生活补助费的办法按照《劳动保障部办公厅关于〈国有企业实行劳动合同制暂行规定〉废止后有关终止劳动合同支付生活补助费问题的复函》（劳社厅函〔2001〕280号）执行。

（五）企业解除劳动合同计发经济补偿金，按照《违反和解除劳动合同的经济补偿办法》（劳部发〔1994〕481号）的规定，根据劳动者在本单位工作年限，每满一年发给相当于一个月工资的经济补偿金，工作时间不满一年的按一年的标准发给经济补偿金。对从其他国有单位（包括国家机关、事业单位和国有企业）调入本单位的职工，其在国有单位的工龄可计入本单位工作年限。

经济补偿金的工资计算标准是指企业正常生产情况下劳动者解除劳动合同前12个月的月平均工资。其中，职工月平均工资低于企业月平均工资的，按企业月平均工资计发；职工月平均工资超过企业月平均工资3倍以上的，按不高于企业月平均工资的3倍标准计发。企业经营管理人员也应按照上述办法执行。

（六）企业改制分流时，对距法定退休年龄5年以内、符合内部退养条件的职工，原主体企业或国有法人控股的改制企业经与职工协商一致，可以实行内部退养。

职工在改制前已经办理内部退养手续的，一般由原主体企业继续履行与职工的内部退养协议。由改制企业履行原内部退养协议的，应当在改制分流总体方案中明确。

（七）企业改制分流时，已经与原主体企业解除劳动合同的职工，不能再回原主体企业参加改制。

（八）企业改制分流时，原主体企业要妥善处理好拖欠职工的工资和欠缴的社会保险费等债务。具体办法按照《财政部关于印发〈企业公司制改建有关国有资本管理与财务处理的暂行规定〉的通知》（财企〔2002〕313号）执行。

（九）国有法人控股的改制企业再改制为非国有法人控股时，符合

《关于国有大中型企业主辅分离辅业改制分流富余人员的实施办法》（国经贸企改〔2002〕859号）适用范围的，有关职工劳动关系的处理，按照本办法执行。

二、关于劳动保障部门审核国有企业改制分流方案工作

（一）劳动保障部门要按照《关于国有大中型企业主辅分离辅业改制分流富余人员的实施办法》（国经贸企改〔2002〕859号）和《关于中央企业报送主辅分离改制分流总体方案基本内容和有关要求的通知》（国经贸厅企改〔2003〕27号）的有关要求，对国有大中型企业实施改制分流的方案进行审核备案。

（二）审核备案范围包括：国有大中型企业利用非主业资产、闲置资产和关闭破产企业的有效资产改制为独立核算、自负盈亏的法人经济实体。

（三）国有大中型企业向劳动保障部门报送审核的内容：

1. 国有大中型企业确定的实施主辅分离辅业改制分流安置富余人员的工作原则，主要措施；改制企业的人员状况及分流安置意见。

2. 吸纳原主体企业富余人员情况。包括：改制后企业职工总数，分流的富余人员数及占职工总人数的比例。

3. 劳动关系处理情况。包括：改制为国有法人控股的企业与职工变更劳动合同情况（人数及劳动合同期限）；改制为非国有法人控股的企业与职工重新签订劳动合同情况（人数及劳动合同期限），原主体企业解除劳动合同情况（人数、支付经济补偿金标准、总额及资金来源）。

（四）国有大中型企业报送劳动保障部门备案的内容：

1. 债务偿还情况。包括：原主体企业拖欠分流安置富余职工工资、医药费等债务情况及偿还办法。

2. 原主体企业偿还欠缴分流安置富余职工的社会保险费情况。

3. 社会保险关系接续情况。包括：原主体企业为分流的职工缴纳社会保险费情况；改制企业为职工办理社会保险情况。

4. 其他需要提供的材料。包括：有关部门同意改制的批复，职工

代表大会通过分流安置人员方案的决议。

（五）劳动保障部门审核备案办法：

1. 中央企业所属企业改制分流总体方案经国资委、财政部和劳动保障部联合批复后，由集团公司组织实施。中央企业在组织实施中涉及向劳动保障部门审核备案的内容，由企业所在地省级劳动保障部门审核并备案。其他国有大中型企业改制分流方案中涉及向劳动保障部门审核备案的内容，由省级劳动保障部门制定相应办法。

2. 省级劳动保障部门收到中央企业实施改制分流的具体方案后，应当在规定的工作日内完成审核工作，并出具审核意见书。

3. 省级劳动保障部门向中央企业出具的审核意见书一式两份，一份交被审核企业，一份报劳动保障部备案。

三、有关要求

（一）劳动保障部门要加强对国有大中型企业主辅分离辅业改制分流富余人员过程中劳动关系处理工作的指导，对企业制定职工分流安置方案中存在的问题，应及时与当地政府有关部门和企业进行协调，指导和帮助企业完善安置方案。

（二）各级劳动保障部门要指导改制企业按照劳动法律法规和建立现代企业制度的要求，规范用工行为，依法订立和履行劳动合同，加强劳动合同管理，完善劳动合同内容。

（三）劳动保障部门要与有关部门积极协调，制定和完善本地区的政策规定，充分发挥工会和企业组织的积极性，为企业和职工提供咨询和建议，维护职工合法权益，促进劳动关系和谐稳定，保持社会稳定。

关于中央企业主辅分离辅业改制分流安置富余人员资产处置有关问题的通知

（2004 年 1 月 19 日　国资发产权〔2004〕9 号）

各中央企业：

为贯彻落实《中共中央国务院关于进一步做好下岗失业人员再就业工作的通知》（中发〔2002〕12 号），切实做好中央企业主辅分离辅业改制分流安置富余人员（以下简称改制分流）过程中的资产处置工作，根据《关于国有大中型企业主辅分离辅业改制分流安置富余人员的实施办法》（国经贸企改〔2002〕859 号）等有关规定，现将企业改制分流过程中涉及的非主业资产、闲置资产和关闭破产企业的有效资产（以下简称三类资产）处置的有关问题通知如下：

一、中央企业应根据国资委、财政部、劳动保障部的联合批复文件精神，逐个对所属企业改制分流所利用的三类资产情况进行审核认定，出具认定证明文件，并按照《国有企业清产核资办法》（国资委令第 1 号）、《财政部关于印发〈企业公司制改建有关国有资本管理与财务处理的暂行规定〉的通知》（财企〔2002〕313 号）和国有资产评估管理的有关规定，对三类资产进行清查、审计和评估。其中，对同一批实施改制的企业，原则上选取相同的评估基准日。

二、改制企业可用国有净资产进行下列支付和预留：

（一）支付解除职工劳动合同的经济补偿金。职工解除劳动合同支付的经济补偿金，按照《关于印发国有大中型企业主辅分离辅业改制分流安置富余人员的劳动关系处理办法的通知》（劳社部发〔2003〕21 号，以下简称 21 号文件）执行。

（二）支付为移交社会保障机构管理的职工一次性缴付的社会保险费。企业支付的社会保险费，按照省级人民政府确定的缴费比例执行。

（三）预留因改制分流实行内部退养的人员的生活费和社会保险费。预留生活费标准由企业根据有关规定确定，最高不超过按所在省

(区、市)计算正常退休人员养老金的办法核定的数额。社会保险费按内退前的基数一次核定，不再调整。原主体企业对预留费用应制定切实可行的管理办法，进行专项管理，确保内部退养人员费用按时、足额支付。

中央企业应根据21号文件的规定，将原主体企业解除劳动合同的情况（人数、支付经济补偿金的标准、总额及资金来源）、为移交社会保障机构管理的职工一次性缴付的社会保险费以及预留内部退养人员费用等，报企业所在地省级劳动保障部门审核备案，并按有关批复文件规定进行支付和预留。

三、国有净资产不足以进行支付和预留的，不足部分由原主体企业予以补足。补足后，原主体企业原则上不再向改制企业作新的投入。

四、用国有净资产进行支付和预留后有剩余的，剩余部分可按规定向员工或外部投资者出售，或采取租赁、入股、转为债权等方式留在改制企业，但不得无偿量化到个人。

五、中央企业应委托会计师事务所对用国有净资产进行支付和预留的情况进行专项审计，并由会计师事务所出具专项审计报告。

六、用国有净资产按规定进行各项支付和预留（含原主体企业予以补足的部分）造成账面国有资产减少的，由中央企业在每一批改制企业完成公司设立登记后30日内，将有关情况汇总报国资委批准后冲减国有权益。

七、中央企业申请冲减国有权益需报送以下材料：

（一）中央企业关于改制分流冲减国有权益的申请；

（二）企业产权登记表证；

（三）企业三类资产的认定证明文件；

（四）企业三类资产的资产清查报告或清产核资结果批复文件；

（五）企业三类资产评估备案表；

（六）改制后企业国有股权设置方案批复文件；

（七）新设公司制企业的法人营业执照复印件；

（八）省级劳动保障部门出具的审核意见书以及企业报送劳动部门备案的职工安置情况实施结果；

（九）会计师事务所出具的关于用国有净资产进行支付和预留情况的专项审计报告；

（十）三类资产处置情况表；

（十一）中央企业、原主体企业等有关企业评估基准日的财务报告；

（十二）国资委需要的其他材料。

原改制企业为公司制企业的，应同时附送有关冲减权益的股东会决议。

八、中央企业、原主体企业、改制企业等有关企业应根据规定及时办理产权登记等手续。

国务院办公厅转发国资委关于进一步规范国有企业改制工作实施意见的通知

（2005 年 12 月 19 日　国办发〔2005〕60 号）

各省、自治区、直辖市人民政府，国务院各部委、各直属机构：

国资委《关于进一步规范国有企业改制工作的实施意见》已经国务院同意，现转发给你们，请认真贯彻执行。

关于进一步规范国有企业改制工作的实施意见

《国务院办公厅转发国务院国有资产监督管理委员会关于规范国有企业改制工作意见的通知》（国办发〔2003〕96 号）印发以来，各地区、各有关部门加强组织领导，认真贯彻落实，规范国有企业改制工作取得了重大进展。但在实际工作中还存在改制方案不完善、审批不严格，清产核资、财务审计、资产评估和产权转让不规范，对维护职工合法权益重视不够等问题。为确保国有企业改制工作健康发展，防止国有资产流失，维护职工合法权益，现就进一步规范国有企业改制工作提出以下意见：

一、严格制订和审批企业改制方案

（一）认真制订企业改制方案。改制方案的主要内容应包括：改制的目的及必要性，改制后企业的资产、业务、股权设置和产品开发、技术改造等；改制的具体形式；改制后形成的法人治理结构；企业的债权、债务落实情况；职工安置方案；改制的操作程序，财务审计、资产评估等中介机构和产权交易市场的选择等。

（二）改制方案必须明确保全金融债权，依法落实金融债务，并征得金融机构债权人的同意。审批改制方案的单位（包括各级人民政府、各级国有资产监督管理机构及其所出资企业、各级国有资产监督管理机构以外有权审批改制方案的部门及其授权单位，下同）应认真审查，严格防止企业利用改制逃废金融债务，对未依法保全金融债权、落实金融债务的改制方案不予批准。

（三）企业改制中涉及企业国有产权转让的，应严格按照国家有关法律法规以及《企业国有产权转让管理暂行办法》（国资委、财政部令第3号）、《关于印发〈企业国有产权向管理层转让暂行规定〉的通知》（国资发产权〔2005〕78号）及相关配套文件的规定执行。拟通过增资扩股实施改制的企业，应当通过产权交易市场、媒体或网络等公开企业改制有关情况、投资者条件等信息，择优选择投资者；情况特殊的，经国有资产监督管理机构批准，可通过向多个具备相关资质条件的潜在投资者提供信息等方式，选定投资者。企业改制涉及公开上市发行股票的，按照《中华人民共和国证券法》等有关法律法规执行。

（四）企业改制必须对改制方案出具法律意见书。法律意见书由审批改制方案的单位的法律顾问或该单位决定聘请的律师事务所出具，拟改制为国有控股企业且职工（包括管理层）不持有本企业股权的，可由审批改制方案的单位授权该企业法律顾问出具。

（五）国有企业改制方案需按照《企业国有资产监督管理暂行条例》（国务院令第378号）和国务院国有资产监督管理委员会的有关规定履行决定或批准程序，否则不得实施改制。国有企业改制涉及财政、劳动保障等事项的，须预先报经同级人民政府有关部门审核，批准后报国有资产监督管理机构协调审批；涉及政府社会公共管理审批事项的，依照国家有关法律法规，报经政府有关部门审批；国有资产监督管理机构所出资企业改制为非国有企业（国有股不控股及不参股的企业），改制方案须报同级人民政府批准。

（六）审批改制方案的单位必须按照权利、义务、责任相统一的原则，建立有关审批的程序、权限、责任等制度。

（七）审批改制方案的单位必须就改制方案的审批及清产核资、财务审计、资产评估、进场交易、定价、转让价款、落实债权、职工安置方案等重要资料建立档案管理制度，改制企业的国有产权持有单位要妥善保管相关资料。

二、认真做好清产核资工作

（一）企业改制要按照有关规定进行清产核资。要切实对企业资产进行全面清理、核对和查实，盘点实物、核实账目，核查负债和所有者权益，做好各类应收及预付账款、各项对外投资、账外资产的清查，做好有关抵押、担保等事项的清理工作，按照国家规定调整有关账务。

（二）清产核资结果经国有产权持有单位审核认定，并经国有资产监督管理机构确认后，自清产核资基准日起2年内有效，在有效期内企业实施改制不再另行组织清产核资。

（三）企业实施改制仅涉及引入非国有投资者少量投资，且企业已按照国家有关规定规范进行会计核算的，经本级国有资产监督管理机构批准，可不进行清产核资。

三、加强对改制企业的财务审计和资产评估

（一）企业实施改制必须由审批改制方案的单位确定的中介机构进行财务审计和资产评估。确定中介机构必须考察和了解其资质、信誉及能力；不得聘请改制前两年内在企业财务审计中有违法、违规记录的会计师事务所和注册会计师；不得聘请参与该企业上一次资产评估的中介机构和注册资产评估师；不得聘请同一中介机构开展财务审计与资产评估。

（二）财务审计应依据《中国注册会计师独立审计准则》等有关规定实施。其中，依据国家有关规定计提的各项资产减值准备，必须由会计师事务所逐笔逐项审核并出具专项意见，与审计报告一并提交国有产权持有单位作为改制方案依据，其中不合理的减值准备应予调整。国有独资企业实施改制，计提各项资产减值准备和已核销的各项资产损失凡影响国有产权转让价或折股价的，该计提减值准备的资产和已核销的各项资产损失必须交由改制企业的国有产权持有单位负责处理，国有产权持有单位应采取清理追缴等监管措施，落实监管责任，最大程度地减少损失。国有控股企业实施改制，计提各项减值准备的资产和已核销的各项资产损失由国有产权持有单位与其他股东协商处理。

（三）国有独资企业实施改制，自企业资产评估基准日到企业改制后进行工商变更登记期间，因企业盈利而增加的净资产，应上交国有产权持有单位，或经国有产权持有单位同意，作为改制企业国有权益；因企业亏损而减少的净资产，应由国有产权持有单位补足，或者由改制企业用以后年度国有股份应得的股利补足。国有控股企业实施改制，自企业资产评估基准日到改制后工商变更登记期间的净资产变化，应由改制前企业的各产权持有单位协商处理。

（四）改制为非国有的企业，必须在改制前由国有产权持有单位组织进行法定代表人离任审计，不得以财务审计代替离任审计。离任审计应依照国家有关法律法规和《中央企业经济责任审计管理暂行办法》（国资委令第 7 号）及相关配套规定执行。财务审计和离任审计工作应由两家会计师事务所分别承担，分别出具审计报告。

（五）企业改制涉及土地使用权的，必须经土地确权登记并明确土地使用权的处置方式。进入企业改制资产范围的土地使用权必须经具备土地估价资格的中介机构进行评估，并按国家有关规定备案。涉及国有划拨土地使用权的，必须按照国家土地管理有关规定办理土地使用权处置审批手续。

（六）企业改制涉及探矿权、采矿权有关事项的，依照国家有关法律以及《探矿权、采矿权转让管理办法》（国务院令第 242 号）、国土资源部《关于印发〈探矿权采矿权招标拍卖挂牌管理办法（试行）〉的通知》（国土资发〔2003〕197 号）、财政部、国土资源部《关于印发〈探矿权采矿权价款转增国家资本管理办法〉的通知》（财建〔2004〕262 号）等有关规定执行。企业改制必须由国土资源主管部门明确探矿权、采矿权的处置方式，但不得单独转让探矿权、采矿权，涉及由国家出资形成的探矿权、采矿权的，应当按照国家有关规定办理处置审批手续。进入企业改制资产范围的探矿权、采矿权，必须经具有矿业权评估资格的中介机构进行评估作价（采矿权评估结果报国土资源主管部门确认）并纳入企业整体资产中，由审批改制方案的单位商国土资源主管部门审批后处置。

（七）没有进入企业改制资产范围的实物资产和专利权、非专利技术、商标权、土地使用权、探矿权、采矿权、特许经营权等资产，改制后的企业不得无偿使用；若需使用的，有偿使用费或租赁费计算标准应参考资产评估价或同类资产的市场价确定。

（八）非国有投资者以实物资产和专利权、非专利技术、商标权、土地使用权、探矿权、采矿权、特许经营权等资产评估作价参与企业改制，由国有产权持有单位和非国有投资者共同认可的中介机构，对双方进入改制企业的资产按同一基准日进行评估；若一方资产已经评估，可由另一方对资产评估结果进行复核。

（九）在清产核资、财务审计、离任审计、资产评估、落实债务、产权交易等过程中发现造成国有资产流失、逃废金融债务等违法违纪问题的，必须暂停改制并追查有关人员的责任。

四、切实维护职工的合法权益

（一）改制方案必须提交企业职工代表大会或职工大会审议，并按照有关规定和程序及时向广大职工群众公布。应当向广大职工群众讲清楚国家关于国有企业改革的方针政策和改制的规定，讲清楚改制的必要性、紧迫性以及企业的发展思路。在改制方案制订过程中要充分听取职工群众意见，深入细致地做好思想工作，争取广大职工群众对改制的理解和支持。

（二）国有企业实施改制前，原企业应当与投资者就职工安置费用、劳动关系接续等问题明确相关责任，并制订职工安置方案。职工安置方案必须经职工代表大会或职工大会审议通过，企业方可实施改制。职工安置方案必须及时向广大职工群众公布，其主要内容包括：企业的人员状况及分流安置意见；职工劳动合同的变更、解除及重新签订办法；解除劳动合同职工的经济补偿金支付办法；社会保险关系接续；拖欠职工的工资等债务和企业欠缴的社会保险费处理办法等。

（三）企业实施改制时必须向职工群众公布企业总资产、总负债、净资产、净利润等主要财务指标的财务审计、资产评估结果，接受职工群众的民主监督。

（四）改制为国有控股企业的，改制后企业继续履行改制前企业与留用的职工签订的劳动合同；留用的职工在改制前企业的工作年限应合并计算为在改制后企业的工作年限；原企业不得向继续留用的职工支付经济补偿金。改制为非国有企业的，要严格按照有关法律法规和政策处理好改制企业与职工的劳动关系。对企业改制时解除劳动合同且不再继续留用的职工，要支付经济补偿金。企业国有产权持有单位不得强迫职工将经济补偿金等费用用于对改制后企业的投资或借给改制后企业（包括改制企业的投资者）使用。

（五）企业改制时，对经确认的拖欠职工的工资、集资款、医疗费和挪用的职工住房公积金以及企业欠缴社会保险费，原则上要一次性付清。改制后的企业要按照有关规定，及时为职工接续养老、失业、医疗、工伤、生育等各项社会保险关系，并按时为职工足额交纳各种社会保险费。

五、严格控制企业管理层通过增资扩股持股

（一）本意见所称“管理层”是指国有及国有控股企业的负责人以及领导班子的其他成员；本意见所称“管理层通过增资扩股持股”，不包括对管理层实施的奖励股权或股票期权。

（二）国有及国有控股大型企业实施改制，应严格控制管理层通过增资扩股以各种方式直接或间接持有本企业的股权。为探索实施激励与约束机制，经国有资产监督管理机构批准，凡通过公开招聘、企业内部竞争上岗等方式竞聘上岗或对企业发展作出重大贡献的管理层成员，可通过增资扩股持有本企业股权，但管理层的持股总量不得达到控股或相对控股数量。国有及国有控股企业的划型标准按照统计局《关于印发〈统计上大中小型企业划分办法（暂行）〉的通知》（国统字〔2003〕17号）和原国家经贸委、原国家计委、财政部、统计局《关于印发中小企业标准暂行规定的通知》（国经贸中小企〔2003〕143号）规定的分类标准执行。

（三）管理层成员拟通过增资扩股持有企业股权的，不得参与制订改制方案、确定国有产权折股价、选择中介机构，以及清产核资、财务审计、离任审计、资产评估中的重大事项。管理层持股必须提供资金来

源合法的相关证明，必须执行《贷款通则》的有关规定，不得向包括本企业在内的国有及国有控股企业借款，不得以国有产权或资产作为标的物通过抵押、质押、贴现等方式筹集资金，也不得采取信托或委托等方式间接持有企业股权。

（四）存在下列情况之一的管理层成员，不得通过增资扩股持有改制企业的股权：

1. 经审计认定对改制企业经营业绩下降负有直接责任的；

2. 故意转移、隐匿资产，或者在改制过程中通过关联交易影响企业净资产的；

3. 向中介机构提供虚假资料，导致审计、评估结果失真，或者与有关方面串通，压低资产评估值以及国有产权折股价的；

4. 违反有关规定，参与制订改制方案、确定国有产权折股价、选择中介机构，以及清产核资、财务审计、离任审计、资产评估中重大事项的；

5. 无法提供持股资金来源合法相关证明的。

（五）涉及管理层通过增资扩股持股的改制方案，必须对管理层成员不再持有企业股权的有关事项作出具体规定。

（六）管理层通过增资扩股持有企业股权后涉及该企业所持上市公司国有股性质变更的，按国家有关规定办理。

六、加强对改制工作的领导和管理

（一）除国有大中型企业实施主辅分离、辅业改制，通过境内外首次公开发行股票并上市改制为国有控股企业，以及国有控股的上市公司增资扩股和收购资产按国家其他规定执行外，凡符合以下情况之一的，须执行国办发〔2003〕96 号文件和本意见的各项规定：

1. 国有及国有控股企业（包括其全资、控股子企业，下同）增量引入非国有投资，或者国有及国有控股企业的国有产权持有单位向非国有投资者转让该企业国有产权的。

2. 国有及国有控股企业以其非货币资产出资与非国有投资者共同投资设立新公司，并因此安排原企业部分职工在新公司就业的。

国有及国有控股企业以现金出资与非国有投资者共同投资设立新公司，并因此安排原企业部分职工在新公司就业的，执行国办发〔2003〕96号文件和本意见除清产核资、财务审计、资产评估、定价程序以外的其他各项规定。

3. 各级国有资产监督管理机构作出其他有关规定的。对由国有资产监督管理机构以外的其他部门履行出资人职责的企业，由相关部门规定。

（二）国有产权持有单位应与非国有投资者协商签订合同、协议，维护职工合法权益，防止国有资产流失，确保进入改制后企业的国有资产保值增值。对需要在改制后履行的合同、协议，国有产权持有单位应负责跟踪、监督、检查，确保各项条款执行到位。改制后的国有控股企业应当建立现代企业制度，完善法人治理结构，制订明确的企业发展思路和转换机制方案，加快技术进步，加强内部管理，提高市场竞争力。企业在改制过程中要重视企业工会组织的建设，充分发挥工会组织的作用。

（三）地方各级人民政府及其国有资产监督管理机构、国有及国有控股企业，要全面理解和正确贯彻落实党中央、国务院关于国有企业改革的方针、政策和措施。切实加强对国有企业改制工作的组织领导，严格执行有关改制的各项规定，认真履行改制的各项工作程序，有效防止国有资产流失。加强对改制企业落实职工安置方案的监督检查，切实维护职工的合法权益。地方政府及有关部门要关心改制后企业的改革和发展，督促落实改制措施，帮助解决遇到的困难和问题，为改制企业发展创造良好的环境和条件。地方各级人民政府要充分考虑企业、职工和社会的承受能力，妥善处理好原地方政策与现有政策的衔接，防止引发新的矛盾。各级国有资产监督管理机构要加强对国办发〔2003〕96号文件、本意见和国资委、财政部令第3号等有关规定贯彻执行情况的监督检查，及时总结经验，发现和纠正改制工作中存在的问题，促进国有企业改制工作健康、有序、规范发展。

国务院办公厅关于在全国范围内开展厂办大集体改革工作的指导意见

（2011 年 4 月 18 日　国办发〔2011〕18 号）

各省、自治区、直辖市人民政府，国务院各部委、各直属机构：

上世纪七八十年代，一些国有企业资助兴办的向主办企业提供配套产品或劳务服务的厂办大集体，对发展经济和安置回城知识青年、职工子女就业发挥了重要作用。但随着国有企业改革的不断深化和社会主义市场经济的发展，这些企业产权不清、机制不活、人员富余、市场竞争力弱等问题日益突出，大量企业停产、职工失业。为积极稳妥解决厂办大集体问题，促进社会和谐稳定，国务院 2005 年批准在东北地区选择部分城市和中央企业进行厂办大集体改革试点，目前试点工作已取得初步成效，试点政策逐步完善，具备了在全国范围内推广的条件。经国务院同意，现就在全国范围内实施厂办大集体改革提出如下指导意见：

一、总体目标和基本原则

（一）总体目标。从 2011 年开始用 3—5 年的时间，通过制度创新、体制创新和机制创新，使厂办大集体与主办国有企业彻底分离，成为产权清晰、面向市场、自负盈亏的独立法人实体和市场主体；职工得到妥善安置，职工合法权益得到切实维护。

（二）基本原则。坚持从实际出发，着力化解主要矛盾，解决重点问题；坚持分类指导，通过多种途径安置职工，处理好劳动关系和社会保险关系；坚持统筹兼顾各方面的承受能力，由厂办大集体、主办国有企业、地方财政和中央财政共同分担改革成本。

二、改革方式

（三）对能够重组改制的厂办大集体，可按照公司法和原国家经贸委等八部委《关于国有大中型企业主辅分离辅业改制分流安置富余人员的实施办法》（国经贸企改〔2002〕859号）等有关法律法规和政策规定，通过合资、合作、出售等多种方式，改制为产权清晰、面向市场、自负盈亏的独立法人实体。

（四）对不具备重组改制条件或亏损严重、资不抵债、不能清偿到期债务的厂办大集体，可实施关闭或依法破产。

三、有关资产和债权债务处理

（五）厂办大集体长期使用的主办国有企业的固定资产，可无偿划拨给厂办大集体，可以用于安置职工。对厂办大集体改制过程中发生的资产置换以及土地、房产、车辆过户等各项税费，可按现行有关规定给予减免。

（六）厂办大集体使用的主办国有企业的行政划拨土地，经所在地县级以上人民政府批准，可将土地使用权与主办国有企业分割后确定给厂办大集体以划拨方式使用。不符合划拨用地目录条件的，应依法办理土地有偿使用手续。土地出让收益可用于安置职工。

（七）厂办大集体与主办国有企业之间在规定的时间内发生的债权、债务可进行轧差处理。轧差后主办国有企业欠厂办大集体的债务，由主办国有企业予以偿还；轧差后厂办大集体欠主办国有企业的债务，在厂办大集体净资产不足以安置职工时，由主办国有企业予以豁免，并按规定程序报批后冲减国有权益。

（八）厂办大集体拖欠职工的工资等债务，要按照实事求是的原则依法认定，制定债务清偿计划，通过资产变现等方式积极筹集资金偿还。拖欠的金融债务，要明确债权债务关系，落实清偿责任，不得以改制为名逃废债务。

四、职工安置和劳动关系处理

（九）厂办大集体改制、关闭或破产的，应依法妥善处理与在职集体职工的劳动关系。与在职集体职工解除劳动关系的，应依法支付经济补偿。

（十）对在主办国有企业工作10年以上、已经与主办国有企业形成事实劳动关系的厂办大集体在职集体职工，主办国有企业要与其进行协商，依法与其签订劳动合同，或按照厂办大集体在职集体职工的安置政策予以安置。

（十一）对在厂办大集体工作或服务的主办国有企业职工，已与厂办大集体签订劳动合同的，可按照厂办大集体在职集体职工安置政策予以安置；未与厂办大集体签订劳动合同的，由主办国有企业妥善安置。

（十二）对距法定退休年龄不足5年（含5年）或工龄已满30年、再就业有困难的厂办大集体在职集体职工，可实行企业内部退养，发放基本生活费，并按规定继续为其缴纳社会保险费，达到退休年龄时正式办理退休手续。具体办法由地方人民政府、主办国有企业和厂办大集体协商确定。

（十三）对再就业有困难且接近内部退养年龄的厂办大集体在职集体职工，在解除劳动关系时，经企业与职工协商一致，可以签订社会保险缴费协议，由企业为职工缴纳基本养老保险费和职工基本医疗保险费，代替支付经济补偿金或生活补助费。缴费方式、缴费期限及具体人员范围等由当地人民政府确定。

（十四）厂办大集体可用净资产支付解除在职集体职工劳动关系的经济补偿金。净资产如有剩余，剩余部分作为主办国有企业持有改制企业的股权，也可向改制企业的员工或外部投资者转让，转让收益归主办国有企业所有。

（十五）厂办大集体净资产不足以支付解除在职集体职工劳动关系经济补偿金的，差额部分所需资金由主办国有企业、地方财政和中央财政共同承担。其中，对地方国有企业兴办的厂办大集体，中央财政补助50%；对中央下放地方的煤炭、有色、军工等企业兴办的厂办大集体，中央财政补助100%；对中央企业兴办的厂办大集体，中央财政将根据企业效益等具体情况确定补助比例，原则上不超过50%。中央财政补助资金可统筹用于安置厂办大集体职工。

（十六）对厂办大集体改革进度快、实施效果好的城市，中央财政将按照“奖补结合”的原则，提高对地方国有企业兴办的厂办大集体的补助比例。在2011年底前完成改革的，中央财政补助80%；2012年底前完成改革的，中央财政补助 70%；2013 年底前完成改革的，中央财政补助 60%；2014 年及以后完成改革的不予奖励。

五、社会保障政策

（十七）厂办大集体职工与企业解除劳动关系后，就业扶持政策按国家有关规定执行，并按规定接续各项社会保险关系，符合条件的，享受相应的社会保险待遇。

（十八）厂办大集体与职工解除劳动关系前，欠缴的各项社会保险费用，应足额补缴。个人欠缴部分由个人补齐；企业欠缴部分，经有关部门认定后，可制定补缴计划，分期补缴，但企业缴费划入职工个人账户部分和职工个人缴费部分应一次性补齐。关闭、破产的厂办大集体确实无法通过资产变现补缴的基本养老保险欠费，除企业缴费中应划入职工养老保险个人账户部分外，可按有关规定报经批准后核销。

（十九）对未参加基本养老保险的厂办大集体在职集体职工和退休人员，各地要根据实际情况，采取切实措施，按照自愿原则，纳入基本养老保险范围，并根据未参保人员的负担能力和年龄情况合理确定缴费标准。

（二十）厂办大集体的困难职工，凡符合城市居民最低生活保障条件的，应按规定纳入最低生活保障范围，切实做到应保尽保。

六、工作要求

（二十一）实施厂办大集体改革的城市和中央企业要制订切实可行的改革方案和维护社会稳定的措施。中央企业厂办大集体改革方案的制订，应与所在地人民政府充分协商，妥善衔接，慎重决策。地方国有企业厂办大集体改革方案由相关省（区、市）人民政府审批，报财政部、国资委、人力资源社会保障部备案；中央企业厂办大集体改革方案由国资委、人力资源社会保障部联合审批，报财政部备案。

（二十二）厂办大集体改革必须严格执行国家有关规定，认真履行企业改革的各项工作程序，做细做实企业性质界定、职工身份确认、资产清查、审计评估等各项工作。要通畅各种职工诉求表达渠道，充分听取职工和工会意见，不断完善企业改革方案。企业资产、负债等主要财务指标的财务审计、资产评估结果，要向广大职工公开，接受职工民主监督。要严格审批制度，凡未按程序批准或决定的，一律不得实施改革。

（二十三）厂办大集体改革工作涉及面广，情况复杂，工作难度大，各有关地区、部门和中央企业要高度重视，加强组织领导，成立由有关负责同志牵头的改革工作领导小组，明确职责分工，周密安排，积极配合，在确保稳定的前提下，积极稳妥地完成改革工作。

事业单位改制

中共中央　国务院 关于分类推进事业单位改革的指导意见

（2011年3月23日）

为全面贯彻落实党的十七大和十七届二中、三中、四中、五中全会精神，推动公益事业更好更快发展，不断满足人民群众日益增长的公益服务需求，现就分类推进事业单位改革提出如下意见。

一、改革的重要性和紧迫性

1. 事业单位是经济社会发展中提供公益服务的主要载体，是我国社会主义现代化建设的重要力量。改革开放特别是党的十六大以来，各地区各有关部门积极探索事业单位改革，不断创新事业单位体制机制，稳步推进教育、科技、文化、卫生等行业体制改革，积累了有益经验，取得了明显成效，为进一步推进改革奠定了基础。事业单位提供公益服务总量不断扩大，服务水平逐步提高，在促进经济社会发展、改善人民群众生活方面发挥了重要作用。

2. 当前，我国正处于全面建设小康社会的关键时期，加快发展社会事业、满足人民群众公益服务需求的任务更加艰巨。面对新形势新要求，我国社会事业发展相对滞后，一些事业单位功能定位不清，政事不分、事企不分，机制不活；公益服务供给总量不足，供给方式单一，资源配置不合理，质量和效率不高；支持公益服务的政策措施还不够完善，监督管理薄弱。这些问题影响了公益事业的健康发展，迫切需要通过分类推进事业单位改革加以解决。

3. 分类推进事业单位改革，是深入贯彻落实科学发展观、构建社会主义和谐社会的必然要求，是推进政府职能转变、建设服务型政府的重要举措，是提高事业单位公益服务水平、加快各项社会事业发展的客观需要。必须从改革开放和社会主义现代化建设全局的高度，充分认识分类推进事业单位改革的重大意义，切实增强责任感和紧迫感，坚定不移地把这项改革推向深入。

二、改革的指导思想、基本原则和总体目标

4. 指导思想。高举中国特色社会主义伟大旗帜，以邓小平理论和“三个代表”重要思想为指导，深入贯彻落实科学发展观，按照政事分开、事企分开和管办分离的要求，以促进公益事业发展为目的，以科学分类为基础，以深化体制机制改革为核心，总体设计、分类指导、因地制宜、先行试点、稳步推进，进一步增强事业单位活力，不断满足人民群众和经济社会发展对公益服务的需求。

5. 基本原则。坚持以人为本，把提高公益服务水平、满足人民群众需求作为出发点和落脚点；坚持分类指导，根据不同类别事业单位的特点，实施改革和管理；坚持开拓创新，破除影响公益事业发展的体制机制障碍，鼓励进行多种形式的探索和实践；坚持着眼发展，充分发挥政府主导、社会力量参与和市场机制的作用，实现公益服务提供主体多元化和提供方式多样化；坚持统筹兼顾，充分发挥中央和地方两个积极性，注意与行业体制改革、政府机构改革等相衔接，妥善处理改革发展稳定的关系。

6. 总体目标和阶段性目标。到2020年，建立起功能明确、治理完善、运行高效、监管有力的管理体制和运行机制，形成基本服务优先、供给水平适度、布局结构合理、服务公平公正的中国特色公益服务体系。今后5年，在清理规范基础上完成事业单位分类，承担行政职能事业单位和从事生产经营活动事业单位的改革基本完成，从事公益服务事业单位在人事管理、收入分配、社会保险、财税政策和机构编制等方面改革取得明显进展，管办分离、完善治理结构等改革取得较大突破，社会力量兴办公益事业的制度环境进一步优化，为实现改革的总体目标奠定坚实基础。

三、科学划分事业单位类别

7. 清理规范现有事业单位。对未按规定设立或原承担特定任务已完成的，予以撤销。对布局结构不合理、设置过于分散、工作任务严重不足或职责相同相近的，予以整合。

8. 划分现有事业单位类别。在清理规范基础上，按照社会功能将现有事业单位划分为承担行政职能、从事生产经营活动和从事公益服务三个类别。对承担行政职能的，逐步将其行政职能划归行政机构或转为行政机构；对从事生产经营活动的，逐步将其转为企业；对从事公益服务的，继续将其保留在事业单位序列、强化其公益属性。今后，不再批准设立承担行政职能的事业单位和从事生产经营活动的事业单位。

9. 细分从事公益服务的事业单位。根据职责任务、服务对象和资源配置方式等情况，将从事公益服务的事业单位细分为两类：承担义务教育、基础性科研、公共文化、公共卫生及基层的基本医疗服务等基本公益服务，不能或不宜由市场配置资源的，划入公益一类；承担高等教育、非营利医疗等公益服务，可部分由市场配置资源的，划入公益二类。具体由各地结合实际研究确定。

四、推进承担行政职能事业单位改革

10. 严格认定标准和范围。根据国家有关法律法规和中央有关政策规定，按照是否主要履行行政决策、行政执行、行政监督等职能，从严认定承担行政职能的事业单位。

11. 区分不同情况实施改革。结合行政管理体制改革和政府机构改革，特别是探索实行职能有机统一的大部门体制，推进承担行政职能事业单位改革。涉及机构编制调整的，不得突破政府机构限额和编制总额，主要通过行政管理体制和政府机构改革中调剂出来的空额逐步解决。对部分承担行政职能的事业单位，要认真梳理职能，将属于政府的职能划归相关行政机构；职能调整后，要重新明确事业单位职责、划定类别，工作任务不足的予以撤销或并入其他事业单位。对完全承担行政职能的事业单位，可调整为相关行政机关的内设机构，确需单独设置行政机构的，要按照精简效能原则设置。已认定为承担行政职能、但尚未调整到位的事业单位，在过渡期内继续按照现行法律法规和政策规定履行职责，使用事业编制且只减不增，人事、财务、社会保险等依照国家现行政策规定实施管理。

五、推进从事生产经营活动事业单位改革

12. 推进转企改制。周密制定从事生产经营活动事业单位转企改制工作方案，按照有关规定进行资产清查、财务审计、资产评估，核实债权债务，界定和核实资产，由同级财政部门依法核定国家资本金。转制单位要按规定注销事业单位法人，核销事业编制，进行国有资产产权登记和工商登记，并依法与在职职工签订劳动合同，建立或接续社会保险关系。事业单位转企改制后，要按照现代企业制度要求，深化内部改革，转变管理机制，并依照政企分开、政资分开的原则，逐步与原行政主管部门脱钩，其国有资产管理除国家另有规定外，由履行国有资产出资人职责的机构负责。

13. 完善过渡政策。为平稳推进转制工作，可给予过渡期，一般为5年。在过渡期内，对转制单位给予适当保留原有税收等优惠政策，原有正常事业费继续拨付。在离退休待遇方面，转制前已离退休人员，原国家规定的离退休费待遇标准不变，支付方式和待遇调整按国家有关规定执行；转制前参加工作、转制后退休的人员，基本养老金的计发和调整按照国家有关规定执行，保证离退休人员待遇水平平稳衔接。在医疗保障方面，离休人员继续执行现行办法，所需资金按原渠道解决；转制前已退休人员，转制后继续按规定享受职工基本医疗保险、补充医疗保障等待遇。有条件的转制单位，可按照有关规定为职工建立补充医疗保险和企业年金。要进一步做好离退休人员的服务管理工作。

六、推进从事公益服务事业单位改革

14. 明确改革目的。强化事业单位公益属性，进一步理顺体制、完善机制、健全制度，充分调动广大工作人员的积极性、主动性、创造性，真正激发事业单位生机与活力，不断提高公益服务水平和效率，促

进公益事业大力发展，切实为人民群众提供更加优质高效的公益服务。

15. 改革管理体制。实行政事分开，理顺政府与事业单位的关系。行政主管部门要加快职能转变，创新管理方式，减少对事业单位的微观管理和直接管理，强化制定政策法规、行业规划、标准规范和监督指导等职责，进一步落实事业单位法人自主权。对面向社会提供公益服务的事业单位，积极探索管办分离的有效实现形式，逐步取消行政级别。对不同类型事业单位实行不同的机构编制管理，科学制定机构编制标准，合理控制总量，着力优化结构，建立动态调整机制，强化监督管理。

16. 建立健全法人治理结构。面向社会提供公益服务的事业单位，探索建立理事会、董事会、管委会等多种形式的治理结构，健全决策、执行和监督机制，提高运行效率，确保公益目标实现。不宜建立法人治理结构的事业单位，要继续完善现行管理模式。

17. 深化人事制度改革。以转换用人机制和搞活用人制度为核心，以健全聘用制度和岗位管理制度为重点，建立权责清晰、分类科学、机制灵活、监管有力的事业单位人事管理制度。加快推进职称制度改革。对不同类型事业单位实行分类人事管理，依据编制管理办法分类设岗，实行公开招聘、竞聘上岗、按岗聘用、合同管理。

18. 深化收入分配制度改革。以完善工资分配激励约束机制为核心，健全符合事业单位特点、体现岗位绩效和分级分类管理要求的工作人员收入分配制度。结合规范事业单位津贴补贴实施绩效工资，进一步做好义务教育学校、公共卫生与基层医疗卫生事业单位实施绩效工资工作；对其他事业单位按照分类指导、分步实施、因地制宜、稳慎推进的原则，实施绩效工资。各地区各部门要根据改革进程，探索对不同类型事业单位实行不同的绩效工资管理办法，分步实施到位。完善事业单位工资正常调整机制。

19. 推进社会保险制度改革。完善事业单位及其工作人员参加基本养老、基本医疗、失业、工伤等社会保险政策，逐步建立起独立于单位之外、资金来源多渠道、保障方式多层次、管理服务社会化的社会保险体系。事业单位工作人员基本养老保险实行社会统筹和个人账户相结合，养老保险费由单位和个人共同负担，个人缴费全部记入个人账户。

养老保险基金单独建账，实行省级统筹，基本养老金实行社会化发放。实行“老人老办法、新人新制度、中人逐步过渡”，对改革前参加工作、改革后退休的人员，妥善保证其养老待遇水平平稳过渡、合理衔接，保持国家规定的待遇水平不降低。建立事业单位工作人员职业年金制度。统筹考虑企业、事业单位、机关离退休人员养老待遇水平。

20. 加强对事业单位的监督。建立事业单位绩效考评制度，考评结果作为确定预算、负责人奖惩与收入分配等的重要依据。加强审计监督和舆论监督。面向社会提供公益服务的事业单位要建立信息披露制度，重要事项和年度报告要向社会公开，涉及人民群众切身利益的重大公益服务事项要进行社会公示和听证。

21. 全面加强事业单位党的建设。按照党章和有关规定，及时调整党的组织设置，理顺隶属关系，选好配强党组织领导班子，加强党员教育、管理、服务，做好思想政治工作，推进精神文明建设，领导工会、共青团等群众组织开展工作，充分发挥党组织在促进事业发展、完成本单位中心任务中的领导核心或政治核心作用，保证党的基本路线方针政策在事业单位的贯彻执行。

七、构建公益服务新格局

22. 大力发展公益服务。适应经济社会发展和人民群众需要，不断拓展公益服务领域，增加公益服务品种，扩大公益服务供给总量。发挥政府主导作用，引导社会力量广泛参与，引入市场竞争机制，充分调动各方面积极性，不断增强公益事业发展活力。通过改革，形成提供主体多元化、提供方式多样化的公益服务新格局，努力为人民群众提供广覆盖、多层次的公益服务。

23. 强化政府责任。按照逐步实现基本公共服务均等化的要求，优先发展直接关系人民群众基本需求和国家安全、社会稳定的公益服务，促进公益服务公平公正。加快发展农村、欠发达地区和民族地区公益事业，缩小城乡之间、地区之间公益服务水平差距，切实满足广大农民和城市低收入群体医疗、教育、文化等公益服务需求。优化公益服务资源配置，合理规划布局，科学设置事业单位，打破条块分割和行政区划界限，推进资源共享。创新公益服务提供方式，完善购买服务机制，提高服务质量和效率。

24. 鼓励社会力量兴办公益事业。完善相关政策，放宽准入领域，推进公平准入，鼓励社会力量依法进入公益事业领域。对社会力量兴办公益事业的，在设立条件、资质认定、职业资格与职称评定、税收政策和政府购买服务等方面，与事业单位公平对待，并切实加强监管，引导其健康发展。完善和落实税收优惠政策，鼓励企业、社会团体和公民个人捐赠公益事业。大力倡导和发展志愿服务。

25. 充分发挥市场机制作用。完善扶持政策，充分发挥市场在公益事业领域资源配置中的积极作用，为社会资本投资创造良好环境，推动相关产业加快发展，满足人民群众多层次、多样化服务需求。

八、完善支持公益事业发展的财政政策

26. 加大财政对公益事业发展支持力度。加快建立健全公共财政体系，调整支出结构，加大投入力度，着力构建财政支持公益事业发展长效机制。制定和完善支持社会力量兴办公益事业的财政政策，形成多渠道筹措资金发展公益事业的投入机制。对事业单位的财政资金使用情况进行绩效考评，严格资金管理，提高使用效益。

27. 改革和完善财政支持方式。按照国家政策和以事定费的原则，结合不同事业单位的具体特点和财力，对不同类型事业单位实行不同的财政支持办法，合理制定标准，实行动态调整，健全监管制度，充分发挥财政资金的效用。对公益一类，根据正常业务需要，财政给予经费保障；对公益二类，根据财务收支状况，财政给予经费补助，并通过政府购买服务等方式予以支持。

28. 推进预算管理、政府采购和国有资产管理改革。研究建立事业单位资产配置标准体系，促进资产管理与预算编制有机结合，强化事业单位政府采购预算管理与执行，规范政府采购操作执行行为。加强行政事业性收费管理，严格收费项目和标准审批。建立健全事业单位财务会计和国有资产管理制度，加强财务监督，确保财政资金和国有资产使用规范、安全和有效。

九、认真做好组织实施工作

29. 加强领导。分类推进事业单位改革事关经济社会发展全局，是一场广泛而深刻的变革，任务复杂艰巨。各地区各部门要高度重视，坚定信心，精心组织，攻坚克难，确保改革顺利推进。为加强对改革工作的领导，建立中央分类推进事业单位改革工作部际联席会议制度，负责交流改革情况、研究共性问题、提出工作建议等工作，具体工作由中央编办承担。教育、科技、文化、卫生、新闻出版等部门要按照现行的领导体制和政策规定，继续推动行业体制改革。中央和国家机关负责组织所属事业单位进行改革。中央编办、财政部、人力资源社会保障部等部门要各司其职，密切配合，指导做好相关工作。各省（区、市）党委和政府对本地区的改革负总责，要建立领导小组，健全工作机制，结合实际研究制定实施意见并抓好组织落实。

30. 稳步实施。坚持分类指导、分业推进、分级组织、分步实施的工作方针，注意把握节奏，加强统筹协调，做到条块结合、上下结合，条件成熟的可率先改革，暂不具备条件的允许过渡，不搞"一刀切"。要继续深化改革试点，不断总结试点经验，完善相关政策措施。严禁突击提拔干部、严禁超职数配备干部或违反规定提高干部职级待遇。切实加强新闻宣传和思想政治工作，正确引导社会舆论，营造良好改革氛围，确保社会和谐稳定，确保国有资产不流失，确保公益事业健康发展。

国务院办公厅关于印发文化体制改革中经营性文化事业单位转制为企业和进一步支持文化企业发展两个规定的通知

（2014 年 4 月 2 日　国办发〔2014〕15 号）

各省、自治区、直辖市人民政府，国务院各部委、各直属机构：

中央宣传部会同中央外宣办、中央编办、发展改革委、科技部、财政部、人力资源社会保障部、国土资源部、商务部、文化部、人民银行、税务总局、工商总局、新闻出版广电总局等有关部门和单位拟定的《文化体制改革中经营性文化事业单位转制为企业的规定》和《进一步支持文化企业发展的规定》已经国务院同意，现印发给你们，请认真贯彻执行。

文化体制改革中经营性文化事业单位转制为企业的规定

为进一步深化文化体制改革，继续推进国有经营性文化事业单位转企改制，特制定以下规定：

一、关于国有文化资产管理

（一）按照政企分开、政事分开原则，推动政府部门由办文化向管文化转变，推动党政部门与其所属的文化企事业单位进一步理顺关系。建立党委和政府监管国有文化资产的管理机构，实行管人管事管资产管导向相统一。

（二）经营性文化事业单位转制为企业，要认真做好资产清查、资产评估、产权登记等基础工作，依法落实原有债权债务。资产变动事项经主管部门审核同意后，报同级国有文化资产管理机构审批，并按有关规定办理；其中，涉及重大国有文化资产变动事项的，应由文化行政主管部门审核后报请党委宣传部门审查把关。国有资产监督管理机构监管企业所属的经营性文化事业单位转制为企业，应当报该国有资产监督管理机构审批，并按有关规定办理资产变动等事项。

二、关于资产和土地处置

（三）经营性文化事业单位在转制过程中，对于清查出的资产损失按规定报经批准后进行核销；切实维护银行合法债权安全，严肃处理各类借转制之名逃废银行债务行为，维护金融安全稳定。转制后财务制度应执行《企业财务通则》，会计制度应执行《企业会计准则》或《小企业会计准则》。

（四）转制为企业的出版、发行单位，转制时可按规定对其库存积压待报废的出版物进行资产处置，对经确认的损失可以在净资产中予以扣除；对于出版、发行单位处置库存呆滞出版物形成的损失，允许据实在企业所得税前扣除。

（五）经营性文化事业单位转制涉及的原划拨土地，转制后用途符合《划拨用地目录》的，可继续以划拨方式使用；不符合《划拨用地目录》的，应当依法实行有偿使用。经省级以上人民政府批准，经营性文化事业单位转制为授权经营或国有控股企业的，原生产经营性划拨用地，经批准可采用国家出资（入股）方式配置；经营性文化事业单位转制为一般竞争性企业的，原生产经营性划拨用地可采用协议出让或租赁方式进行土地资产处置。

三、关于收入分配

（六）转制后执行企业的收入分配制度。职工工资收入与岗位责任、个人贡献以及企业效益密切挂钩，参照劳动力市场价位，合理拉开差距。加强对转制后的国有文化企业收入分配的指导和调控，合理确定工资总额。

（七）国有控股企业和国有独资企业的负责人收入分配按国家有关规定执行，建立并完善国有文化企业负责人薪酬管理机制。

四、关于社会保障

（八）转制后自工商注册登记的次月起按企业办法参加社会保险。转制时在职人员按国家规定计算的连续工龄，视同缴费年限，不再补缴基本养老保险费。

（九）转制前已经离退休的人员，原国家规定的离退休费待遇标准不变，转制后这类人员离退休待遇支付和调整的具体办法，按原劳动和社会保障部、原国家经济贸易委员会、科技部、财政部《关于国家经贸委管理的10个国家局所属科研机构转制后有关养老保险问题的通知》（劳社部发〔2000〕2号）和原劳动和社会保障部、原人事部、财政部、科技部、原建设部《关于转制科研机构和工程勘察设计单位转制前离退休人员待遇调整等问题的通知》（劳社部发〔2002〕5号）相关政策执行。

（十）转制前参加工作、转制后退休的人员，基本养老金的计发和调整，按企业办法执行。在转制后5年过渡期内，按企业办法计发的基本养老金，如低于按原事业单位退休办法计发的退休金，其差额部分采取加发补贴的办法解决，所需费用从基本养老保险基金中支付，具体办法按劳社部发〔2000〕2号文件的相关规定执行。各地在做好社会保障政策衔接的同时，应结合本地实际，采取切实可行的措施，解决好企业与事业单位退休待遇差问题。

（十一）离休人员的医疗保障继续执行现行办法，也可按照所在统筹地区相关规定纳入离休人员医药费单独统筹，所需资金按原渠道解决；转制前已退休人员中，原享受公费医疗的，在享受基本医疗保险待遇的基础上，可以参照国家公务员医疗补助办法，实行医疗补助。

（十二）转制后具备条件的企业可按照有关规定为职工建立企业年金和补充医疗保险，并通过企业年金等方式妥善解决转制后退休人员的养老待遇问题。企业根据国家有关政策规定，为在本企业任职或者受雇的全体员工支付的补充养老保险费、补充医疗保险费，分别在不超过职工工资总额5%标准内的部分，在计算应纳税所得额时准予扣除；超过的部分，不予扣除。

（十三）中央各部门各单位设在地方的出版单位、中央各部门各单位出版单位在地方的派出（分支）机构的人员，转制后按规定纳入当地社会保障体系。

五、关于人员分流安置

（十四）对转制时距国家法定退休年龄5年以内的人员，在与本人协商一致的基础上，可以提前离岗，离岗期间的工资福利等基本待遇不变，单位和个人继续按规定缴纳各项社会保险费，达到国家法定退休年龄时，按企业办法办理退休手续，按转制过渡期退休人员办法享受退休待遇。

（十五）转制时，要按照《中华人民共和国劳动合同法》的规定，自工商注册登记之日起与在职职工全部签订劳动合同。职工在事业单位的工作年限合并计算为转制后企业的工作年限。转制后根据经营方向确需分流人员的，应按照《中华人民共和国劳动合同法》第四十条、第四十一条、第四十二条规定处理劳动关系，对符合支付经济补偿条件的，应依法支付经济补偿。

（十六）转制企业应当切实保障职工的合法权益。转制时，对提前离岗人员所需的基本待遇及各项社会保险费、分流人员所需的经济补偿金，可从评估后的净资产中预留或从国有产权转让收入中优先支付。净资产不足的，财政部门也可给予一次性补助。

六、关于财政税收

（十七）财税部门应认真落实适用于转制企业的现行财税优惠政策。

（十八）原事业编制内职工的住房公积金、住房补贴中由财政负担部分，转制后继续由财政部门在预算中拨付；转制前人员经费由财政负担的离退休人员的住房补贴尚未解决的，转制时由财政部门一次性拨付解决；转制前人员经费自理的离退休人员以及转制后离退休人员和在职职工住房补贴资金，由转制单位按照所在地市、县级人民政府有关企业住房分配货币化改革政策以及企业财务会计制度的规定，从本单位相应资金渠道列支。转制后原有的正常事业费继续拨付，主要用于解决转制前已经离退休人员的社会保障问题。

（十九）为确保转制工作顺利进行，同级财政可一次性拨付一定数额的资金，主要用于资产评估、审计、政策法律咨询等。

（二十）经营性文化事业单位转制为企业后，免征企业所得税。

（二十一）由财政部门拨付事业经费的经营性文化事业单位转制为企业，对其自用房产免征房产税。

（二十二）对经营性文化事业单位转制中资产评估增值、资产转让或划转涉及的企业所得税、增值税、营业税、城市维护建设税、契税等，符合现行规定的享受相应税收优惠政策。

（二十三）党报、党刊将其发行、印刷业务及相应的经营性资产剥离组建的文化企业，所取得的党报、党刊发行收入和印刷收入免征增值税。

七、关于法人登记

（二十四）转制后的企业名称，应当符合企业名称登记管理的规定。原单位名称中冠以“中国”、“中华”、“全国”、“国家”、“国际”等字样的，按有关规定经批准可继续注册使用。

（二十五）转制后须核销事业编制，注销事业单位法人，并依法办理企业工商注册登记。

八、关于党的建设

（二十六）根据中央要求，经营性文化事业单位在转制过程中，要按照党章规定，根据转制后企业的实际情况和工作需要，经上级党组织批准，同步组建、改建或更名党的基层组织，选配好党组织负责人。转制后企业内部的党组织设置，也要随着企业组织结构和党员分布状况的变化，及时进行充实调整，充分发挥转制后企业党组织和党员的作用。转制后企业党组织的领导关系要按照有利于加强党的领导和开展党的工作，有利于促进企业改革和发展的原则确定。

上述政策适用于开展文化体制改革的地区和转制企业。中央所属转制文化企业的认定，由中央宣传部会同财政部、税务总局确定并发布名单；地方所属转制文化企业的认定，按照登记管理权限，由地方各级宣传部门会同同级财政、税务部门确定和发布名单，并按程序抄送中央宣传部、财政部和税务总局。执行期限为 2014 年 1 月 1 日至 2018 年 12 月 31 日。

进一步支持文化企业发展的规定

为进一步深化文化体制改革，促进文化企业发展，特制定以下规定：

一、关于财政税收

（一）中央财政和地方财政应安排文化产业发展专项资金，有条件的应扩大专项资金规模，创新资金投入方式，完善政策扶持体系，采取贴息、补助、奖励等方式，支持文化企业发展。

（二）对电影制片企业销售电影拷贝（含数字拷贝）、转让版权取得的收入，电影发行企业取得的电影发行收入，电影放映企业在农村的电影放映收入免征增值税。一般纳税人提供的城市电影放映服务，可以按现行政策规定，选择按照简易计税办法计算缴纳增值税。

（三）2014 年 1 月 1 日至 2016 年 12 月 31 日，对广播电视运营服务企业收取的有线数字电视基本收视维护费和农村有线电视基本收视费，免征增值税。

（四）落实和完善有利于文化内容创意生产、非物质文化遗产项目经营的税收优惠政策。

（五）对国家重点鼓励的文化产品出口实行增值税零税率。对国家重点鼓励的文化服务出口实行营业税免税。结合营业税改征增值税改革试点，逐步将文化服务行业纳入改革试点范围，对纳入增值税征收范围的上述文化服务出口实行增值税零税率或免税。享受上述税收优惠政策的国家重点鼓励的文化产品和服务的具体范围由财政部、税务总局会同有关部门确定。为承担国家鼓励类文化产业项目而进口国内不能生产的自用设备及配套件、备件，在政策规定范围内，免征进口关税。

（六）在国务院批准的中国服务外包示范城市从事服务外包业务的文化企业，符合现行税收优惠政策规定的技术先进型服务企业相关条件的，经认定后，可享受有关税收优惠政策。

（七）对从事文化产业支撑技术等领域的文化企业，按规定认定为高新技术企业的，减按 15% 的税率征收企业所得税；开发新技术、新产品、新工艺发生的研究开发费用，允许按国家税法规定，在计算应纳税所得额时加计扣除。文化产业支撑技术等领域的具体范围和认定工作由科技部、财政部、税务总局商中央宣传部等部门另行明确。

（八）经认定并符合软件企业相关条件的动漫企业，可申请享受国家现行鼓励软件产业发展的所得税优惠政策；2017 年底前，符合条件的动漫企业，按规定享受增值税优惠政策；经认定的动漫企业自主开发、生产动漫直接产品，确需进口的商品可按现行规定享受免征进口关税和进口环节增值税的优惠政策。

（九）加大财政对文化科技创新的支持，将文化科技纳入国家相关科技发展规划和计划，积极鼓励文化与科技深度融合，促进文化企业、文化产业转型升级，发展新型文化业态。

（十）通过政府购买、消费补贴等途径，引导和支持文化企业提供更多文化产品和服务，鼓励出版适应群众购买能力的图书报刊，鼓励在商业演出和电影放映中安排低价场次或门票，鼓励网络文化运营商开发更多低收费业务。加大对文化消费基础设施建设、改造投资力度，完善政府投入方式，建立健全社会力量、社会资本参与机制，促进多层次多业态文化消费设施发展。

（十一）认真落实支持现代服务业、中小企业特别是小微企业等发展的有关优惠政策，促进中小文化企业发展。

二、关于投资和融资

（十二）对投资兴办文化企业的，有关行政主管部门应当提高行政审批效率，并不得收取国家规定之外的任何附加费用。

（十三）在国家许可范围内，鼓励和引导社会资本以多种形式投资文化产业，参与国有经营性文化事业单位转企改制，参与重大文化产业项目实施和文化产业园区建设，在投资核准、银行贷款、土地使用、税收优惠、上市融资、发行债券、对外贸易和申请专项资金等方面给予支持。

（十四）鼓励国有文化产业投资基金作为文化领域的战略投资者，对重点领域的文化企业进行股权投资。创新基金投资模式，更好地发挥基金的引导和杠杆作用，推动文化企业跨地区、跨行业、跨所有制兼并重组，切实维护国家文化安全。

（十五）进一步促进文化与金融对接，鼓励文化企业充分利用金融资源，投资开发战略性、先导性文化项目，进行文化资源整合，推动文化出口，中央财政和地方财政可给予一定的贴息。

（十六）针对文化企业的特点，研究制定知识产权、文化品牌等无形资产的评估、质押、登记、托管、投资、流转和变现等办法，完善无形资产和收益权抵（质）押权登记公示制度，鼓励金融机构积极开展金融产品和服务方式创新。在风险可控、商业可持续原则下，进一步推广知识产权质押融资、供应链融资、并购融资、订单融资等贷款业务，加大对文化企业的有效信贷投入。鼓励和支持政策性金融充分发挥扶持、引导作用，加大对重点企业和项目的信贷支持。鼓励开发文化消费信贷产品。

（十七）通过公司制改建实现投资主体多元化的文化企业，符合条件的可申请上市。鼓励已上市文化企业通过公开增发、定向增发等再融资方式进行并购和重组。鼓励文化企业进入中小企业板、创业板、“新三板”融资。鼓励符合条件的文化企业通过发行企业债券、公司债券、非金融企业债务融资工具等方式扩大融资，实现融资渠道多元化。

（十八）探索国有文化企业股权激励机制，经批准允许有条件的国有控股上市文化公司按照国家有关规定开展股权激励试点。

（十九）对按规定转制的重要国有传媒企业探索实行特殊管理股制度，经批准可开展试点。

（二十）探索建立符合文化企业特点的信用评级制度。鼓励各类担保机构对文化企业提供融资担保，通过再担保、联合担保以及担保与保险相结合等方式分散风险。探索设立文化企业融资担保基金。

三、关于资产和土地处置

（二十一）发生分立、合并、重组、改制、撤销等经济行为涉及国有资产或产权结构重大变动的文化企业，应当按照国家有关规定进行清产核资，清产核资工作中发现的资产损失经确认后应当依次冲减未分配利润、盈余公积、资本公积、实收资本。

（二十二）对于出版、发行单位处置库存呆滞出版物形成的损失，允许据实在企业所得税前扣除。

（二十三）文化企业改制涉及的原划拨土地，改制后用途符合《划拨用地目录》的，可继续以划拨方式使用；不符合《划拨用地目录》的，应当依法实行有偿使用。经省级以上人民政府批准，国有文化企业改制为授权经营或国有控股企业的，原生产经营性划拨用地，经批准可采用国家出资（入股）方式配置。文化企业改制为一般竞争性企业的，原生产经营性划拨用地可采用协议出让或租赁方式进行土地资产处置。

（二十四）利用划拨方式取得的存量房产、土地兴办文化产业的，其用地手续办理符合《划拨用地目录》的，可按划拨方式办理；不符合《划拨用地目录》的，在符合国家有关规定的前提下可采取协议出让方式办理。

四、关于工商管理

（二十五）允许投资人以知识产权等无形资产评估作价出资组建文化企业，具体按国家法律规定执行。

国有文化企业要加快公司制股份制改造，推进董事会、监事会建设，规范总会计师管理，健全协调运转、有效制衡的公司法人治理结构，形成符合现代企业制度要求、体现文化企业特点的资产组织形式和经营管理模式，确保把社会效益放在首位，实现社会效益和经济效益相统一。

上述政策适用于所有文化企业，凡未注明具体期限的，执行期限为2014年1月1日至2018年12月31日。

国务院批转公安部关于企业事业单位公安机构体制改革意见的通知

（1994年4月3日　国发〔1994〕19号）

各省、自治区、直辖市人民政府，国务院各部委、各直属机构：

国务院同意公安部《关于企业事业单位公安机构体制改革的意见》，现转发给你们，请遵照执行。

随着我国政治、经济体制改革不断深入，法制建设逐步加强，对现行企业事业单位设立公安机构的体制进行改革势在必行。要按照党中央、国务院的要求，坚持政企、政事职责分开等原则，把公安工作的管理体制逐步理顺，使其机构设置和队伍建设逐步规范化。公安部要根据本通知精神抓紧商有关部门制定具体实施办法。各地区、各有关部门和单位务必加强领导，相互积极支持配合，共同认真细致地做好思想政治工作和各项组织实施工作，注意在改革过程中维护好当地和企业事业单位治安秩序，确保这项改革积极、稳妥地进行。

关于企业事业单位公安机构体制改革的意见

（公安部　1994年1月22日）

企业事业单位设立公安机构的体制是在我国特定历史条件下逐步形成的。多年来，企业事业单位公安机构的广大干警在维护治安秩序、预防和打击犯罪活动、保障生产建设顺利进行等方面做了大量工作，发挥了积极作用。但是随着我国政治、经济体制改革不断深化，在建立社会主义市场经济体制和加强法制建设的新形势下，需要遵循国家法律法规的有关规定和中央有关精神，对企业事业单位设立公安机构的体制进行改革。改革的方针和原则是：公安机关是国家政权的组成部分，是武装性质的治安行政力量和刑事执法力量，企业事业单位不应设立公安机构，已经设立的应按照政企、政事职责分开的原则，从实际出发，分别予以撤销或调整理顺关系，同时要加强地方公安工作和企业事业单位的治安保卫工作。现提出以下意见：

一、对企业事业单位设立的公安机构，原则上应予以撤销。其内部的治安保卫工作，按照国家有关规定由本单位负责，可以恢复保卫处（科）或设立其他形式的内部治安保卫组织承担。当地公安机关则根据有关规定，对企业事业单位的治安保卫工作进行指导和监督检查。企业事业单位发生的属于公安机关管辖的各种违法犯罪案件包括妨碍企业事业单位管理干部履行职责的违法案件，均由当地公安机关负责查处。

二、对少数情况特殊的企业事业单位设立的公安机构，应从管理体制上进行改革，调整理顺关系。少数情况特殊的企业事业单位主要是指：（一）位于偏远地区，治安情况复杂的大型厂矿区、油气田作业区和重要国防工业、科研基地以及大型水利工程枢纽、防洪险段；（二）大型国营农场和农场集中的垦区代管乡镇居民，已形成等同于乡镇行政区划的；（三）以大型企业为依托兴建起来的城市或单独的城区，至今仍实行政企合一体制的；（四）从事客运运营的城市地铁、地方铁路、地方港口、地方机场以及客流量大的大型公共汽车站等。

属于以上情况的，对具有社会性质的生活区或生产、生活区交错在一起难以分开进行治安管理的，要将企业事业单位公安机构改变隶属关系，根据不同情况划归所在省、市、县公安厅局建制，列入地方公安机关序列，名称按地方公安机关序列相应改变；所需编制，由国家下达公安行政编制解决；所需人员，在国家下达的编制数内，依照录用公安干警的条件，从原企业事业单位公安机构的干警中录用；所需经费、装备、工作和生活设施、后勤保障等，原则上应由地方政府解决，一时解决不了的可以采取过渡办法，暂时按原渠道由企业事业单位继续提供，各地财政部门要积极创造条件，逐步纳入财政预算，争取在较短时间内予以解决。进行此项改革后，企业事业单位可恢复保卫处（科）或设立其他形式的内部治安保卫组织，负责单位内部的治安保卫工作；发生刑事和治安案件时由所在地公安机关负责查处。

三、随着我国政治、经济体制改革逐步深入，铁路、交通、民航、林业部门的管理体制已有所变化，如有的铁路局已改成企业集团公司，不再行使行政机关职权等。因此对铁路、交通、民航、林业部门的公安机构，也需相应进行体制改革，调整理顺关系。公安部将与这些部门共同研究改革方案，另行上报。

四、考虑到重点大学的特殊情况，对其已设立的公安派出机构，先维持现状，暂予保留。

五、企业事业单位公安机构体制改革后，公安机关应按省、市、县等行政区划设立，由同级人民政府和上一级公安机关领导。由于新建、扩建大型工程项目，其所在地区需要设立公安机构的，由当地公安机关商同级有关部门同意后，报经公安部审核批准，列入地方公安机关序列，其他任何部门、单位或地方政府均无权审批，任何企业事业单位不得设立公安机构。已宣布撤销的企业事业单位公安机构，不得恢复，不得继续使用公安机关的名义。公安部和地方各级公安机关应进行监督检查，以杜绝滥设警种的混乱现象，维护国家执法的严肃性。对违反规定的单位，当地公安机关有权责令撤销其设立的公安机构，没收其公安专用服装、标志、装备、印章等并追究单位领导人的责任。

六、企业事业单位公安机构体制改革，要积极、稳妥、有计划、有步骤地进行。公安部将根据上述意见商有关部门制定具体实施办法。请地方各级人民政府、各有关部门和企业事业单位加强组织领导，密切协商配合，制定周密的工作方案，特别要对企业事业单位公安机构的广大干警做深入细致的思想政治工作，教育和要求他们提高认识，从大局出发支持搞好这项改革，同时对改做其他工作的人员要给予妥善安置。在改革过程中，对治安保卫工作不能有丝毫的忽视和放松。尤其是撤销企业事业单位公安机构的，必须事先做好充分准备，搞好治安保卫工作的衔接。

七、这次体制改革后，地方各级人民政府应采取措施加强公安工作。各地公安机关要强化责任制，及时认真查处各种刑事、治安案件，严厉打击各种违法犯罪活动，切实维护好治安秩序。公安机构之间要明确划定责任区，工作中既要各负其责又要密切配合，遇有问题需要协调时由上级公安机关负责协调解决。企业事业单位应认真抓好内部治安保卫工作，建立工作制度，研究落实安全防范措施，重视对工作人员的教育管理，及时妥善解决工作中出现的问题。企业事业单位的保卫处（科）或其他形式的内部治安保卫组织应与公安机关加强联系，随时反映有关情况，积极支持办案工作。关于企业事业单位治安保卫组织的性质、职责、权限以及同公安机关的关系，由公安部会同有关部门抓紧研究进一步作出规定，以适应新形势下加强治安保卫工作的需要。

过去有关部门、单位和地方政府作出的规定，凡与上述意见相抵触的均以上述意见为准。

国务院关于工程勘察设计单位改建为企业问题的批复

（1994年9月29日　国函〔1994〕100号）

建设部、国家计委、财政部、人事部，中央编委办公室：

你们《关于请批转〈关于工程设计单位改为企业若干问题的意见〉的请示》（建设〔1994〕250号）收悉。现就有关问题批复如下：

一、原则同意实行事业单位企业化管理的工程勘察设计单位逐步改建为企业。

二、工程勘察设计单位改建为企业，是工程勘察设计体制改革的一项重要内容。请你们会同国务院有关部门，按照统一政策、分类指导的原则，抓紧研究制订实施意见和配套办法，使这项工作有领导、有组织、有步骤地进行。

三、工程勘察设计单位改建为企业，不是简单地更换个名称，要着重经营机制的转换，使之真正成为自主经营、自负盈亏的企业法人。

附：

建设部　国家计委　财政部　人事部　中央编办关于工程设计单位改为企业若干问题的意见

我国工程设计（含工程勘察，下同）行业现有近一万个单位，七十万职工，其中专业技术人员近五十多万，占职工总数的70%以上，是一支技术、知识密集型的队伍。

1979年党中央、国务院对工程设计单位做出了“要逐步实现企业化”的决定，同年开始进行企业化取费试点。在总结试点经验的基础上，1984年国务院又批转了国家计委《关于工程设计改革的几点意见》，并在全行业实行了由核拨事业费，改为收费制为主要内容的技术经济责任制。十五年的改革已初步形成了以高新技术为先导，以企业经营机制为模式，以市场竞争机制为导向的新格局，调动了广大设计人员的积极性，设计效率大幅度提高，设计单位的技术实力和总体水平有了长足的进步，全面完成了国家基本建设和企业技术改造的设计任务，设计出了一大批具有80年代世界水平的工程项目，为社会主义现代化建设做出了应有的贡献。

但也应该看到，工程设计行业存在诸多问题，需要研究解决。如设计、科研、生产相互脱节，设计在工程建设和企业技术改造中的主导作用，在科研成果转化中的纽带作用，在引进技术国产化中的关键作用没有得到充分发挥。要从根本上解决上述问题，必须按照小平同志南巡讲话精神，紧紧围绕解放和发展生产力这一目的，尽快把工程设计单位的各项改革推向一个新的阶段。为此提出以下几点意见：

一、从1994年起条件具备的工程设计单位可以改为企业

工程设计体制改革的根本目的是解放和发展生产力，大力发展高新技术，促进设计技术进步，提高基本建设和企业技术改造的综合效益，建立具有中国特色的工程设计体制和运行机制，实行设计技术市场化，设计成果商品化，设计管理行业化。

经过十五年的改革，我国工程设计行业有了较大的变化，主要体现在以下几个方面：

1. 思想观念普遍更新、市场观念、竞争意识大力增强。绝大多数设计单位都利用自身技术、人才优势，拓宽了服务领域，有的已走上国际市场，既增强了单位的活力和应变能力，也增加了单位的收入。目前全行业绝大多数单位实现了自收自支，成为我国事业单位中少数不吃事业费的行业之一。

2. 设计市场已初步形成。随着投资主体的多元化，除少数国家重点建设项目的设计任务由上级主管部门指令下达外，绝大多数任务都是设计单位凭技术、质量、信誉优势通过市场竞争得到的。虽然市场机制还不完善，但改革已把设计单位推向市场，初步形成了计划与市场相结

合的新机制。

3. 设计单位内部机制开始转变。为适应市场竞争的需要，各单位不断加强内部改革，调整组织机构，实行院长负责制，建立健全多种形式的技术经济责任制，加强成本核算，推行全面质量管理，改革人事制度和奖金分配制度，经营管理水平明显提高，初步实现了由技术服务型向技术经营型的转变。

4. 法规建设有所加强。为适应事业单位企业化管理，近年来初步制订了一些市场、质量、技术、财税、价格等管理法规，在加强宏观管理和规范市场行为等方面起到了积极的作用。

上述情况说明，工程设计单位实行事业单位企业化管理的方向是正确的。在坚持这一方向的同时，要不断总结经验，分门别类，按照不同行业部门、不同条件，采用不同的管理办法，把各项改革不断推向深入。其中，对那些市场广阔，自身活力较大，创收能力较强的工程设计单位，从1994年起可改为企业，成为自主经营、独立核算、自负盈亏、照章纳税的企业法人。

二、工程设计企业的主要任务和模式

工程设计单位改为企业后，它的主要任务是：遵照国家经济建设的各项方针政策和标准规范，从事工程设计、工程咨询、工程监理和工程总承包，在国内外建设市场为项目业主提供全方位、多功能的服务，在完成上述任务的前提下，充分发挥自身的优势，进行技术开发、技术咨询、技术服务和技术转让，走技工贸一体化发展的道路，开展多种形式的经营活动，利用专有技术或资金参股，投资兴办第三产业和各种实业。

根据我国投资体制和设计单位的实际情况，借鉴国外成功的经验，今后工程设计企业主要有以下几种模式：

一是咨询设计顾问公司模式。这类设计企业主要为建设总体规划和项目决策服务，为企业提供工程建设全过程服务，承担关系到提高综合国力和国计民生的重大工程，以及国家重点建设项目的咨询和设计任务。

二是工程公司模式。这类以设计为主的工程公司不仅承担工程设计任务，而且以其技术和管理能力代业主组织和管理建设项目。既可以从项目立项开始到开车交钥匙总承包，也可以对其中的某项工作如设计、设备材料采购、工程监理等进行单项承包。有条件的设计院，特别是大中型工业设计院都应逐步向国际通行的工程公司模式转变。

三是工业集团模式。随着企业投资权的扩大和技术改造任务的增加，部分设计院可以进入大中型工业集团，成为该集团的成员单位，为集团的生产、科研、长远规划、建设和技术改造服务。

四是专业设计所模式。专业设计所（事务所）是专业化、小型化的设计企业，主要承担量大面广的中小型建设项目的设计任务，承担某一专业或某种专门技术的工程设计任务，并能对该项专门技术的实施提供一条龙服务。

工程勘察单位改为企业后，可参照设计企业的模式，根据自身功能和条件，进行合理分流和转换。有的可向岩土工程、工程测量、工程地质勘察、水文地质勘察工程公司发展，有的可与设计企业合并或参加工业集团，相应成立勘察机具租赁公司和机修厂，实现大型机具属地化管理。

除以上模式外，也可以根据自身特点组建其他类型的设计企业。在设计企业集中的地区和部门，还可以股份制的形式进行联合或成立集团公司，发挥综合优势，形成规模经营。但不论什么样的设计企业都要进入市场，参加竞争，优胜劣汰，在竞争中求生存、求发展。

三、工程设计单位改企业的配套政策

工程设计单位改为企业后，国家应给予必要的配套政策：

1. 为使工程设计企业具有一定的自我发展能力，适应企业经营后成本构成的变化和成本增加的需要，比较客观地反映技术商品的价值，必须将现行事业性质的设计收费标准改为企业性质的收费标准，适当提高设计收费水平，提高幅度原则上控制在工程概算投资额的1%以内。具体由国家计委会同建设部重新核定工程设计企业收费标准。

2. 工程设计单位改为企业后，由财政部按照《企业财务通则》和《企业会计准则》制定适合设计企业生产经营活动的财务会计管理办法。设计单位改企业后，要结合清产核资重新核定设计企业资金。改企业前，国家拨给设计单位无偿使用和设计单位自己积累的资金，全部划为设计企业国家资本金。设计单位改企业后，离休退休人员参加社会统筹，费用由原单位自己负担。继续执行国家计委、财政部《关于勘察设计事业费按建设项目任务情况统一安排的通知》（计设〔1986〕2590号文）的规定。

3. 工程设计单位改为企业后，仍以工程设计为主业，它是技术型、服务型企业，属第三产业。应根据设计企业是科技型企业的特点，制定相应的税收政策。

四、逐步建立适应市场经济的经营机制

设计单位改为企业，关键是建立起适应企业生存和发展的内在机制及其运行方式。为实现这一重大变革，必须在转变经营机制上下功夫。为此，当前要重点解决好以下几个方面的问题：

1. 政企分开，赋予设计企业经营自主权。各级政府主管部门要简政放权。主要负责制定行业政策，发展规划，控制队伍总量平衡和合理布局；审定技术、质量标准，制定企业资格标准和市场规则，管好市场；运用经济、法律手段调控和引导设计企业，为企业决策和经营活动提供信息、咨询。

设计企业归口管理部门主要负责批准企业经营形式和企业的设计、合并、分立、终止、清算、拍卖；与设计企业签订承包经营合同，按承包合同进行考核、检查和监督；依照法定条件和程序，决定经理的任免和奖惩。

设计企业必须遵守国家的法律、法规，依法进行生产经营活动。按照《企业法》和《全民所有制工业企业转换经营机制条例》，设计企业享有以下自主权：经营形式的协商选择权、国内外经营自主权、资产处置权、留用资金支配权、劳动用工权、人事管理权、工资奖金分配权、内部机构设置权等。各级主管部门不得对设计企业正当的生产经营活动进行干预。

2. 加快内部机制改革，实现转轨变型。设计单位改为企业后，要

结合设计行业特点完善工资总额与经济效益挂钩办法，把设计人员的积极性引导到提高设计质量、技术水平和工程效益上来。设计企业必须坚持正确的指导思想，把全面优质完成国家重点基本建设和技术改造的设计任务放在首位，努力作出更多质量高、技术先进、经济效益好的优秀设计。设计企业要按照企业经营的要求，调整组织机构，实行同企业经营相适应的管理制度和管理方法。要实行经理负责制，强化经理为首的生产经营指挥系统，明确党政分工，发挥党组织的政治核心作用和职工的主人翁作用。要建立完善的自我约束机制，严格财务制度，严肃财经纪律。要特别重视人才培训工作，增加技术投入，提足折旧基金，加强技术开发和技术改造资金的管理，确保设计技术进步和企业资产增值，努力提高企业的整体素质和竞争能力。

3. 完善市场机制，逐步建立开放、平等、竞争的设计技术和成果市场。要清理阻碍设计市场发育的规章，制定《工程设计法》、设计文件（图纸）版权保护办法、设计市场管理办法等法规，健全工程设计法规体系，逐步建立起正常的市场运行机制。工程设计关系到国家人民生命财产安全，不属于业余兼职范围。要加强资格管理，制止无证设计。不具备设计企业条件的，不准进入市场，要打破部门、地区封锁，制止垄断和分割市场，鼓励设计企业开展技术和质量的竞争。要大力培育设计技术市场，鼓励设计企业开发新技术、新工艺、新设备、新材料，促进设计专有技术和设计软件的推广应用，加速设计技术和设计成果商品化的进程。

国务院各主管部门和各省、自治区、直辖市主管部门要加强对设计体制改革的领导。当前要集中力量，调查研究，结合本部门、本地区的具体情况，制定实施方案，有计划、有组织、积极稳妥地把这项工作做好。工程设计单位改为企业，须经单位申请，主管部门批准，机构编制部门核销事业编制，纳入企业劳动工资计划管理、统计范围，并且根据国家有关规定进行内部分配制度的改革，不再享受事业单位的工资、福利待遇。各级计划、建设、财政、人事、劳动等部门，要密切配合，及时解决设计单位转型过程中遇到的问题，确保这项改革顺利进行和设计企业的健康发展。

财政部　国家税务总局
关于事业单位改制有关契税政策的通知

（2010年3月24日　财税〔2010〕22号）

各省、自治区、直辖市、计划单列市财政厅（局）、地方税务局，新疆生产建设兵团财务局，西藏、宁夏、青海省（自治区）国家税务局：

为支持事业单位改制，现将事业单位改制有关契税政策通知如下：

一、事业单位按照国家有关规定改制为企业的过程中，投资主体没有发生变化的，对改制后的企业承受原事业单位土地、房屋权属，免征契税。投资主体发生变化的，改制后的企业按照《中华人民共和国劳动法》等有关法律法规妥善安置原事业单位全部职工，其中与原事业单位全部职工签订服务年限不少于三年劳动用工合同的，对其承受原事业单位的土地、房屋权属，免征契税；与原事业单位30%以上职工签订服务年限不少于三年劳动用工合同的，对其承受原事业单位的土地、房屋权属，减半征收契税。

二、事业单位改制过程中，改制后的企业以出让或国家作价出资（入股）方式取得原国有划拨土地使用权的，不属于本通知规定的契税减免税范围，应按规定缴纳契税。

本通知执行期限为2010年4月1日至2011年12月31日。

财政部　国家税务总局
关于企业事业单位改制重组契税政策的通知

（2012 年 1 月 12 日　财税〔2012〕4 号）

各省、自治区、直辖市、计划单列市财政厅（局）、地方税务局，西藏、宁夏、青海省（自治区）国家税务局，新疆生产建设兵团财务局：

为了支持企业、事业单位改革，促进国民经济持续、健康发展，现就企业、事业单位改制重组等涉及的契税政策通知如下：

一、企业公司制改造

非公司制企业，按照《中华人民共和国公司法》的规定，整体改建为有限责任公司（含国有独资公司）或股份有限公司，有限责任公司整体改建为股份有限公司，股份有限公司整体改建为有限责任公司的，对改建后的公司承受原企业土地、房屋权属，免征契税。上述所称整体改建是指不改变原企业的投资主体，并承继原企业权利、义务的行为。

非公司制国有独资企业或国有独资有限责任公司，以其部分资产与他人组建新公司，且该国有独资企业（公司）在新设公司中所占股份超过 50% 的，对新设公司承受该国有独资企业（公司）的土地、房屋权属，免征契税。

国有控股公司以部分资产投资组建新公司，且该国有控股公司占新公司股份超过 85% 的，对新公司承受该国有控股公司土地、房屋权属，免征契税。上述所称国有控股公司，是指国家出资额占有限责任公司资本总额超过 50%，或国有股份占股份有限公司股本总额超过 50% 的公司。

二、公司股权（股份）转让

在股权（股份）转让中，单位、个人承受公司股权（股份），公司土地、房屋权属不发生转移，不征收契税。

三、公司合并

两个或两个以上的公司，依据法律规定、合同约定，合并为一个公司，且原投资主体存续的，对其合并后的公司承受原合并各方的土地、房屋权属，免征契税。

四、公司分立

公司依照法律规定、合同约定分设为两个或两个以上与原公司投资主体相同的公司，对派生方、新设方承受原企业土地、房屋权属，免征契税。

五、企业出售

国有、集体企业整体出售，被出售企业法人予以注销，并且买受人按照《中华人民共和国劳动法》等国家有关法律法规政策妥善安置原企业全部职工，与原企业全部职工签订服务年限不少于三年的劳动用工合同的，对其承受所购企业的土地、房屋权属，免征契税；与原企业超过30%的职工签订服务年限不少于三年的劳动用工合同的，减半征收契税。

六、企业破产

企业依照有关法律、法规规定实施破产，债权人（包括破产企业职工）承受破产企业抵偿债务的土地、房屋权属，免征契税；对非债权人承受破产企业土地、房屋权属，凡按照《中华人民共和国劳动法》等国家有关法律法规政策妥善安置原企业全部职工，与原企业全部职工签订服务年限不少于三年的劳动用工合同的，对其承受所购企业的土地、房屋权属，免征契税；与原企业超过30%的职工签订服务年限不少于三年的劳动用工合同的，减半征收契税。

七、债权转股权

经国务院批准实施债权转股权的企业，对债权转股权后新设立的公司承受原企业的土地、房屋权属，免征契税。

八、资产划转

对承受县级以上人民政府或国有资产管理部门按规定进行行政性调整、划转国有土地、房屋权属的单位，免征契税。

同一投资主体内部所属企业之间土地、房屋权属的划转，包括母公司与其全资子公司之间，同一公司所属全资子公司之间，同一自然人与其设立的个人独资企业、一人有限公司之间土地、房屋权属的划转，免征契税。

九、事业单位改制

事业单位按照国家有关规定改制为企业的过程中，投资主体没有发生变化的，对改制后的企业承受原事业单位土地、房屋权属，免征契税。投资主体发生变化的，改制后的企业按照《中华人民共和国劳动法》等有关法律法规妥善安置原事业单位全部职工，与原事业单位全部职工签订服务年限不少于三年劳动用工合同的，对其承受原事业单位的土地、房屋权属，免征契税；与原事业单位超过30%的职工签订服务年限不少于三年劳动用工合同的，减半征收契税。

十、其他

以出让方式或国家作价出资（入股）方式承受原改制重组企业、事业单位划拨用地的，不属上述规定的免税范围，对承受方应按规定征收契税。

本通知所称企业、公司是指依照中华人民共和国有关法律法规设立并在中国境内注册的企业、公司。

本通知执行期限为2012年1月1日至2014年12月31日。《财政部　国家税务总局关于企业改制重组若干契税政策的通知》（财税〔2008〕175号）、《财政部　国家税务总局关于事业单位改制有关契税政策的通知》（财税〔2010〕22号）以及《国家税务总局关于企业改制重组契税政策若干执行问题的通知》（国税发〔2009〕89号）同时废止。

财政部　国家税务总局
关于进一步支持企业事业单位
改制重组有关契税政策的通知

（2015年3月31日　财税〔2015〕37号）

各省、自治区、直辖市、计划单列市财政厅（局）、地方税务局，西藏、宁夏、青海省（自治区）国家税务局，新疆生产建设兵团财务局：

为贯彻落实《国务院关于进一步优化企业兼并重组市场环境的意见》（国发〔2014〕14号），继续支持企业、事业单位改制重组，现就企业、事业单位改制重组涉及的契税政策通知如下：

一、企业改制

企业按照《中华人民共和国公司法》有关规定整体改制，包括非公司制企业改制为有限责任公司或股份有限公司，有限责任公司变更为股份有限公司，股份有限公司变更为有限责任公司，原企业投资主体存续并在改制（变更）后的公司中所持股权（股份）比例超过75%，且改制（变更）后公司承继原企业权利、义务的，对改制（变更）后公司承受原企业土地、房屋权属，免征契税。

二、事业单位改制

事业单位按照国家有关规定改制为企业，原投资主体存续并在改制后企业中出资（股权、股份）比例超过50%的，对改制后企业承受原事业单位土地、房屋权属，免征契税。

三、公司合并

两个或两个以上的公司，依照法律规定、合同约定，合并为一个公司，且原投资主体存续的，对合并后公司承受原合并各方土地、房屋权属，免征契税。

四、公司分立

公司依照法律规定、合同约定分立为两个或两个以上与原公司投资主体相同的公司，对分立后公司承受原公司土地、房屋权属，免征契税。

五、企业破产

企业依照有关法律法规规定实施破产，债权人（包括破产企业职工）承受破产企业抵偿债务的土地、房屋权属，免征契税；对非债权人承受破产企业土地、房屋权属，凡按照《中华人民共和国劳动法》等国家有关法律法规政策妥善安置原企业全部职工，与原企业全部职工签订服务年限不少于三年的劳动用工合同的，对其承受所购企业土地、房屋权属，免征契税；与原企业超过30%的职工签订服务年限不少于三年的劳动用工合同的，减半征收契税。

六、资产划转

对承受县级以上人民政府或国有资产管理部门按规定进行行政性调整、划转国有土地、房屋权属的单位，免征契税。

同一投资主体内部所属企业之间土地、房屋权属的划转，包括母公司与其全资子公司之间，同一公司所属全资子公司之间，同一自然人与其设立的个人独资企业、一人有限公司之间土地、房屋权属的划转，免征契税。

七、债权转股权

经国务院批准实施债权转股权的企业，对债权转股权后新设立的公司承受原企业的土地、房屋权属，免征契税。

八、划拨用地出让或作价出资

以出让方式或国家作价出资（入股）方式承受原改制重组企业、

事业单位划拨用地的，不属上述规定的免税范围，对承受方应按规定征收契税。

九、公司股权（股份）转让

在股权（股份）转让中，单位、个人承受公司股权（股份），公司土地、房屋权属不发生转移，不征收契税。

十、有关用语含义

本通知所称企业、公司，是指依照我国有关法律法规设立并在中国境内注册的企业、公司。

本通知所称投资主体存续，是指原企业、事业单位的出资人必须存在于改制重组后的企业，出资人的出资比例可以发生变动；投资主体相同，是指公司分立前后出资人不发生变动，出资人的出资比例可以发生变动。

本通知自 2015 年 1 月 1 日起至 2017 年 12 月 31 日执行。本通知发布前，企业、事业单位改制重组过程中涉及的契税尚未处理的，符合本通知规定的可按本通知执行。

中共中央宣传部　文化部
关于加快国有文艺院团体制改革的通知

（2011 年 5 月 11 日　文政法发〔2011〕22 号）

各省、自治区、直辖市党委宣传部、文化厅（局），新疆生产建设兵团党委宣传部、文化广播电视局，各计划单列市党委宣传部、文化局：

按照中央关于“加大力度、加快进度、巩固提高、重点突破、全面推进”的总要求，为加快国有文艺院团体制改革，现将有关工作通知如下：

一、进一步明确改革任务

加快国有文艺院团体制改革，是党中央确定的文化体制改革重点任务。贯彻落实中央的决策部署，对于解放和发展文化生产力，发挥国有文艺院团在演艺市场的主导作用，满足人民群众不断增长的精神文化需求，推动社会主义文化大发展大繁荣具有重要的战略意义。党的十六大以来，国有文艺院团解放思想，大胆实践，积极推进体制机制创新，取得明显进展。但与中央的要求相比，改革进程仍相对滞后，人员老化、演出少、缺乏活力的状况并没有根本改变，适应市场、服务群众的体制机制还没有形成。必须以科学发展观为指导，进一步解放思想、转变观念，把思想统一到中央的决策部署上来，以高度的责任感和紧迫感，抓住机遇、攻坚克难，加大力度、加快进度，积极推动国有文艺院团体制改革取得突破性进展，确保在 2012 年上半年之前完成改革任务。

按照区别对待、分类指导的原则，根据国有文艺院团的不同性质和功能，明确不同的改革任务。中央文化体制改革工作领导小组已确定少数保留事业单位性质的院团（名单附后），其他国有文艺院团（不含新疆、西藏地区）都要转制为企业。鼓励已列入名单的保留事业单位性质院团转企改制。今后原则上不得新设或恢复事业单位性质的文艺院团。

国有文艺院团转制改革，要严格标准、规范操作，按照现代企业制度要求，完善法人治理结构，建立充分体现艺术规律的经营管理体制。要完成企业工商注册登记，核销事业编制，注销事业单位法人，同职工签订劳动合同，按照企业办法参加社会保险。要把转制改革和资源整合、结构调整结合起来，同城不同层级的同类国有文艺院团，原则上要予以合并。鼓励转制文艺院团以资本为纽带跨区域、跨所有制兼并重组，培育演艺产业的骨干企业和战略投资者。

不具备进入市场条件、不再保留建制的国有文艺院团，可提出注销申请，报同级文化行政部门和编制管理部门批准，依法履行注销手续。地方戏曲、曲艺等国有文艺院团中，演出剧（曲）种属濒危稀有且具有重要文化遗产价值的，经批准可不再保留文艺院团建制，允许其转为公益性的保护传承机构，或将相关保护传承职能连同相关人员、编制和经费转入当地文化馆、群艺馆、艺术院校、艺术研究院所等机构，专门从事研究、传承和展演。

保留事业单位性质的国有文艺院团，要按照“政府扶持、转换机制、面向市场、增强活力”的方针，深化内部机制改革，形成自我发展的活力，在面向市场、服务群众的过程中不断发展壮大。

二、加大政策保障力度

要加大对国有文艺院团转制的政策扶持力度，中央已经出台的支持文化体制改革和文化产业发展的各项政策，适用于转制文艺院团。各地要结合实际，制定更具操作性、更加优惠的地方性政策。积极支持国有文艺院团通过改革，解决长期以来欠账多、底子薄、包袱重、发展后劲不足等突出问题，增强转制文艺院团的发展实力和活力。

国有文艺院团转制前由各级财政安排的正常事业经费，转制后在一定期限内继续拨付。中央财政和地方财政通过安排文化产业发展专项资金、宣传文化发展专项资金等渠道，对转制文艺院团重点产业发展项目予以支持，分批为县级转制文艺院团配备流动舞台车、交通车，资助转制文艺院团更新设备、改善排练和演出条件。鼓励以政府购买服务或按场次补贴等方式，支持转制文艺院团深入基层、深入群众，培育和引导农村演艺市场。以政府采购或资助方式举办的政策宣传性演出活动、重大节庆演出活动、对外文化交流、慰问演出等，在同等条件下，优先安排转制文艺院团承办或参演。国家非物质文化遗产保护专项资金，要向承担非物质文化遗产保护任务的转制院团倾斜，鼓励生产性保护。

国有文艺院团转制前支配或使用的国有资产（含土地），转制后作为其国家资本注入。工商登记注册时货币出资达不到标准的，财政部门或国有文化资产管理机构应予补足。

国有文艺院团转制后按企业办法参加社会保险，做好社会保障政策衔接，采取有效措施解决好企业与事业单位退休待遇差问题。转制前已经离退休人员的离退休待遇标准不变，待遇支付和调整执行国家相关规定。对转制前参加工作、转制后退休人员的退休待遇差问题，要通过加快收入分配改革、建立企业年金、加发养老金补贴等多种方式予以解决。

国有文艺院团经批准停办退出的，要做好资产财务清算和人员分流安置工作，切实保全国有资产，保障职工的合法权益，确保社会稳定。充分尊重演职人员的择业意愿，拓宽转岗途径，加强转岗培训，经考核可充实到文化馆（站）、群众艺术馆等公益性文化单位，也可安排其从事城市社区和农村文化辅导以及中小学艺术教育等文化普及工作。经协商一致自谋职业的，依照国家有关规定支付经济补偿、接续社会保险关系。临时聘用人员，要按照有关规定处理。

积极发展多层次、多业态的演出场所。加大改造、新建剧场的力度，以配置、租赁、委托管理等多种方式提供给转制文艺院团使用。鼓励通过建立演出院线等形式整合转制文艺院团的剧场和剧目资源，提高演艺产业的规模化、集约化水平。

鼓励和支持各种所有制的企业以控股、参股、并购、重组等方式，积极参与国有文艺院团改革。鼓励艺术名家和其他演职人员以个人持股的方式参与转制院团的股份制改造。

三、切实加强组织领导

国有文艺院团改革政治性、政策性强，各级党委宣传、文化行政部门要高度重视，纳入重要议事日程，切实加强组织领导。各地党委宣传部门要在文化体制改革工作领导小组的领导下，协调指导本地区国有文艺院团体制改革工作，统筹安排、周密部署，强化保障措施，推动各项改革任务的落实。文化行政部门要切实担负起组织实施本地区国有文艺院团体制改革的职责，按照本通知精神，深入调查研究，抓紧制定本地区国有文艺院团体制改革工作方案，明确工作要求和时间进度，确保改革任务的落实。在改革中一定要切实维护职工基本权益，充分调动职工参与改革的积极性，确保改革积极稳妥推进。

今年下半年，中宣部、文化部将联合开展对地方国有文艺院团体制改革工作的督查。2012 年上半年，将对各地国有文艺院团体制改革工作进行验收。

保留事业单位性质的国有文艺院团名单

北京市

北京京剧院

北京北方昆曲剧院

北京交响乐团

天津市

天津京剧院

天津市青年京剧团

天津交响乐团

河北省

河北交响乐团

山西省

山西省晋剧院

内蒙古自治区

内蒙古民族艺术剧院

土左旗乌兰牧骑

达茂联合旗乌兰牧骑

土右旗乌兰牧骑
鄂温克旗乌兰牧骑
鄂伦春旗乌兰牧骑
莫力达瓦旗乌兰牧骑
陈巴尔虎旗乌兰牧骑
额尔古纳市乌兰牧骑
新巴尔虎左旗乌兰牧骑
新巴尔虎右旗乌兰牧骑
兴安乌兰牧骑
科右前旗乌兰牧骑
科右中旗乌兰牧骑
扎赉特旗乌兰牧骑
科左中旗乌兰牧骑
科左后旗乌兰牧骑
库伦旗乌兰牧骑
奈曼旗乌兰牧骑
扎鲁特旗乌兰牧骑
阿鲁科尔沁旗乌兰牧骑
巴林左旗乌兰牧骑
巴林右旗乌兰牧骑
克什克腾旗乌兰牧骑
翁牛特旗乌兰牧骑
喀喇沁旗乌兰牧骑
锡林郭勒乌兰牧骑
阿巴嘎旗乌兰牧骑
苏尼特左旗乌兰牧骑
苏尼特右旗乌兰牧骑
东乌珠穆沁旗乌兰牧骑
西乌珠穆沁旗乌兰牧骑
镶黄旗乌兰牧骑

正镶白旗乌兰牧骑
正蓝旗乌兰牧骑
太仆寺旗乌兰牧骑
察右后旗乌兰牧骑
四子王旗乌兰牧骑
察右中旗乌兰牧骑
察右前旗乌兰牧骑
鄂托克前旗乌兰牧骑
鄂托克旗乌兰牧骑
杭锦旗乌兰牧骑
乌审旗乌兰牧骑
伊金霍洛旗乌兰牧骑
达拉特旗乌兰牧骑
乌拉特前旗乌兰牧骑
乌拉特中旗乌兰牧骑
乌拉特后旗乌兰牧骑
阿拉善乌兰牧骑
阿右旗乌兰牧骑
额济纳旗乌兰牧骑

辽宁省

沈阳京剧院
辽宁芭蕾舞团
辽宁歌剧院

吉林省

吉林省交响乐团
吉林省吉剧院
延边歌舞团

黑龙江省

黑龙江省京剧院

上海市

上海京剧院

上海昆剧团

上海交响乐团

上海芭蕾舞团

上海歌剧院

上海民族乐团

江苏省

苏州昆剧院

浙江省

浙江昆剧团

浙江永嘉昆剧团

浙江交响乐团

浙江小百花越剧团

安徽省

安徽省徽剧院

福建省

福建省实验闽剧院

江西省

江西省赣剧院

山东省

山东省京剧院

青岛交响乐团

河南省

河南省豫剧院

湖北省

湖北京剧院

湖北省民族歌舞团

长阳土家族自治县歌舞剧团

五峰土家族自治县歌舞剧团

湖南省

湖南省昆剧团

湖南省湘剧院

江华瑶族自治县民族歌舞剧团

新晃侗族自治县民族歌舞剧团

麻阳苗族自治县花灯戏剧团

广东省

广州交响乐团

深圳交响乐团

广东民族乐团

广东省粤剧院

海南省

海南省琼剧院

广西壮族自治区

广西壮族自治区壮剧团

巴马瑶族自治县民族艺术团

大化瑶族自治县歌舞团

都安瑶族自治县文工团

富川瑶族自治县民族艺术团

恭城瑶族自治县文工团

隆林各族自治县歌舞团

罗城仫佬族自治县艺术团

融水苗族自治县民族文工团

重庆市

重庆市歌剧院

重庆市川剧院

四川省

阿坝藏族自治州民族歌舞团

甘孜藏族自治州歌舞团

凉山彝族自治州歌舞团

贵州省

贵州省黔剧团

云南省

云南省京剧院

云南聂耳交响乐团

云南省滇剧院

楚雄彝族自治州民族艺术剧院

迪庆藏族自治州民族歌舞团

甘肃省

甘肃省歌剧院

甘肃省陇剧院

甘南藏族自治州藏族歌舞剧院

临夏回族自治州民族歌舞剧团

天祝藏族自治县民族歌舞剧团

肃北蒙古族自治县乌兰牧骑

肃南裕固族自治县民族歌舞团

青海省

果洛藏族自治州民族歌舞团

海北藏族自治州民族歌舞团

海南藏族自治州民族歌舞团

海西藏族自治州民族歌舞团

玉树藏族自治州民族歌舞团

黄南藏族自治州民族歌舞团

文化部关于进一步深化文化系统文化体制改革的意见

（2008年7月30日　文政法发〔2008〕30号）

各省、自治区、直辖市文化厅（局）、新疆生产建设兵团文化局，各计划单列市文化局，本部各司局、国家文物局，各直属单位：

为贯彻全国文化体制改革工作会议精神，加强对文化系统改革的指导，进一步深化文化体制改革，现结合文化系统实际，提出以下意见：

一、当前和今后一个时期推进文化体制改革的总体要求和指导方针

按照党的十七大和全国文化体制改革工作会议精神，以邓小平理论和“三个代表”重要思想为指导，深入贯彻落实科学发展观，解放思想、实事求是、与时俱进，加大力度、加快进度、务求实效，紧紧抓住重要领域和关键环节，着力解决制约发展的深层次矛盾和问题，全面推进体制机制创新，解放和发展文化生产力，推动文化体制改革取得新的实质性进展，推动形成有利于出精品、出人才、出效益的文化发展环境。

——坚持“区别对待、分类指导，循序渐进、逐步推开”的方针。充分考虑区域、城乡发展的不平衡性和不同行业、不同单位的性质与特点，提出改革的路线图和时间表，有计划有步骤地把改革引向深入。

——坚持“两手抓，两加强”。一手抓公益文化事业，一手抓经营性文化产业，推动文化事业和文化产业协调发展。

——坚持以公有制为主体、多种所有制共同发展，一手抓国有文化单位的改革发展，一手抓民营文化单位的发展。

——坚持以民族文化为主体、吸收外来有益文化，推动中华文化走向世界，进一步提升文化事业和文化产业的国际影响力和竞争力。

——坚持群众路线，从群众中来，到群众中去。尊重群众的首创精神，维护好群众的基本权益，充分调动广大文化工作者参与改革的积极性、主动性和创造性。

二、积极稳妥推进艺术表演团体改革

遵循舞台艺术发展规律，适应社会主义市场经济发展的要求，以发展为主题，以激发活力为目的，以面向市场、面向群众为导向，推进国有艺术表演团体体制机制创新，引导支持民营艺术表演团体发展，形成多种所有制、多种体制合理布局、共同发展的艺术表演团体格局，形成富有效率的舞台艺术生产的微观运行机制，形成保护传承优秀民族艺术、扶持优秀艺术产品生产和传播的制度环境。

（一）加大国有艺术表演团体布局结构调整力度

原则上同一城市内政府设置的相同或者相近艺术类别的艺术表演团体，人才、设施设备不齐全，难以独立从事艺术生产，或者市场需求十分有限的，鼓励支持合并重组。

（二）推进国有艺术表演团体改革

各级文化行政部门要经当地党委、政府核准，选择若干艺术生产能力强、有市场潜力、有发展前景、领导班子经营管理水平较高的艺术表演团体作为转企改制的试点，积极探索符合自身特点的转企途径，成熟一个转制一个。中直艺术表演团体、省（区、市）直属艺术表演团体要在转企改制中起表率和示范作用。鼓励以资本为纽带、以产业链为支撑，引入战略投资者，打造具有艺术创新能力和市场竞争活力的文化演艺企业集团。鼓励社会资本以投资、参股、控股、兼并、收购等形式，参与国有艺术表演团体的公司制改建。

加强对转企改制艺术表演团体的政策支持。要确保原有的财政投入在过渡期内数量不减，渠道不变。过渡期后，按照投入不减，适当增加的原则，改善投入方式，通过购买公益性演出服务、资助基础设施建设、支持文艺创作以及奖励等方式支持转企艺术表演团体的发展。支持地方政府结合实际完善社会保障政策和措施，切实保障演职员的正当利益。对转企改制的院团，文化行政部门要帮助解决相对固定的演出场所。有条件的地方，可以支持其新建剧场；不具备新建条件的，可以在现有的演出设施中调剂解决。

确需国家扶持，对传承发展民族艺术或者参与国际文化交流具有特殊地位和作用的艺术表演团体，实行事业体制。少数民族地区和边疆地区地（市）、县级经常下基层为农牧民群众演出的艺术表演团体，选定若干保留事业体制，纳入公共文化服务体系。对进入国家级非物质文化遗产名录的项目承担保护责任的艺术表演团体，国家给予扶持。对事业体制艺术表演团体，由财政保证其人员基本支出经费，以向公众提供服务的质量和数量确定财政补助数额；提供基本运行经费和乐器购置、设施改造经费，使剧团具备一定的艺术生产能力。通过加大剧目投入和场次补贴力度以及采购服务等方式促进其事业发展，扩大其艺术再生能力。要强化其公益属性，承担规定数量的免费或者低票价的公益性演出任务。探索将演出票务、舞台美术、剧场等能够市场化运作的业务部分剥离转制为企业。根据业务发展需要，调整人员结构，全面推行岗位设置管理、合同聘用和岗位绩效工资制度。按照“老人老办法、新人新办法”的原则，探索新进人员实行新的劳动合同聘用制，打破事业身份终身制。

（三）支持民营艺术表演团体发展

鼓励国内社会资本投资成立艺术表演团体，推动多种所有制艺术表演团体的发展。研究制定具体实施办法，落实文化部、财政部、人事部、国家税务总局联合印发的《关于鼓励发展民营文艺表演团体的意见》，从放宽市场准入、简化演出审批手续、加强创作演出指导、支持对外交流、加强人才培养和完善管理等方面支持民营艺术表演团体的发展。

（四）开展重点艺术表演团体评估

国家从创作演出补贴、购买服务、设施建设、人才培养、文化交流等方面加大对重点艺术表演团体的扶持。重点艺术表演团体不以单位的事业性质或者企业性质为衡量标准。实行事业体制的艺术表演团体、实行企业体制的艺术表演团体以及民营艺术表演团体，符合国家文化部门评估条件和标准的，都可以纳入重点艺术表演团体予以重点扶持。

三、深化文化事业单位改革

公共图书馆、博物馆、文化馆（站）、群众艺术馆、美术馆、承担公益性任务的艺术研究机构、文物保护考古科研管理机构、艺术学校、画院等单位，要按照增加投入、转换机制、增强活力、改善服务的要求，强化公益属性，完善法人治理结构，明确功能定位、职责任务。改革的重点是继续深化人事、分配制度改革，建立健全公益性文化事业单位正常运转的经费保障机制，建立健全公共文化服务绩效考核体系，规范经营行为。鼓励各地结合国家事业单位改革的要求，探索建立文化单位职工养老、医疗和失业保险等社会保障制度。

积极探索多种转企改制的模式，加快所属演出展览中介机构等单位转企改制步伐，着力建立现代企业制度，完善法人治理结构，建立资产经营责任制。鼓励有实力的文化企业以资产为纽带，整合资源，跨地区、跨行业兼并重组转企改制的经营性文化事业单位。争取2—3年内完成转制任务。

四、大力推进公共文化服务体系建设

坚持政府主导、社会参与的原则，构建结构合理、发展平衡、网络健全、运营有效、惠及全民的公共文化服务体系，保障人人享有基本公共文化服务，是文化体制改革的重要任务。当前工作的重点是，以大型公共文化设施为骨干，以社区和乡村基层文化设施为基础，加快建成国家、省、市、县（区）、乡镇（街道）、村（社区）6级覆盖城乡的公共文化服务设施网络。继续推进全国文化信息资源共享工程、送书下乡工程、流动舞台车工程，做好乡镇文化站内容建设工作，提高公共文化产品的生产供给能力。建立公共文化服务经费保障机制，保障县乡公共文化机构基本运转。支持和引导社会力量参与公共文化服务体系建设，探索“民办公助”的有效方式，对各类具有公益性功能的民办非营利文化机构予以扶持。正确处理政府和市场、社会的关系，创新公共文化服务方式，在确保政府承担公共文化服务主导责任的同时，注意发挥市场和社会在公共文化服务供给中的作用，积极引入竞争机制，通过政府采购、服务合同外包、志愿服务等多种形式，促进公共文化服务方式的多元化、社会化。

五、加快发展文化产业

以落实和完善国家文化产业政策为切入点，实施重大文化产业项目带动战略，推动文化产业发展。大力发展具有良好前景的网络文化、游戏、动漫、流媒体等新兴文化产业，运用高新技术改造提升传统文化产业，推动演艺、音像、娱乐、艺术品等传统文化产业的规模化、集约化发展。推进网络数字技术与文化的融合，创新文化生产和传播方式，培育新的文化业态。以改革创新的精神，办好重点文化产业博览交易会，使之成为文化产业信息交流、项目合作、产品交易的综合平台。依托文化产业网，打造国家文化产品和投融资项目服务交易平台。设立文化产业发展专项资金。落实《国务院关于非公有资本进入文化产业的若干决定》，支持非公有制文化企业的发展。健全完善培育大型骨干文化企业和扶持中小文化企业发展的财政税收政策。

构建统一、开放、竞争、有序的文化市场体系。发展演出、娱乐、美术品、网络文化、动漫游戏等文化产品及服务市场，推进票务、网吧连锁经营。完善产权、资本、信息、技术、人才等要素市场，充分利用国内外资本市场推进文化企业的国内上市进程，拓展文化产业投融资渠道。严格市场准入与退出机制，加强对进口网络文化、动漫游戏、演出、艺术品的内容审查。加快建设文化市场监管平台。积极推进文化市场综合执法改革，加快副省级城市和地市级以下相关部门执法力量的整合，提高执法队伍建设水平和市场监管的规范化、信息化水平。加强文化市场管理，保护知识产权，维护健康的文化市场秩序。

六、加强改革的组织实施

各级文化行政部门要在当地党委、政府的统一领导下，加强对文化系统体制改革工作的领导，主要负责同志要亲自抓，制定改革的具体规划，确定改革重点，明确工作进度，细化目标任务和实施步骤，把中央的要求转化为实实在在的工作措施和改革行动。文化部将制定直属事业单位改革方案，推动直属单位改革取得新的进展；并将会同中央宣传部制定指导艺术表演团体改革的意见，推进全国艺术表演团体改革工作。原有综合性试点地区文化行政部门要按照中央的要求，力争在2010年前全面完成文化系统的改革任务，其他省（区、市）要在试点的基础上向面上推开，力争取得重大进展。西藏自治区、新疆维吾尔自治区可以根据实际情况自行决定改革的步骤。要从改革的实践中总结经验，针对实际问题，提出对策建议，协助党委政府做好改革配套政策的完善工作，特别是完善经营性单位转企改制的激励保障政策，妥善解决转制单位改革成本、转制前后职工社会保障待遇不平衡等问题。要在思想上行动上同党中央的要求保持一致，精心组织改革方案的实施，及时总结和推广典型经验，加强对改革工作的督促检查，确保各项改革任务的完成，推动改革工作开创新局面。

社会保险和福利

国务院办公厅关于进一步做好国有企业下岗职工基本生活保障和企业离退休人员养老金发放工作有关问题的通知

（1999年2月3日　国办发〔1999〕10号）

各省、自治区、直辖市人民政府，国务院各部委、各直属机构：

在党中央、国务院的正确领导下，各地区和有关部门认真贯彻《中共中央、国务院关于切实做好国有企业下岗职工基本生活保障和再就业工作的通知》（中发〔1998〕10号）精神，国有企业下岗职工基本生活保障和再就业工作普遍加强，绝大多数国有企业下岗职工进入企业再就业服务中心并得到基本生活保障；企业离退休人员养老金发放工作明显改进，绝大多数离退休人员按时足额领到养老金；基本养老保险行业统筹移交地方管理工作按期完成。这对保持社会稳定、促进企业改革和经济发展发挥了重要作用。在肯定前一段工作成绩的同时，要清醒认识到当前存在的主要问题：有关政策和资金尚未完全落实到位，少数下岗职工的基本生活没有得到保障，离退休人员养老金仍有少量拖欠，行业统筹移交地方管理后还存在一些突出问题需要解决。1999年，国有企业职工下岗和再就业压力将进一步增大，确定养老金按时足额发放和逐步补清以前拖欠的任务仍很艰巨。各地区和有关部门要认真贯彻党的十五大精神，进一步加大工作力度，加快建立社会保障体系，确保国有企业下岗职工的基本生活，确保企业离退休人员养老金的按时足额发放，为经济发展和社会稳定创造更为有利的条件。经国务院同意，现就有关问题通知如下：

一、继续做好国有企业下岗职工基本生活保障和再就业工作

（一）确保下岗职工的基本生活。要继续把国有企业下岗职工基本生活保障和再就业工作作为一件大事，切实抓紧抓好。这是深化企业改革的重要任务，也是保持社会稳定的重要措施。抓好这项工作，关键是要落实资金。要坚持实行企业、社会、财政各负担1/3的办法。中央企业由中央财政负担，地方企业由地方财政负担。各地财政一定要调整预算支出结构，优先、足额安排这项资金，企业、社会筹集不足的部分，财政要给予保证。财政确有困难的地方，中央财政通过转移支付的办法给予一定的支持。要切实加强资金的管理，保证专款专用，坚决杜绝挤占挪用资金等问题的发生。

（二）积极促进下岗职工的再就业。要进一步办好企业再就业服务中心，有针对性地开展职业培训和职业指导，引导下岗职工转变择业观念，提高下岗职工的再就业能力，帮助下岗职工尽快实现再就业。要加大劳动力市场建设和职业培训的资金投入，推动劳动力市场科学化、规范化和现代化建设，为下岗职工提供方便快捷的再就业服务。要认真落实国家有关税收和小额贷款等方面的优惠政策，鼓励和支持更多的下岗职工自谋职业和组织起来就业。要加强劳动保障监察和劳动力市场管理，防止乱收费，切实维护下岗职工的合法权益。

（三）加强下岗职工劳动合同管理。国有企业下岗职工都应当进入企业再就业服务中心，并严格按国家有关规定签订基本生活保障和再就业协议。下岗职工在企业再就业服务中心期间已实现再就业以及3年协议期满仍未再就业的，企业应当依法及时与其解除劳动合同。对不进企业再就业服务中心或进了企业再就业服务中心不签协议的下岗职工，不支付其基本生活费；3年期满后，企业也应当与其解除劳动合同。对已经与新工作单位有了半年以上事实劳动关系的企业职工，原企业应当及时与其解除劳动合同，新的用人单位应当依法与其签订劳动合同，建立新的劳动关系。对领取了工商执照并已从事半年以上个体劳动的企业职工，企业应当与其解除劳动合同。下岗职工已实现再就业的，原来的社

会保险缴费年限连续计算。企业解除下岗职工的劳动合同后，要依法妥善解决好与下岗职工的债权债务问题。

（四）进一步完善“三条保障线”制度。下岗职工通过企业再就业服务中心保障其基本生活，最长时间为3年；期满后仍未就业的，按规定领取失业保障金，最长时间为两年；享受失业保险两年后仍未就业的，按规定享受城市居民最低生活保障待遇。有关部门要认真做好“三条保障线”的衔接工作，切实保障下岗职工和失业人员的基本生活。要抓紧将失业保险覆盖范围扩大到城镇各种所有制的企事业单位及其职工，并加强失业保险费的征缴和管理，失业保险基金主要用于保障失业人员和下岗职工的基本生活。要进一步完善城市居民最低生活保障制度，充分发挥保障作用。要切实关心下岗职工生活，在企业再就业服务中心期间，下岗职工应享受本企业在住房、子女上学等方面的福利待遇。

二、切实做好企业离退休人员养老金发放工作

（一）确保养老金按时足额发放。要通过扩大覆盖面、提高收缴率、完善省级统筹制度等措施，确保养老金的按时足额发放。要切实把集体企业、外商投资企业、私营企业等非国有企业和城镇个体经济组织及其从业人员，纳入基本养老保险覆盖范围。要加大养老保险基金的收缴力度，财政、银行、税务、工商等部门要发挥各自的职能作用，予以大力协助和支持，力争在1999年内使收缴率达到90%以上。要按照《国务院关于实行企业职工基本养老保险省级统筹和行业统筹移交地方管理有关问题的通知》（国发〔1998〕28号）的规定，建立基本养老保险省级调剂金制度，逐步加大基金的调剂力度。要在确保按时足额发放的同时，逐步补发以前拖欠的养老金。

（二）坚决清理追缴企业欠费和回收挤占挪用基金。对目前企业欠缴的养老保险费，要坚决清理追缴，重点是有能力缴而不缴的欠费大户，清欠比例要达到50%以上。对于少数顶着不缴的，要按照有关规定对企业领导人和有关责任人作出处理，并予以新闻曝光。对被挤占挪用的养老保险基金，要在1999年底之前全部收回，并严肃查处违规违

纪案件。要继续加强社会保险基金管理，落实收支两条线管理办法，完善内部审计制度和社会监督机制，确保社会保险基金的安全与完整。

三、抓紧做好养老保险行业统筹移交地方管理后的有关工作

（一）尽快将行业统筹结余基金移交到位。原行业统筹主管部门要对结余基金进行认真的自查，摸清情况，对违反规定的，要及时纠正。在此基础上，由审计署牵头，财政部、劳动保障部参加，对行业统筹结余基金进行审计。在1999年4月底之前，要将原来存在中央部门社会保险经办机构的结余基金全部移交中央财政专户，将原来存在省以下社会保险经办机构的结余基金移交省级财政专户。应移交地方但个别行业已上调的资金，经审计署、劳动保障部和财政部核查确认后，要如数退还。

（二）妥善解决行业统筹移交前的养老金拖欠和移交后的基金收支缺口。煤炭、有色、中建等行业统筹移交前拖欠的养老金和移交后部分地区1998年9月至1998年12月的基金收支缺口，从行业统筹上缴中央财政专户的结余基金中予以一次性解决，具体由劳动保障部、财政部核拨。原行业统筹主管部门要继续负责，在劳动保障部、财政部的指导和帮助下，共同协商，妥善处理遗留问题。各地区要切实做好原行业统筹企业养老保险费的收缴和养老金的按时足额发放工作，坚决纠正对原行业统筹企业实行所谓“封闭运行”和资金自求平衡的做法。

（三）稳步调整原行业统筹企业缴纳基本养老保险费的比例。根据国发〔1998〕28号文件规定，煤炭、银行、民航企业缴纳基本养老保险费的比例5年调整到位，其他行业企业缴纳基本养老保险费的比例原则上3年调整到位。行业统筹移交后，企业缴纳基本养老保险费的比例调整，既要考虑地方的情况和企业的承受能力，又要考虑在收缴覆盖面扩大后养老保险费收取比例可以下降的情况，要按规定稳步进行，不能自行其是。各地区的调整方案须报劳动保障部，由劳动保障部会同财政部审批。

（四）核定原行业统筹项目。各地区和有关部门要按照《劳动保障

部、财政部关于核定原行业统筹项目的通知》（劳社部发〔1998〕22号）要求，组织对行业的基本养老保险统筹项目进行审核认定。经审核确认的统筹项目，从基本养老保险基金中支付；未经确认的项目由企业负担，从企业成本中列支。

四、坚决制止和纠正违反国家规定提前退休的行为

（一）对提前退休的情况进行清查处理。根据国家关于企业职工退休条件的规定，由各省、自治区、直辖市人民政府和有关行业主管部门负责，组织对1998年1月1日以后办理提前退休的情况进行认真清理，分别妥善处理：1999年底前达到国家规定退休年龄等条件的，已办理的退休手续有效，继续由社会保险经办机构支付养老金；1999年底仍未达到国家规定退休年龄等条件的，已办理的退休手续无效，由企业统筹安排，应当安排下岗的职工，要进入再就业服务中心，保障其基本生活。对违反国家规定办理退职和1998年1月1日前违反国家规定办理提前退休的，由各地区、各部门参照上述精神妥善处理。这项工作，要在1999年4月底前完成。

（二）加强企业职工退休审批工作的管理。男职工年满60岁、女干部年满55岁、女工人年满50岁退休的，仍由县级人民政府劳动保障部门审批；从事井下、高空、高温、特别繁重体力劳动或其他有害身体健康的工种，因病或非因工致残完全丧失劳动能力的企业职工退休，改由地级劳动保障部门审批；按照国家有关规定提前退休的，改由省级人民政府劳动保障部门审批。原行业统筹企业的职工退休，由省级人民政府劳动保障部门审批。各地区、各部门及各企业必须严格执行国家关于企业职工退休条件的规定。今后，凡是违反国家规定办理提前退休的企业，要追究有关领导人和当事人的责任，已办理提前退休的职工要清退回原企业。

（三）严格按国家规定核定提前退休人员的待遇。对因病或非因工致残退休的人员和按国家有关政策提前退休的人员，其养老金按有关规定适当减发。

做好国有企业下岗职工基本生活保障和再就业工作，确保企业离退

休人员养老金按时足额发放，关系企业改革、经济发展和社会稳定的大局，涉及企业职工和离退休人员的切身利益。各地区和有关部门务必高度重视，认真贯彻党中央、国务院的方针政策和工作部署，处理好改革、发展、稳定的关系，做到政策落实、资金落实、工作落实。要加强思想政治工作和政策宣传工作，把工作做深做细。要认真总结经验，推广好的典型，及时研究解决工作中出现的新情况、新问题。劳动保障部与国家经贸委、财政部等有关部门要密切配合，加大督促检查的力度，加强对地方工作的指导，共同把工作做好。

劳动和社会保障部　民政部　财政部关于做好国有企业下岗职工基本生活保障失业保险和城市居民最低生活保障制度衔接工作的通知

（1999年4月29日　劳社部发〔1999〕13号）

各省、自治区、直辖市和计划单列市劳动（劳动和社会保障）厅（局）、民政厅（局）、财政厅（局）：

国有企业下岗职工基本生活保障、失业保险、城市居民最低生活保障制度三条保障线，是目前条件下有中国特色社会保障制度的重要组成部分，对保障职工和城市居民基本生活，促进深化改革，保持社会稳定，具有十分重要的作用。为巩固和完善三条保障线，加强三条保障线的衔接，现就有关问题通知如下：

一、进一步巩固和完善三条保障线

各级劳动保障部门和财政部门要协调有关部门，认真落实国有企业下岗职工基本生活保障有关政策，指导国有企业再就业服务中心按照“三三制”原则，足额筹措基本生活保障资金，对进中心并按规定签订协议的下岗职工按时足额发放基本生活费，按规定缴纳养老、医疗、失业等社会保险费。要按照《失业保险条例》规定，将城镇所有企事业单位及其职工纳入失业保险覆盖范围，对符合领取条件的失业人员，按时足额发放失业保险金。各级民政部门要严格按照国务院《关于在全国建立城市居民最低生活保障制度的通知》（国发〔1997〕29号）要求，尽快建立和完善城市居民最低生活保障制度。未建立城市居民最低生活保障制度的地方，须在1999年10月底之前建立这项制度。要认真核定保障对象，把下岗职工、失业人员、退休人员和在职职工作为工作重点，采取切实措施把符合条件的贫困居民全部纳入最低生活保障范围，使其及时得到救济。中央直属企业困难职工家庭，符合当地城市居民最低生活保障条件的，要按照属地管理的原则纳入保障范围。各级财政部门要会同劳动保障、民政部门规范三条保障线资金申请和筹集工作的运作程序。对于国有企业下岗职工基本生活保障资金中应由财政承担的部分，要及时安排到位；应由企业和社会承担的部分，要督促其认真落实，确有困难的，由同级财政严格审查后予以保证。地方财政确有困难的，中央财政将通过转移支付的方式给予一定的支持。对国有企业下岗职工基本生活保障资金应由财政承担部分和城市居民最低生活保障所需资金，每年年底前由劳动保障、民政部门分别提出下一年度用款计划，报同级财政部门审核后列入财政预算，按规定程序拨付。

二、切实做好三条保障线的相互衔接

各地劳动保障、民政、财政部门要结合当地实际，按照互相衔接、拉开距离、分清层次、整体配套的原则，科学制定国有企业下岗职工基本生活保障标准、失业保险金标准和城市居民最低生活保障标准。失业保险金标准要低于基本生活保障标准，城市居民最低生活保障标准要低于失业保险金标准。国有企业下岗职工在再就业服务中心期满未实现再就业的，与企业解除劳动合同。原企业要及时为其出具相关证明，告知按照规定享受失业保险待遇的权利，并将失业人员名单自终止或解除劳动合同之日起7日内报失业保险经办机构。下岗职工应持相关证明，及时到指定的失业保险经办机构办理失业登记。失业保险经办机构对符合条件的失业人员，要按时足额发放失业保险金。失业人员享受失业保险待遇期满仍未实现再就业，需要申请城市居民最低生活保障金的，由失业保险经办机构提供有关证明，并将享受失业保险待遇期满人员名单提前1个月通报民政部门。民政部门要对此类人员进行专门登记，对符合条件者及时给予救济。对按省级人民政府规定建立了再就业服务中心的城镇集体企业下岗职工，实施基本生活保障、失业保险和城市居民最低生活保障时，参照上述办法执行。没有建立再就业服务中心的城镇集体企业的下岗职工，需要申请城市居民最低生活保障金的，由企业出具相关证明，向当地民政部门或职工所在街道办事处提出申请。下岗职工、失业人员、企业离退休人员和在职职工，在领取基本生活费、失业保险金、养老金、职工工资期间，家庭人均收入低于当地最低生活保障标准的，可以申请城市居民最低生活保障金。各地劳动保障部门要定期将本地国有企业下岗职工基本生活费、失业保险金、离退休人员养老金的发放情况通报同级民政部门。民政部门要将本地职工家庭享受城市居民最低生活保障的情况，以及因未按时足额领取工资（最低工资）、基本生活费、失业保险金或养老金而造成家庭人均收入低于当地城市居民最低生活保障标准的情况，及时反馈给劳动保障和财政部门。

三、建立健全财务规章制度，加强资金管理和监督

国有企业下岗职工基本生活保障资金要纳入财政专户，实行专项管理，专款专用，严禁挤占、挪用，严禁用于再就业服务中心管理费开支，保证资金真正用于国有企业下岗职工基本生活保障工作；失业保险基金要纳入单独的社会保障基金财政专户，实行收支两条线管理，保证基金专款专用；城市居民最低生活保障资金要纳入财政社会救济专项资金支出科目，专账管理，专款专用。各级劳动保障、民政和财政部门要认真贯彻执行党中央、国务院及有关部门制定的财政、财务法规，建立健全财务规章制度，切实加强国有企业下岗职工基本生活保障、失业保险和城市居民最低生活保障资金的管理和监督检查工作。发现问题要立即纠正，及时解决，对违规违纪问题要追究有关单位和当事人的责任，情节严重的，要移交司法机关处理。

四、加强领导，精心组织，确保落实

各级劳动保障、民政和财政部门要在当地党委、政府的统一领导下，把做好三条保障线的衔接工作作为今年的工作重点，精心组织，并结合本地实际情况，制定具体实施意见，认真组织落实。要加大对国有企业下岗职工基本生活保障、失业保险和城市居民最低生活保障制度的政策宣传力度，将政策宣传到企业、街道，宣传到下岗职工、离退休人员和失业人员中去。对工作中出现的新情况、新问题，要及时沟通，协商研究解决，共同做好困难职工的生活保障工作，促进社会的稳定。

国务院办公厅关于继续做好确保国有企业下岗职工基本生活和企业离退休人员养老金发放工作的通知

（2000年2月3日　国办发〔2000〕9号）

各省、自治区、直辖市人民政府，国务院各部委、各直属机构：

根据党的十五届四中全会和1999年中央经济工作会议精神，今年要继续做好确保国有企业下岗职工基本生活和企业离退休人员基本养老金按时足额发放（以下简称：两个确保）工作，积极促进下岗职工再就业，解决好当前工作中的突出问题。同时积极创造条件，建立健全完善的社会保障体系。现就有关问题通知如下：

一、切实加强对两个确保工作的领导。要继续把两个确保作为当前维护社会稳定、促进改革和发展的头等大事，抓紧抓好，坚持实行党政"一把手"负责制，层层落实目标责任。要认真落实党中央、国务院关于两个确保的一系列方针、政策，切实调整财政支出结构，增加对社会保障的资金投入，优先足额安排两个确保资金，不留缺口，保证专款专用。社会保险基金必须实行收支两条线管理，并加强对资金的管理和监督。各地要加大对以前挤占挪用的社会保险基金的收回力度，对新发生的挤占挪用案件要从严处理。

二、确保国有企业下岗职工基本生活。要继续完善各项政策措施，按照"三三制"原则筹集资金。企业自筹和社会筹集不足的部分，财政要予以保证。对资金确有困难的地区，中央财政将继续通过专项转移支付的方式给予一定的支持，但要与地方财政的实际投入及各地下岗职工基本生活保障的工作实绩挂钩。各地要将中央企业下岗职工基本生活保障和再就业工作纳入地方总体安排，及时调剂社会筹集的资金。要认真贯彻《失业保险条例》和《城市居民最低生活保障条例》，做好下岗职工基本生活保障、失业保险和城镇居民最低生活保障三条社会保障线的衔接工作，确保下岗职工基本生活费和城镇居民最低生活保障金按时足额发放。企业再就业服务中心要及时代下岗职工缴纳养老、失业、医疗等社会保险费。对于在企业再就业服务中心协议期满仍未实现再就业的下岗职工，要妥善处理他们的劳动关系，并按规定及时向他们发放失业保险金。要进一步完善失业保险制度，加强失业保险费的征缴，提高基金的承受能力。在享受失业保险待遇期满后仍未实现再就业的失业人员，由民政部门按规定提供最低生活保障。

三、确保企业离退休人员基本养老金按时足额发放。各地要通过加强基本养老保险费征缴、调用基金结余、加大省级调剂力度、财政预算补助、社会筹集等措施，保证资金落实到位，确保基本养老金按时足额发放，不得产生新的拖欠。原行业统筹企业漏报拖欠的基本养老金，经国务院有关部门核实后，由中央财政予以补发。在中央财政对地方企业历史拖欠的基本养老金给予补助之后，各地新提出的漏报少报拖欠的基本养老金，由各地负责逐步予以补发。各地要积极推进养老保险社会化服务管理，从现在起，不得再实行基本养老保险费差额缴拨的结算方式，要认真核定企业工资总额，按规定比例全额征缴。到 2000 年底，80% 左右的企业离退休人员要实现基本养老金由社会服务机构发放，其中沿海经济发达地区、中心城市应全部实现社会化发放。要进一步完善社区服务功能，积极开展企业退休人员由社区管理的试点，总结经验，逐步推开。

四、大力促进下岗职工再就业。各地要积极发展第三产业，扶持中小企业，把发展劳动密集型和技术密集型产业结合起来，创造更多的就业机会。地方各级人民政府和有关部门要加强督促检查，保证各项再就业优惠政策落实到位。失业人员再就业可以享受下岗职工再就业的优惠政策。鼓励和引导有条件的企业实现主辅分离、转岗分流，创办独立核算、自负盈亏的经济实体，安置富余人员。要加强下岗职工再就业培训，落实培训资金，资金投入要与培训规模和再就业率挂钩，增强培训的针对性和实用性，提高培训的效果，力争使再就业人数多于新增下岗职工人数。对年龄较大、再就业困难的下岗职工，可根据实际情况实行灵活的照顾政策。要逐步建立市场导向的就业机制，将劳动力市场建设纳入本地区国民经济和社会发展计划，落实资金，加快劳动力市场的科学化、规范化、现代化建设，逐步形成社会化的就业服务网络。要建立健全劳动力市场管理的规章制度，加强对职业中介机构的管理，严厉查处各种违法违纪行为，规范市场秩序。

五、努力做好社会保险扩面征缴工作。各地要按照《社会保险费征缴暂行条例》的规定，积极扩大社会保险覆盖范围，重点做好外商投资企业、港澳台投资企业、集体企业、城镇私营企业及事业单位参加社会保险的工作。对转制企业职工和分流人员的社会保险关系，要及时予以接续。所有应参加社会保险的单位都要按规定及时足额缴纳养老、失业、医疗保险费，对拒缴、瞒报少缴的要依法处理。对企业过去欠缴的社会保险费，要采取法律、行政、舆论监督等措施，加大追缴力度。审计机关要适时组织对重点欠费企业的专项审计。

各地要在继续巩固两个确保的同时，积极创造条件，建立健全独立于企业之外、资金来源多渠道、管理服务社会化的社会保障体系。沿海经济发达地区和具备条件的大城市，可以根据本地实际，开展建立市场导向就业机制的试点工作。试点地区要按照积极主动、稳妥慎重、确保社会稳定的原则，切实做好制度的衔接和过渡工作，具体实施步骤由地方决定。地方各级人民政府和有关部门要把继续巩固两个确保作为今年劳动保障工作的重点，加强调查研究和统计分析工作，如实反映情况。对群众反映的突出问题，必须高度重视，及时研究解决。对问题比较集中的地区、行业和企业，要实施重点监控。涉及全局的重大问题及突发事件，要妥善处理并及时报告。

国务院关于切实做好企业离退休人员基本养老金按时足额发放和国有企业下岗职工基本生活保障工作的通知

（2000 年 5 月 28 日　国发〔2000〕8 号）

各省、自治区、直辖市人民政府，国务院各部委、各直属机构：

今年以来，各地继续把确保企业离退休人员基本养老金按时足额发放和国有企业下岗职工基本生活（以下简称：两个确保）作为一件大事来抓，为维护社会稳定、促进企业改革和经济发展发挥了重要作用。但目前仍有一些地区未能完全做到两个确保，企业离退休人员基本养老金发放出现了新的拖欠，部分国有企业下岗职工未能足额领到基本生活费，个别地方还由此产生了不稳定因素。针对这些问题，为进一步做好两个确保工作，现就有关问题通知如下：

一、切实加强领导，增强做好两个确保工作的政治责任感。各级人民政府要坚决贯彻落实党中央、国务院制定的有关方针、政策，一把手要直接负责，经常了解两个确保工作情况，认真研究解决工作中的困难和问题。各级劳动保障、经贸、财政、民政等有关部门要密切配合，建立工作协商制度，加强工作交流和协调。企业领导班子要关心职工特别是离退休人员和下岗失业人员的生活，认真履行及时足额缴纳社会保险费的义务。要重视做好两个确保的宣传工作，发挥舆论和社会监督作用。对今年新发生拖欠的离退休人员基本养老金和未按规定发放的下岗职工基本生活费以及代缴的社会保险费，各地要尽快予以补发和补缴；对今后因工作不力而再度发生此类问题的地区，要在全国范围内予以通报批评，并追究当地政府领导的责任。

二、积极筹措资金，确保不发生新的拖欠。各地要切实调整财政支出结构，提高财政预算中社会保障性支出的比例；各级财政预算安排的社会保障资金，要及时足额拨付，并比上年有所增加，财政超收的部分除用于法定支出外，应主要用于充实社会保障基金。对今年各项社会保障资金的收缴情况和各级财政预算安排社会保障资金的情况，各地要进行一次全面认真的检查，凡是资金安排不到位的，都应通过调整支出结构加以补充，以确保基本养老金发放和下岗职工基本生活保障资金不留缺口，省级人民政府要切实负起责任。对于财政确有困难的中西部地区和老工业基地的资金缺口，经劳动保障部、财政部核实后，由中央财政给予补助，但补助要与各地两个确保工作实绩挂钩，对未达到工作要求的地区要酌情扣减补助数额。对财政承受能力较强、基金结余较多地区当期发放出现的资金缺口，要采取积极措施，动用社会保险基金历年结余和通过增加财政投入解决，中央财政不予补助。

三、进一步扩大社会保险覆盖范围，加强社会保险费征缴工作。今年内，各地要积极扩大社会保险覆盖面，将外商投资企业、港澳台商投资企业、集体企业、城镇私营企业及事业单位，按规定全部纳入覆盖范围。对于尚未参加社会保险统筹的农垦、森工等企业，有关部门要研究制定相应政策，保障其离退休人员和下岗职工的基本生活。城镇集体企业已参加社会保险的离退休人员和下岗职工，按规定享受社会保险待遇；未参加社会保险而又停产多年的，其退休人员和下岗职工直接纳入城市居民最低生活保障范围，按规定享受最低生活保障待遇。对转制和被兼并企业的职工，社会保险经办机构要及时为其接续社会保险关系。对破产企业和与原单位解除劳动关系的职工，重新就业后由用人单位和个人按规定继续缴纳社会保险费。参加社会保险的单位和职工要按规定及时足额缴纳社会保险费，对拒缴、瞒报、少缴的要依法处理。社会保险经办机构和承担社会保险费征缴工作的税务部门，要加强征缴工作的力度，依法做到应收尽收。对企业欠缴的社会保险费，要加大清理追缴力度，尽快回收。要严格实行社会保险基金收支两条线管理，保证专款专用，严禁发生新的挤占挪用，对已被挤占挪用的基金要尽快收回。审计机关要加强对社会保险基金和重点欠费企业的专项审计，对故意欠缴社会保险费和违规动用社会保险基金的单位和个人要依法追究责任，并向社会曝光。

四、确保企业离退休人员基本养老金按时足额发放，加快实现管理服务的社会化。各地要通过加强基本养老保险费征缴、财政补助等措施，确保基本养老金按时足额发放。目前仍实行基本养老保险费差额缴拨的地区，要在今年9月底前改为全额缴拨。各地不得实行行业间的封闭运行，对尚未完全实行基本养老保险省级统筹的地区，在明确保证发放责任的同时，要加大基金调剂力度，对当期发放确有困难的地区要及时实施基金调剂。对基本养老金计发标准要认真进行清理，凡属国家规定统筹项目内的基本养老金，必须保证足额发放；统筹项目外的，应由企业根据效益情况自行确定。实行基本养老金社会化发放是确保按时足额发放、减轻企业负担的重要手段，也是建立独立于企业之外的社会保障体系的必要条件。各地要制定基本养老金社会化发放的工作方案和实施计划，力争在今年年底前基本实现由社会保险经办机构发放或委托银行、邮局等社会服务机构发放基本养老金的目标。要充分发挥街道办事处、居委会和社区服务组织的作用，为将退休人员纳入社区管理提供服务。

五、确保国有企业下岗职工基本生活，大力促进下岗职工再就业。各地要坚持按照“三三制”的原则筹集资金，凡是有支付能力的企业和社会保险经办机构，必须保证资金到位，对困难企业自筹和社会筹集不足的部分，经劳动保障部门和财政部门审核后，由财政给予保证，以确保国有企业下岗职工基本生活费的发放。对于在企业再就业服务中心协议期满仍未实现再就业的下岗职工，要按规定终止或解除劳动合同，并按规定享受失业保险，失业保险到期仍未实现再就业的，由民政部门按规定提供最低生活保障。要加快建立市场导向的就业机制，实现国有企业下岗职工由再就业服务中心保障基本生活向失业保险和市场就业的转变。要拓展就业门路，大力扶持劳动密集型产业，支持社区服务业和中小企业的发展，组织下岗职工从事植树种草、环境保护和社区服务等工作，努力实现再就业人数大于新增下岗人数。各级财政要积极安排资金，支持劳动力市场建设和再就业培训工作。要加强督促检查，切实落实信贷、税收、经营场地等各项优惠政策，鼓励和支持更多的下岗职工自谋职业和组织起来就业。

六、进一步完善城市居民最低生活保障制度。凡家庭人均收入低于当地最低生活保障标准的城市居民，都要纳入最低生活保障范围，实行最低生活保障。要根据当地居民生活水平和财政承受能力，合理确定最低生活保障标准，既要保障贫困居民的基本生活，又要有利于促进下岗和失业人员再就业。要准确核实保障对象的收入水平，规范申请、评审和资金发放的程序，严格审查，张榜公布，接受监督，做到公开、公平、公正。民政部门要加强工作指导和管理，各级财政要积极支持完善城市居民最低生活保障制度工作，努力增加投入，确保资金到位，对财政确有困难的地区，中央财政酌情给予支持。

七、加强基础管理，转变工作作风。各级劳动保障、民政部门和社会保险经办机构，要进一步加快信息管理系统建设，建立健全离退休人员、下岗职工和享受最低生活保障人员的数据库等社会保障技术支持系统，切实解决社会保障工作中存在的底数不清、数据不实等问题，各级财政要对这项工作提供必要的经费支持。要加强社会保险经办机构、社区服务组织的队伍和基础设施建设，改善工作条件，努力提高服务质量。要切实转变工作作风，坚持深入基层、深入实际，及时了解企业下岗职工、离退休人员和困难群体的意见和要求。对社会保障体系建设中出现的新情况、新问题，要加强调查研究，严格检查有关政策的落实情况，对群众反映的突出困难和问题，要及时解决并向上级有关部门报告。

两个确保和城市居民最低生活保障工作，关系到广大职工特别是离退休人员、下岗职工和城市生活困难人员的切身利益。各地要按照本通知的要求，认真做好组织实施工作，加强督促检查，切实将各项政策措施落实到位，为改革、发展、稳定做出更大贡献。

人力资源和社会保障部　财政部　国有资产监督管理委员会　监察部　关于妥善解决关闭破产国有企业退休人员等医疗保障有关问题的通知

（2009年5月27日　人社部发〔2009〕52号）

各省、自治区、直辖市人力资源社会保障（劳动保障）厅（局）、财政厅（局）、国资委、监察厅（局），新疆生产建设兵团劳动保障局、财务局、国资委、监察局，安徽、福建、贵州省经贸委（经委）：

党中央、国务院高度重视关闭破产企业退休人员医疗保障问题，地方各级党委政府积极采取各种措施，做了大量工作，取得了积极的成效。为贯彻《中共中央、国务院关于深化医药卫生体制改革的意见》（中发〔2009〕6号）精神、落实《国务院关于印发医药卫生体制改革近期重点实施方案（2009—2011年）的通知》（国发〔2009〕12号）要求，在妥善解决地方政策性关闭破产国有企业退休人员参保问题的基础上，彻底解决其他关闭破产企业退休人员参保等问题，经国务院同意，现就有关问题通知如下：

一、各地要认真按照中发〔2009〕6号和国发〔2009〕12号文件要求，采取切实有效措施，于2009年年底前将未参保的关闭破产国有企业退休人员纳入当地城镇职工基本医疗保险。同时，统筹解决包括关闭破产集体企业退休人员和困难企业职工等在内的其他各类城镇人员医疗保障问题，切实保障他们的基本医疗需求。

二、各地要通过多渠道筹资的办法，妥善解决关闭破产国有企业退休人员参加城镇职工基本医疗保险所需资金。在企业实施关闭破产时，要按照《企业破产法》相关规定，通过企业破产财产偿付退休人员参保所需费用。企业破产财产不足偿付的，可以通过未列入破产财产的土地出让所得、财政补助、医疗保险基金结余调剂等多渠道筹资解决。省级政府对困难市、县应给予帮助和支持。地方各级政府安排用于帮助解决关闭破产企业退休人员参保的补助资金，可分年到位。对地方依法破产国有企业退休人员参加城镇职工基本医疗保险，中央财政按照“奖补结合”原则给予一次性补助。今后，各地要严格执行《企业破产法》等法律法规，妥善解决关闭破产企业退休人员参保所需资金，中央财政不再给予补助。

三、各地要认真落实《国务院办公厅转发国家经贸委等部门关于解决国有困难企业和关闭破产企业职工基本生活问题若干意见的通知》（国办发〔2003〕2 号），将中央和中央下放地方政策性关闭破产国有企业退休人员及其参保所筹集资金纳入属地城镇职工基本医疗保险体系统一管理，不得单独管理、封闭运行。退休人员基本医疗待遇与原所属企业（或企业集团）脱钩，统筹地区应按规定确保退休人员享受当地城镇职工基本医疗保险的相关待遇。中央财政在按国办发〔2003〕2 号文件规定安排补助的基础上，对中央和中央下放地方政策性关闭破产国有企业退休人员参加城镇职工基本医疗保险，给予一次性补助。

四、各地要制定具体的实施办法，切实将目前尚未参保的、关闭破产集体企业等其他各类关闭破产企业退休人员和困难企业职工纳入城镇职工基本医疗保险。中央财政对此项工作做得好的地区，通过以奖代补的方式给予一次性补助。对确有困难、难以参加城镇职工基本医疗保险的，经省级人民政府批准纳入城镇居民基本医疗保险，中央财政按照城镇居民基本医疗保险有关规定给予补助。省级人民政府要明确参加城镇居民基本医疗保险企业的具体标准和审批程序，省级人力资源社会保障等部门要认真按照规定严格组织实施，防止有缴费能力的企业逃避参加城镇职工基本医疗保险的缴费责任，损害退休人员和职工权益。到2010 年年底前，基本解决所有关闭破产企业退休人员和困难企业职工的参保问题。

五、各地要加快城镇职工基本医疗保险和城镇居民基本医疗保险的扩面进度，确保实现到 2011 年年底城镇职工基本医疗保险、城镇居民基本医疗保险参保率均达到 90% 以上的目标。要继续贯彻落实《国务院关于建立城镇职工基本医疗保险制度的决定》（国发〔1998〕44 号）

及其他相关文件精神，大力推进解决城镇非公有制经济组织从业人员、灵活就业人员、就业困难人员参保问题，将本行政区域内各类机关事业单位和企业单位及其职工全部纳入属地城镇职工基本医疗保险。同时，要按照《人力资源社会保障部、财政部关于全面开展城镇居民基本医疗保险工作的通知》（人社部发〔2009〕35 号）要求，全面推开城镇居民基本医疗保险制度，切实将城镇非就业居民纳入城镇居民基本医疗保险。中央财政将根据各地实际参保率，与各类关闭破产企业退休人员和困难企业职工参保情况一并进行考核，通过以奖代补给予补助。

六、各地要认真履行职责，切实抓好贯彻落实。各省、自治区、直辖市人民政府要切实承担责任，进一步明确政策，制定周密详尽、切实可行的工作方案，切实加大对统筹地区的工作指导力度，确保专款专用和工作目标的实现。为强化工作责任，明确工作要求，人力资源社会保障部、财政部、国务院国资委、监察部将与各省、自治区、直辖市人民政府签订工作目标协议书。各统筹地区人民政府要精心组织，制定具体实施计划，确保按期完成工作任务。地方各级政府要积极调整支出结构，努力通过多渠道方式筹措所需资金，确保资金到位。到 2011 年年底，东、中、西部省份解决关闭破产国有企业退休人员参保问题地方政府所需筹集资金到位率要分别达到 50%、40% 和 30%。地方各级政府在分配上级和本级财政补助资金时，要对关闭破产企业退休人员和困难企业职工参保任务重、财力困难的地区给予倾斜。各省、自治区、直辖市人民政府要发挥监督和协调作用，督促落实各项政策。中央有关部门将对各地落实本通知的情况适时进行督查。

最高人民法院关于实行社会保险的企业破产后各种社会保险统筹费用应缴纳至何时的批复

（1996年11月22日　法复〔1996〕17号）

四川省高级人民法院：

你院川高法〔1995〕167号《关于实行社会保险的企业破产后，各种社会保险统筹费用应缴纳至何时的请示》已收悉。经研究，现答复如下：

参加社会保险的企业破产的，欠缴的社会保险统筹费用应当缴纳至人民法院裁定宣告破产之日。

此复。

人事部　劳动和社会保障部关于实行企业化管理的事业单位参加企业基本养老保险统筹后职工退休待遇问题的复函

（2002年6月10日　人函〔2002〕67号）

四川省人事厅、劳动和社会保障厅：

你们报来的《关于转报攀枝花市人事局、劳动和社会保障局〈关于对国务院办公厅国办发〔2001〕14号文中几个具体问题的请示〉的请示》（川人〔2002〕21号）收悉。经研究，现函复如下：

根据1997年国务院《关于建立统一的企业职工基本养老保险制度的决定》（国发〔1997〕26号）和1999年国务院颁布的《社会保险费征缴暂行条例》（国务院第259号令）的有关规定，实行企业化管理的事业单位，原则上按照企业的养老保险制度执行。已参加企业职工基本养老保险统筹的企业化管理的事业单位，其退休人员应按照企业职工基本养老保险办法计发基本养老金，并执行企业退休人员基本养老金调整政策，不再执行事业单位退休人员退休费调整政策。

这一政策规定涉及到部分退休人员的切身利益，希望你们做好思想政治工作和政策解释工作，以有利于维护改革、发展和稳定的大局。

劳动和社会保障部　人事部　财政部　科学技术部　建设部关于转制科研机构和工程勘察设计单位转制前离退休人员待遇调整等问题的通知

（2002年2月6日　劳社部发〔2002〕5号）

有关省、自治区、直辖市劳动和社会保障、人事、财政、科技、建设厅（局）：

经国务院批准，现就国家经贸委所属的原10个国家局管理的242个科研机构、中央所属的178家工程勘察设计单位以及建设部等11个部门（单位）所属的134个科研机构（以下简称转制单位）转制前离退休人员离退休待遇调整等问题通知如下：

一、有正常事业费的转制单位，转制前离退休人员不再执行企业离退休人员基本养老金调整办法，社会保险经办机构只负责发放接收时按规定标准核定的基本养老金，以后不再增加。从2001年开始，其离退休待遇调整纳入国家统一的事业单位离退休费调整范围，由财政部门按统一的补助标准和现有经费渠道安排所需资金，并由离退休人员原单位负责发放。2001年地方已经按企业办法为转制前离退休人员增加的基本养老金，由社会保险经办机构扣回。

二、没有正常事业费的转制单位，转制前离退休人员按规定标准核定的基本养老金继续由社会保险经办机构发放。基本养老金调整按企业的办法执行，所需费用从基本养老保险统筹基金中支付。国家统一出台事业单位离退休费调整政策时，转制前离退休人员按企业办法增加的基本养老金与按事业单位办法增加的离退休费的差额部分，由原单位视经济情况自筹资金解决，并做好在职职工和离退休人员的稳定工作。

三、中央所属的178家工程勘察设计单位以及建设部等11个部门（单位）所属的134个科研机构在职职工，可参照《国务院办公厅转发人事部、财政部关于调整机关事业单位工作人员工资和增加离退休人员离退休费四个实施方案的通知》（国办发〔2001〕14 号）的规定，调整在职职工工资，并纳入社会保险的缴费基数。调整工资所需资金，有正常事业费的转制单位由财政部门按同类事业单位的调资政策和现行资金渠道予以补助，没有正常事业费的转制单位自筹资金解决。此后，这些单位在职职工调整工资按企业工资政策执行。

四、本通知下发后，《国务院办公厅转发建设部等部门关于中央所属工程勘察设计单位体制改革实施方案的通知》（国办发〔2000〕71 号）、《关于国家经贸委管理的 10 个国家局所属科研机构转制后有关养老保险问题的通知》（劳社部发〔2000〕2 号）、《关于印发建设部等 11 个部门（单位）所属 134 个科研机构转制方案的通知》（国科发政字〔2000〕300 号）中的有关规定与本通知不一致的，按本通知规定调整，其他政策规定继续执行。

劳动和社会保障部　国家经济贸易委员会 科学技术部　财政部关于国家经贸委管理的10个国家局所属科研机构转制后有关养老保险问题的通知

（2000年1月12日　劳社部发〔2000〕2号）

有关省、自治区、直辖市劳动（劳动和社会保障）厅（局）、经贸委（经委、计经委）、科委、财政厅（局）：

按照《国务院办公厅转发科技部等部门关于国家经贸委管理的10个国家局所属科研机构管理体制改革意见的通知》（国办发〔1999〕18号）和科技部等12个部门《关于印发〈关于国家经贸委管理的10个国家局所属科研机构管理体制改革的实施意见〉的通知》（国科发政字〔1999〕143号）的规定，科研机构转制后实行企业职工基本养老保险制度。为做好这些单位职工参加基本养老保险统筹和离退休人员的养老金发放工作，根据《研究国家经贸委管理的10个国家局所属242个科研机构转制过程中有关问题的会议纪要》（国阅〔1999〕47号）要求，现就有关问题通知如下：

一、基本养老保险费的缴纳

转制的科研机构从1999年7月1日起，单位和个人按当地人民政府规定的比例，分别以1999年7月的工资总额和个人缴费工资为基数缴纳基本养老保险费，建立基本养老保险个人账户。1999年7月1日前的连续工龄视同缴费年限，不再补缴养老保险费。

二、养老保险待遇的支付

（一）转制前已经离退休的人员，原离退休费待遇标准不变。对有事业费的单位，社会保险经办机构按所在城市1999年7月企业人均养老金标准支付离退休人员养老金，与原待遇标准的差额部分由原单位用事业费或自有资金支付；没有事业费的单位，由社会保险经办机构按国家规定的事业单位离退休费标准支付养老金。离退休人员的基本养老金调整按企业的办法执行，所需费用从基本养老保险统筹基金中支付。

（二）转制前参加工作、转制后退休的人员，基本养老金计发按照企业的办法执行。为保证离退休人员待遇水平平稳衔接，在5年过渡期内，按照企业基本养老金计发办法计发的养老金，如低于按原事业单位退休金计发办法计发的养老金，其差额部分（以下称待遇差），采用加发补贴的办法解决，所需费用从基本养老保险统筹基金中支付。其中，1999年7月1日后退休的，发给待遇差的90%；2000年7月1日后退休的，发给待遇差的70%；2001年7月1日后退休的，发给待遇差的50%；2002年7月1日后退休的，发给待遇差的30%；2003年7月1日后退休的，发给待遇差的10%；2004年7月1日后退休的，不再发给该项补贴。有条件的单位可建立补充养老保险。过渡期内退休的人员，核定补贴标准时，企业平均基本养老金按所在城市1999年7月的标准计算；事业单位离退休金以1999年7月本人缴费工资为基数计算，一次核定后不再变动。

（三）转制后参加工作的人员，按照规定执行当地企业职工基本养老保险制度。

三、组织实施及管理

（一）科研机构转制后的养老保险工作，政策性强，涉及面广，有关省、自治区、直辖市劳动保障、经贸委、科委、财政等部门，要在当地政府的领导下，认真贯彻落实国家有关政策规定，密切配合，加强协调，使转制科研机构参加养老保险统筹的工作平稳过渡，保证改革的顺利实施。

（二）各地社会保险经办机构，要加强基础管理，认真核定单位和个人缴费工资基数，尽快为转制单位职工建立基本养老保险个人账户；要实行全额收缴的基金结算方式，及时拨付应由基本养老保险统筹基金支付的养老金并实行社会化发放。

（三）转制科研机构应按照有关法律、法规的规定，按时进行养老保险登记、申报和缴费；要高度重视并保证科技人员退休后应有的生活待遇，按时足额支付应由单位支付的离退休人员离退休费，不得发生拖欠。

（四）已经参加了基本养老保险社会统筹的转制科研机构，继续执行当地政府的有关规定，原来实行的基本养老保险费缴纳和基本养老金支付办法不再改变。

改制中的民主程序与权益保护

中华人民共和国工会法

（1992年4月3日第七届全国人民代表大会第五次会议通过 根据2001年10月27日第九届全国人民代表大会常务委员会第二十四次会议《关于修改〈中华人民共和国工会法〉的决定》第一次修正 根据2009年8月27日第十一届全国人民代表大会常务委员会第十次会议《全国人民代表大会常务委员会关于修改部分法律的决定》第二次修正）

第一章 总 则

第一条 为保障工会在国家政治、经济和社会生活中的地位，确定工会的权利与义务，发挥工会在社会主义现代化建设事业中的作用，根据宪法，制定本法。

第二条 工会是职工自愿结合的工人阶级的群众组织。

中华全国总工会及其各工会组织代表职工的利益，依法维护职工的合法权益。

第三条 在中国境内的企业、事业单位、机关中以工资收入为主要生活来源的体力劳动者和脑力劳动者，不分民族、种族、性别、职业、宗教信仰、教育程度，都有依法参加和组织工会的权利。任何组织和个人不得阻挠和限制。

第四条 工会必须遵守和维护宪法，以宪法为根本的活动准则，以建设为中心，坚持社会主义道路、坚持人民民主专政、坚持中国共产党的领导、坚持马克思列宁主义毛泽东思想邓小平理论，坚持改革开放，依照工会章程独立自主地开展工作。

工会会员全国代表大会制定或者修改《中国工会章程》，章程不得与宪法和法律相抵触。

国家保护工会的合法权益不受侵犯。

第五条 工会组织和教育职工依照宪法和法律的规定行使民主权利，发挥国家主人翁的作用，通过各种途径和形式，参与管理国家事务、管理经济和文化事业、管理社会事务；协助人民政府开展工作，维护工人阶级领导的、以工农联盟为基础的人民民主专政的社会主义国家政权。

第六条 维护职工合法权益是工会的基本职责。工会在维护全国人民总体利益的同时，代表和维护职工的合法权益。

工会通过平等协商和集体合同制度，协调劳动关系，维护企业职工劳动权益。

工会依照法律规定通过职工代表大会或者其他形式，组织职工参与本单位的民主决策、民主管理和民主监督。

工会必须密切联系职工，听取和反映职工的意见和要求，关心职工的生活，帮助职工解决困难，全心全意为职工服务。

第七条 工会动员和组织职工积极参加经济建设，努力完成生产任务和工作任务。教育职工不断提高思想道德、技术业务和科学文化素质，建设有理想、有道德、有文化、有纪律的职工队伍。

第八条 中华全国总工会根据独立、平等、互相尊重、互不干涉内部事务的原则，加强同各国工会组织的友好合作关系。

第二章　工会组织

第九条 工会各级组织按照民主集中制原则建立。

各级工会委员会由会员大会或者会员代表大会民主选举产生。企业主要负责人的近亲属不得作为本企业基层工会委员会成员的人选。

各级工会委员会向同级会员大会或者会员代表大会负责并报告工作，接受其监督。

工会会员大会或者会员代表大会有权撤换或者罢免其所选举的代表或者工会委员会组成人员。

上级工会组织领导下级工会组织。

第十条 企业、事业单位、机关有会员二十五人以上的，应当建立基层工会委员会；不足二十五人的，可以单独建立基层工会委员会，也可以由两个以上单位的会员联合建立基层工会委员会，也可以选举组织员一人，组织会员开展活动。女职工人数较多的，可以建立工会女职工委员会，在同级工会领导下开展工作；女职工人数较少的，可以在工会委员会中设女职工委员。

企业职工较多的乡镇、城市街道，可以建立基层工会的联合会。

县级以上地方建立地方各级总工会。

同一行业或者性质相近的几个行业，可以根据需要建立全国的或者地方的产业工会。

全国建立统一的中华全国总工会。

第十一条 基层工会、地方各级总工会、全国或者地方产业工会组织的建立，必须报上一级工会批准。

上级工会可以派员帮助和指导企业职工组建工会，任何单位和个人不得阻挠。

第十二条 任何组织和个人不得随意撤销、合并工会组织。

基层工会所在的企业终止或者所在的事业单位、机关被撤销，该工会组织相应撤销，并报告上一级工会。

依前款规定被撤销的工会，其会员的会籍可以继续保留，具体管理办法由中华全国总工会制定。

第十三条 职工二百人以上的企业、事业单位的工会，可以设专职工会主席。工会专职工作人员的人数由工会与企业、事业单位协商确定。

第十四条 中华全国总工会、地方总工会、产业工会具有社会团体法人资格。

基层工会组织具备民法通则规定的法人条件的，依法取得社会团体法人资格。

第十五条 基层工会委员会每届任期三年或者五年。各级地方总工会委员会和产业工会委员会每届任期五年。

第十六条 基层工会委员会定期召开会员大会或者会员代表大会，讨论决定工会工作的重大问题。经基层工会委员会或者三分之一以上的工会会员提议，可以临时召开会员大会或者会员代表大会。

第十七条 工会主席、副主席任期未满时，不得随意调动其工作。

因工作需要调动时，应当征得本级工会委员会和上一级工会的同意。

罢免工会主席、副主席必须召开会员大会或者会员代表大会讨论，非经会员大会全体会员或者会员代表大会全体代表过半数通过，不得罢免。

第十八条 基层工会专职主席、副主席或者委员自任职之日起，其劳动合同期限自动延长，延长期限相当于其任职期间；非专职主席、副主席或者委员自任职之日起，其尚未履行的劳动合同期限短于任期的，劳动合同期限自动延长至任期期满。但是，任职期间个人严重过失或者达到法定退休年龄的除外。

第三章 工会的权利和义务

第十九条 企业、事业单位违反职工代表大会制度和其他民主管理制度，工会有权要求纠正，保障职工依法行使民主管理的权利。

法律、法规规定应当提交职工大会或者职工代表大会审议、通过、决定的事项，企业、事业单位应当依法办理。

第二十条 工会帮助、指导职工与企业以及实行企业化管理的事业单位签订劳动合同。

工会代表职工与企业以及实行企业化管理的事业单位进行平等协商，签订集体合同。集体合同草案应当提交职工代表大会或者全体职工讨论通过。

工会签订集体合同，上级工会应当给予支持和帮助。

企业违反集体合同，侵犯职工劳动权益的，工会可以依法要求企业承担责任；因履行集体合同发生争议，经协商解决不成的，工会可以向劳动争议仲裁机构提请仲裁，仲裁机构不予受理或者对仲裁裁决不服的，可以向人民法院提起诉讼。

第二十一条 企业、事业单位处分职工，工会认为不适当的，有权提出意见。

企业单方面解除职工劳动合同时，应当事先将理由通知工会，工会认为企业违反法律、法规和有关合同，要求重新研究处理时，企业应当研究工会的意见，并将处理结果书面通知工会。

职工认为企业侵犯其劳动权益而申请劳动争议仲裁或者向人民法院

提起诉讼的，工会应当给予支持和帮助。

第二十二条 企业、事业单位违反劳动法律、法规规定，有下列侵犯职工劳动权益情形，工会应当代表职工与企业、事业单位交涉，要求企业、事业单位采取措施予以改正；企业、事业单位应当予以研究处理，并向工会作出答复；企业、事业单位拒不改正的，工会可以请求当地人民政府依法作出处理：

（一）克扣职工工资的；

（二）不提供劳动安全卫生条件的；

（三）随意延长劳动时间的；

（四）侵犯女职工和未成年工特殊权益的；

（五）其他严重侵犯职工劳动权益的。

第二十三条 工会依照国家规定对新建、扩建企业和技术改造工程中的劳动条件和安全卫生设施与主体工程同时设计、同时施工、同时投产使用进行监督。对工会提出的意见，企业或者主管部门应当认真处理，并将处理结果书面通知工会。

第二十四条 工会发现企业违章指挥、强令工人冒险作业，或者生产过程中发现明显重大事故隐患和职业危害，有权提出解决的建议，企业应当及时研究答复；发现危及职工生命安全的情况时，工会有权向企业建议组织职工撤离危险现场，企业必须及时作出处理决定。

第二十五条 工会有权对企业、事业单位侵犯职工合法权益的问题进行调查，有关单位应当予以协助。

第二十六条 职工因工伤亡事故和其他严重危害职工健康问题的调查处理，必须有工会参加。工会应当向有关部门提出处理意见，并有权要求追究直接负责的主管人员和有关责任人员的责任。对工会提出的意见，应当及时研究，给予答复。

第二十七条 企业、事业单位发生停工、怠工事件，工会应当代表职工同企业、事业单位或者有关方面协商，反映职工的意见和要求并提出解决意见。对于职工的合理要求，企业、事业单位应当予以解决。工会协助企业、事业单位做好工作，尽快恢复生产、工作秩序。

第二十八条 工会参加企业的劳动争议调解工作。

地方劳动争议仲裁组织应当有同级工会代表参加。

第二十九条 县级以上各级总工会可以为所属工会和职工提供法律服务。

第三十条 工会协助企业、事业单位、机关办好职工集体福利事业，做好工资、劳动安全卫生和社会保险工作。

第三十一条 工会会同企业、事业单位教育职工以国家主人翁态度对待劳动，爱护国家和企业的财产，组织职工开展群众性的合理化建议、技术革新活动，进行业余文化技术学习和职工培训，组织职工开展文娱、体育活动。

第三十二条 根据政府委托，工会与有关部门共同做好劳动模范和先进生产（工作）者的评选、表彰、培养和管理工作。

第三十三条 国家机关在组织起草或者修改直接涉及职工切身利益的法律、法规、规章时，应当听取工会意见。

县级以上各级人民政府制定国民经济和社会发展计划，对涉及职工利益的重大问题，应当听取同级工会的意见。

县级以上各级人民政府及其有关部门研究制定劳动就业、工资、劳动安全卫生、社会保险等涉及职工切身利益的政策、措施时，应当吸收同级工会参加研究，听取工会意见。

第三十四条 县级以上地方各级人民政府可以召开会议或者采取适当方式，向同级工会通报政府的重要的工作部署和与工会工作有关的行政措施，研究解决工会反映的职工群众的意见和要求。

各级人民政府劳动行政部门应当会同同级工会和企业方面代表，建立劳动关系三方协商机制，共同研究解决劳动关系方面的重大问题。

第四章 基层工会组织

第三十五条 国有企业职工代表大会是企业实行民主管理的基本形式，是职工行使民主管理权力的机构，依照法律规定行使职权。

国有企业的工会委员会是职工代表大会的工作机构，负责职工代表大会的日常工作，检查、督促职工代表大会决议的执行。

第三十六条 集体企业的工会委员会，应当支持和组织职工参加民主管理和民主监督，维护职工选举和罢免管理人员、决定经营管理的重大问题的权力。

第三十七条 本法第三十五条、第三十六条规定以外的其他企业、事业单位的工会委员会，依照法律规定组织职工采取与企业、事业单位相适应的形式，参与企业、事业单位民主管理。

第三十八条 企业、事业单位研究经营管理和发展的重大问题应当听取工会的意见；召开讨论有关工资、福利、劳动安全卫生、社会保险等涉及职工切身利益的会议，必须有工会代表参加。

企业、事业单位应当支持工会依法开展工作，工会应当支持企业、事业单位依法行使经营管理权。

第三十九条 公司的董事会、监事会中职工代表的产生，依照公司法有关规定执行。

第四十条 基层工会委员会召开会议或者组织职工活动，应当在生产或者工作时间以外进行，需要占用生产或者工作时间的，应当事先征得企业、事业单位的同意。

基层工会的非专职委员占用生产或者工作时间参加会议或者从事工会工作，每月不超过三个工作日，其工资照发，其他待遇不受影响。

第四十一条 企业、事业单位、机关工会委员会的专职工作人员的工资、奖励、补贴，由所在单位支付。社会保险和其他福利待遇等，享受本单位职工同等待遇。

第五章 工会的经费和财产

第四十二条 工会经费的来源：

（一）工会会员缴纳的会费；

（二）建立工会组织的企业、事业单位、机关按每月全部职工工资总额的百分之二向工会拨缴的经费；

（三）工会所属的企业、事业单位上缴的收入；

（四）人民政府的补助；

（五）其他收入。

前款第二项规定的企业、事业单位拨缴的经费在税前列支。

工会经费主要用于为职工服务和工会活动。经费使用的具体办法由中华全国总工会制定。

第四十三条 企业、事业单位无正当理由拖延或者拒不拨缴工会经费，基层工会或者上级工会可以向当地人民法院申请支付令；拒不执行支付令的，工会可以依法申请人民法院强制执行。

第四十四条 工会应当根据经费独立原则，建立预算、决算和经费审查监督制度。

各级工会建立经费审查委员会。

各级工会经费收支情况应当由同级工会经费审查委员会审查，并且定期向会员大会或者会员代表大会报告，接受监督。工会会员大会或者会员代表大会有权对经费使用情况提出意见。

工会经费的使用应当依法接受国家的监督。

第四十五条 各级人民政府和企业、事业单位、机关应当为工会办公和开展活动，提供必要的设施和活动场所等物质条件。

第四十六条 工会的财产、经费和国家拨给工会使用的不动产，任何组织和个人不得侵占、挪用和任意调拨。

第四十七条 工会所属的为职工服务的企业、事业单位，其隶属关系不得随意改变。

第四十八条 县级以上各级工会的离休、退休人员的待遇，与国家机关工作人员同等对待。

第六章 法律责任

第四十九条 工会对违反本法规定侵犯其合法权益的，有权提请人民政府或者有关部门予以处理，或者向人民法院提起诉讼。

第五十条 违反本法第三条、第十一条规定，阻挠职工依法参加和组织工会或者阻挠上级工会帮助、指导职工筹建工会的，由劳动行政部门责令其改正；拒不改正的，由劳动行政部门提请县级以上人民政府处理；以暴力、威胁等手段阻挠造成严重后果，构成犯罪的，依法追究刑事责任。

第五十一条 违反本法规定，对依法履行职责的工会工作人员无正当理由调动工作岗位，进行打击报复的，由劳动行政部门责令改正、恢复原工作；造成损失的，给予赔偿。

对依法履行职责的工会工作人员进行侮辱、诽谤或者进行人身伤害，构成犯罪的，依法追究刑事责任；尚未构成犯罪的，由公安机关依照治安管理处罚法的规定处罚。

第五十二条 违反本法规定，有下列情形之一的，由劳动行政部门责令恢复其工作，并补发被解除劳动合同期间应得的报酬，或者责令给予本人年收入二倍的赔偿：

（一）职工因参加工会活动而被解除劳动合同的；

（二）工会工作人员因履行本法规定的职责而被解除劳动合同的。

第五十三条 违反本法规定，有下列情形之一的，由县级以上人民政府责令改正，依法处理：

（一）妨碍工会组织职工通过职工代表大会和其他形式依法行使民主权利的；

（二）非法撤销、合并工会组织的；

（三）妨碍工会参加职工因工伤亡事故以及其他侵犯职工合法权益问题的调查处理的；

（四）无正当理由拒绝进行平等协商的。

第五十四条 违反本法第四十六条规定，侵占工会经费和财产拒不返还的，工会可以向人民法院提起诉讼，要求返还，并赔偿损失。

第五十五条 工会工作人员违反本法规定，损害职工或者工会权益的，由同级工会或者上级工会责令改正，或者予以处分；情节严重的，依照《中国工会章程》予以罢免；造成损失的，应当承担赔偿责任；构成犯罪的，依法追究刑事责任。

第七章 附 则

第五十六条 中华全国总工会会同有关国家机关制定机关工会实施本法的具体办法。

第五十七条 本法自公布之日起施行。1950 年 6 月 29 日中央人民政府颁布的《中华人民共和国工会法》同时废止。

全民所有制工业企业职工代表大会条例

（1986年9月15日 中发〔1986〕第21号）

第一章 总 则

第一条 为保障全民所有制工业企业职工的民主管理权力，充分发挥职工的积极性、智慧和创造力，办好全民所有制工业企业，发展社会主义经济，特制定本条例。

第二条 企业在实行厂长负责制的同时，必须建立和健全职工代表大会（或职工大会，下同）制度和其他民主管理制度，保障与发挥工会组织和职工代表在审议企业重大决策、监督行政领导、维护职工合法权益等方面的权力和作用。

第三条 职工代表大会是企业实行民主管理的基本形式，是职工行使民主管理权力的机构。

企业工会委员会是职工代表大会的工作机构，负责职工代表大会的日常工作。

第四条 职工代表大会接受企业党的基层委员会（含不设基层委员会的党总支部委员会、支部委员会，以下简称党委）的思想政治领导、贯彻执行党和国家的方针、政策，正确处理国家、企业和职工三者利益关系，在法律规定的范围内行使职权。

第五条 职工代表大会应当积极支持厂长行使经营管理决策和统一指挥生产活动的职权。

第六条 职工代表大会实行民主集中制。

第二章 职 权

第七条 职工代表大会行使下列职权：

一、定期听取厂长的工作报告，审议企业的经营方针、长远和年度计划、重大技术改造和技术引进计划、职工培训计划、财务预决算、自有资金分配和使用方案，提出意见和建议，并就上述方案的实施做出决议；

二、审议通过厂长提出的企业的经济责任制方案、工资调整计划、资金分配方案、劳动保护措施方案、奖惩办法及其他重要的规章制度；

三、审议决定职工福利基金使用方案、职工住宅分配方案和其他有关职工生活福利的重大事项；

四、评议、监督企业各级领导干部，并提出奖惩和任免的建议。

对工作卓有成绩的干部，可以建议给予奖励，包括晋级、提职。对不称职的干部，可以建议免职或降职。

对工作不负责任或者以权谋私，造成严重后果的干部，可以建议给予处分，直至撤职。

五、主管机关任命或者免除企业行政领导人员的职务时，必须充分考虑职工代表大会的意见。职工代表大会根据主管机关的部署，可以民主推荐厂长人选，也可以民主选举厂长，报主管机关审批。

第八条 职工代表大会对厂长在其职权范围内决定的问题有不同意见时，可以向厂长提出建议，也可以报告上级工会。

第九条 在职工代表大会上，可以由厂长代表行政、工会主席代表职工签订集体合同或共同协议，为企业发展的共同目标，互相承担义务，保证贯彻执行。

第三章 职工代表

第十条 按照法律规定享有政治权利的企业职工，均可当选为职工代表。

第十一条 职工代表的产生，应当以班组或者工段为单位，由职工直接选举。大型企业的职工代表，也可以由分厂或者车间的职工代表相互推选产生。

第十二条 职工代表中应当有工人、技术人员、管理人员、领导干部和其他方面的职工。其中企业和车间、科室行政领导干部一般为职工代表总额的1/5。青年职工和女职工应当占适当比例。

为了吸收有经验的技术人员、经营管理人员参加职工代表大会，可以在企业或者车间范围内，经过民主协商，推选一部分代表。

职工代表按分厂、车间、科室（或若干科室）组成代表团（组），推选团（组）长。

第十三条 职工代表实行常任制，每两年改选一次，可以连选连任。

职工代表对选举单位的职工负责。选举单位的职工有权监督或者撤换本单位的职工代表。

第十四条 职工代表的权利：

一、在职工代表大会上，有选举权、被选举权和表决权；

二、有权参加职工代表大会及其工作机构对企业执行职工代表大会决议和提案落实情况的检查，有权参加对企业行政领导人员的质询；

三、因参加职工代表大会组织的各项活动而占用生产或者工作时间，有权按照正常出勤享受应得的待遇。

对职工代表行使民主权利，任何组织和个人不得压制、阻挠和打击报复。

第十五条 职工代表的义务：

一、努力学习党和国家的方针、政策、法律、法规，不断提高政治觉悟、技术业务水平和参加管理的能力；

二、密切联系群众，代表职工合法利益，如实反映职工群众的意见和要求，认真执行职工代表大会的决议，做好职工代表大会交给的各项工作；

三、模范遵守国家的法律、法规和企业的规章制度、劳动纪律，做好本职工作。

第四章 组织制度

第十六条 职工代表大会选举主席团主持会议。主席团成员应有工人、技术人员、管理人员和企业的领导干部。其中工人、技术人员、管理人员应超过半数。

第十七条 参加企业管理委员会的职工代表，由职工代表大会推选产生。

参加企业管理委员会的职工代表要向职工代表大会汇报工作，接受职工代表大会监督。职工代表大会有权撤换参加管理委员会的职工代表。

第十八条 职工代表大会至少每半年召开一次。每次会议必须有2/3以上的职工代表出席。

遇有重大事项，经厂长、企业工会或1/3以上职工代表的提议，可召开临时会议。

职工代表大会进行选举和作出决议，必须经全体职工代表过半数通过。

第十九条 职工代表大会应当围绕增强企业活力、促进技术进步、提高经济效益，针对企业经营管理、分配制度和职工生活等方面的重要问题确定议题。

第二十条 职工代表大会在其职权范围内决定的事项，非经职工代表大会同意不得修改。

第二十一条 职工代表大会可根据需要，设立若干精干的临时的或经常性的专门小组（或专门委员会，下同），完成职工代表大会交办的有关事项。其主要工作是：审议提交职工代表大会的有关议案，在职工代表大会闭会期间，根据职工代表大会的授权，审定属本专门小组分工范围内需要临时决定的问题，并向职工代表大会报告予以确认；检查、监督有关部门贯彻执行职工代表大会决议和职工提案的处理；办理职工代表大会交办的其他事项。

专门小组进行活动需要占用生产或者工作时间，有权按照正常出勤享受应得的待遇，但需经厂长同意。各专门小组的人选，一般在职工代表中提名；也可以聘请非职工代表，但必须经职工代表大会通过。

各专门小组对职工代表大会负责。

第二十二条 职工代表大会闭会期间，需要临时解决的重要问题，由企业工会委员会召集职工代表团（组）长和专门小组负责人联席会议，协商处理，并向下一次职工代表大会报告予以确认。

联席会议可以根据会议内容邀请企业党政负责人或其他有关人员参加。

第五章 职工代表大会与工会

第二十三条 企业工会委员会作为职工代表大会的工作机构承担下列工作：

一、组织职工选举职工代表；

二、提出职工代表大会议题的建议，主持职工代表大会的筹备工作和会议的组织工作；

三、主持职工代表团（组）长、专门小组负责人联席会议；

四、组织专门小组进行调查研究，向职工代表大会提出建议，检查督促大会决议的执行情况，发动职工落实职工代表大会决议；

五、向职工进行民主管理的宣传教育，组织职工代表学习政策、业务和管理知识，提高职工代表素质；

六、接受和处理职工代表的申诉和建议，维护职工代表的合法权益；

七、组织企业民主管理的其他工作。

第二十四条 上级工会有指导、支持和维护职工代表大会正确行使职权的责任。

第六章 车间、班组的民主管理

第二十五条 车间（分厂）可以根据具体情况，采取职工大会或职工代表大会、职工代表组等形式，对本单位权限范围内的事务行使民主管理的权力。

车间（分厂）民主管理的日常工作，由车间（分厂）工会委员会主持。

第二十六条 班组的民主管理，由职工直接参加，在本班组的工会组长和职工代表的主持下开展活动，也可以根据需要推选若干民主管理员，负责班组的日常民主管理。

第七章 附 则

第二十七条 本条例原则上适用于全民所有制交通运输、邮电、地质、建筑施工、农林、水利等企业。

第二十八条 本条例由中华全国总工会负责解释。

第二十九条 本条例自 1986 年 10 月 1 日起施行。

企业民主管理规定

（总工发〔2012〕12号）

第一章　总　则

第一条　为完善以职工代表大会为基本形式的企业民主管理制度，推进厂务公开，支持职工参与企业管理，维护职工合法权益，构建和谐劳动关系，促进企业持续健康发展，加强基层民主政治建设，依据宪法和相关法律制定本规定。

第二条　企业民主管理工作应当坚持党的领导，以邓小平理论和“三个代表”重要思想为指导，深入贯彻落实科学发展观，坚定不移地贯彻落实党的全心全意依靠工人阶级的根本指导方针。

企业党组织应当加强对民主管理工作的领导和支持。

第三条　职工代表大会（或职工大会，下同）是职工行使民主管理权力的机构，是企业民主管理的基本形式。

企业应当按照合法、有序、公开、公正的原则，建立以职工代表大会为基本形式的民主管理制度，实行厂务公开，推行民主管理。公司制企业（以下简称公司）应当依法建立职工董事、职工监事制度。

企业应当尊重和保障职工依法享有的知情权、参与权、表达权和监督权等民主权利，支持职工参加企业管理活动。

第四条　企业职工应当尊重和支持企业依法行使管理职权，积极参与企业管理。

第五条　企业工会应当组织职工依法开展企业民主管理，维护职工合法权益。

上级工会应当指导和帮助企业工会和职工依法开展企业民主管理活动，对企业实行民主管理的情况进行监督。

第六条　企业代表组织应当推动企业实行民主管理，促进企业健康发展。

第七条 各级党委纪检部门、组织部门，各级人民政府国有资产监督管理机构和监察机关等有关部门应当依照各自职责，对企业民主管理工作进行指导、检查和监督。

第二章 职工代表大会制度

第一节 职工代表大会组织制度和职权

第八条 企业可以根据职工人数确定召开职工代表大会或者职工大会。

企业召开职工代表大会的，职工代表人数按照不少于全体职工人数的百分之五确定，最少不少于三十人。职工代表人数超过一百人的，超出的代表人数可以由企业与工会协商确定。

第九条 职工代表大会的代表由工人、技术人员、管理人员、企业领导人员和其他方面的职工组成。其中，企业中层以上管理人员和领导人员一般不得超过职工代表总人数的百分之二十。有女职工和劳务派遣职工的企业，职工代表中应当有适当比例的女职工和劳务派遣职工代表。

第十条 职工代表大会每届任期为三年至五年。具体任期由职工代表大会根据本单位的实际情况确定。

职工代表大会因故需要提前或者延期换届的，应当由职工代表大会或者其授权的机构决定。

第十一条 职工代表大会根据需要，可以设立若干专门委员会（小组），负责办理职工代表大会交办的事项。专门委员会（小组）成员人选必须经职工代表大会审议通过。

第十二条 职工代表按照基层选举单位组成代表团（组），并推选团（组）长。可以设立职工代表大会团（组）长和专门委员会（小组）负责人联席会议，根据职工代表大会授权，在职工代表大会闭会期间负责处理临时需要解决的重要问题，并提请下一次职工代表大会确认。

联席会议由企业工会负责召集，联席会议可以根据会议内容邀请企业领导人员或其他有关人员参加。

第十三条 职工代表大会行使下列职权：

（一）听取企业主要负责人关于企业发展规划、年度生产经营管理情况，企业改革和制定重要规章制度情况，企业用工、劳动合同和集体合同签订履行情况，企业安全生产情况，企业缴纳社会保险费和住房公积金情况等报告，提出意见和建议；

审议企业制定、修改或者决定的有关劳动报酬、工作时间、休息休假、劳动安全卫生、保险福利、职工培训、劳动纪律以及劳动定额管理等直接涉及劳动者切身利益的规章制度或者重大事项方案，提出意见和建议；

（二）审议通过集体合同草案，按照国家有关规定提取的职工福利基金使用方案、住房公积金和社会保险费缴纳比例和时间的调整方案，劳动模范的推荐人选等重大事项；

（三）选举或者罢免职工董事、职工监事，选举依法进入破产程序企业的债权人会议和债权人委员会中的职工代表，根据授权推荐或者选举企业经营管理人员；

（四）审查监督企业执行劳动法律法规和劳动规章制度情况，民主评议企业领导人员，并提出奖惩建议；

（五）法律法规规定的其他职权。

第十四条 国有企业和国有控股企业职工代表大会除按第十三条规定行使职权外，行使下列职权：

（一）听取和审议企业经营管理主要负责人关于企业投资和重大技术改造、财务预决算、企业业务招待费使用等情况的报告，专业技术职称的评聘、企业公积金的使用、企业的改制等方案，并提出意见和建议；

（二）审议通过企业合并、分立、改制、解散、破产实施方案中职工的裁减、分流和安置方案；

（三）依照法律、行政法规、行政规章规定的其他职权。

第十五条 县级以下一定区域内或者性质相近的行业内的若干尚不具备单独建立职工代表大会制度条件的中小企业，可以通过选举代表联合建立区域（行业）职工代表大会制度，开展企业民主管理活动。

工会负责组织建立区域（行业）职工代表大会制度。区域（行业）工会作为区域（行业）职工代表大会的工作机构承担日常工作。

第十六条 集团企业的总部机关和各分公司、分厂、车间以及其他分支机构可以按照一定比例选举产生职工代表，召开集团企业职工代表大会，实行企业民主管理。

集团企业的总部机关和各分公司、分厂、车间以及其他分支机构，按照本规定建立职工代表大会制度，在各自的职权范围内分别开展民主管理活动。

第二节 职工代表大会工作制度

第十七条 职工代表大会每年至少召开一次。职工代表大会全体会议必须有三分之二以上的职工代表出席。

第十八条 职工代表大会议题和议案应当由企业工会听取职工意见后与企业协商确定，并在会议召开七日前以书面形式送达职工代表。

第十九条 职工代表大会可以设主席团主持会议。主席团成员由企业工会与职工代表大会各团（组）协商提出候选人名单，经职工代表大会预备会议表决通过。其中，工人、技术人员、管理人员不少于百分之五十。

第二十条 职工代表大会选举和表决相关事项，必须按照少数服从多数的原则，经全体职工代表的过半数通过。对重要事项的表决，应当采用无记名投票的方式分项表决。

第二十一条 职工代表大会在其职权范围内依法审议通过的决议和事项具有约束力，非经职工代表大会同意不得变更或撤销。

企业应当提请职工代表大会审议、通过、决定的事项，未按照法定程序审议、通过或者决定的无效。

第二十二条 企业工会委员会是职工代表大会的工作机构，负责职工代表大会的日常工作，履行下列职责：

（一）提出职工代表大会代表选举方案，组织职工选举职工代表和代表团（组）长；

（二）征集职工代表提案，提出职工代表大会议题的建议；

（三）负责职工代表大会会议的筹备和组织工作，提出职工代表大会的议程建议；

（四）提出职工代表大会主席团组成方案和组成人员建议名单；提出专门委员会（小组）的设立方案和组成人员建议名单；

（五）向职工代表大会报告职工代表大会决议的执行情况和职工代表大会提案的办理情况、厂务公开的实行情况等；

（六）在职工代表大会闭会期间，负责组织专门委员会（小组）和职工代表就企业职工代表大会决议的执行情况和职工代表大会提案的办理情况、厂务公开的实行情况等，开展巡视、检查、质询等监督活动；

（七）受理职工代表的申诉和建议，维护职工代表的合法权益；

（八）向职工进行民主管理的宣传教育，组织职工代表开展学习和培训，提高职工代表素质；

（九）建立和管理职工代表大会工作档案。

第三节　职工代表的产生和权利义务

第二十三条　与企业签订劳动合同建立劳动关系以及与企业存在事实劳动关系的职工，有选举和被选举为职工代表大会代表的权利。

依法终止或者解除劳动关系的职工代表，其代表资格自行终止。

第二十四条　职工代表应当以班组、工段、车间、科室等为基本选举单位由职工直接选举产生。规模较大、管理层次较多的企业的职工代表，可以由下一级职工代表大会代表选举产生。

第二十五条　选举、罢免职工代表，应当召开选举单位全体职工会议，会议应有三分之二以上职工参加。选举、罢免职工代表的决定，应经全体职工的过半数通过方为有效。

第二十六条　职工代表实行常任制，职工代表任期与职工代表大会届期一致，可以连选连任。

职工代表出现缺额时，原选举单位应按规定的条件和程序及时补选。

第二十七条　职工代表向选举单位的职工负责并报告工作，接受选举单位职工的监督。

第二十八条　职工代表享有下列权利：

（一）选举权、被选举权和表决权；

（二）参加职工代表大会及其工作机构组织的民主管理活动；

（三）对企业领导人员进行评议和质询；

（四）在职工代表大会闭会期间对企业执行职工代表大会决议情况进行监督、检查。

第二十九条 职工代表应当履行下列义务：

（一）遵守法律法规、企业规章制度，提高自身素质，积极参与企业民主管理；

（二）依法履行职工代表职责，听取职工对企业生产经营管理等方面的意见和建议，以及涉及职工切身利益问题的意见和要求，并客观真实地向企业反映；

（三）参加企业职工代表大会组织的各项活动，执行职工代表大会通过的决议，完成职工代表大会交办的工作；

（四）向选举单位的职工报告参加职工代表大会活动和履行职责情况，接受职工的评议和监督；

（五）保守企业的商业秘密和与知识产权相关的保密事项。

第三十条 职工代表履行职责受法律保护，任何组织和个人不得阻挠和打击报复。

职工代表在法定工作时间内依法参加职工代表大会及其组织的各项活动，企业应当正常支付劳动报酬，不得降低其工资和其他福利待遇。

第三章 厂务公开制度

第三十一条 企业应当建立和实行厂务公开制度，通过职工代表大会和其他形式，将企业生产经营管理的重大事项、涉及职工切身利益的规章制度和经营管理人员廉洁从业相关情况，按照一定程序向职工公开，听取职工意见，接受职工监督。

第三十二条 企业主要负责人是实行厂务公开的责任人。企业应当建立相应机构或者确定专人负责厂务公开工作。

第三十三条 企业实行厂务公开应当遵循合法、及时、真实、有利于职工权益维护和企业发展的原则。

实行厂务公开应当保守企业商业秘密以及与知识产权相关的保密事项。

第三十四条 企业应当向职工公开下列事项：

（一）经营管理的基本情况；

（二）招用职工及签订劳动合同的情况；

（三）集体合同文本和劳动规章制度的内容；

（四）奖励处罚职工、单方解除劳动合同的情况以及裁员的方案和结果，评选劳动模范和优秀职工的条件、名额和结果；

（五）劳动安全卫生标准、安全事故发生情况及处理结果；

（六）社会保险以及企业年金的缴费情况；

（七）职工教育经费提取、使用和职工培训计划及执行的情况；

（八）劳动争议及处理结果情况；

（九）法律法规规定的其他事项。

第三十五条 国有企业、集体企业及其控股企业除公开第十三条、第十四条和第三十四条规定的相关事项外，还应当公开下列事项：

（一）投资和生产经营管理重大决策方案等重大事项，企业中长期发展规划；

（二）年度生产经营目标及完成情况，企业担保，大额资金使用、大额资产处置情况，工程建设项目的招投标，大宗物资采购供应，产品销售和盈亏情况，承包租赁合同履行情况，内部经济责任制落实情况，重要规章制度制定等重大事项；

（三）职工提薪晋级、工资奖金收入分配情况；专业技术职称的评聘情况；

（四）中层领导人员、重要岗位人员的选聘和任用情况，企业领导人员薪酬、职务消费和兼职情况，以及出国出境费用支出等廉洁自律规定执行情况，职工代表大会民主评议企业领导人员的结果；

（五）依照国家有关规定应当公开的其他事项。

第四章 职工董事和职工监事制度

第三十六条 公司制企业应当依法建立职工董事和职工监事制度，支持职工代表大会选举产生的职工代表作为董事会、监事会成员参与公司决策、管理和监督，代表和维护职工合法权益，促进企业健康发展。

第三十七条 公司应当依法在公司章程中明确规定职工董事、职工监事的具体比例和人数。

第三十八条 职工董事、职工监事候选人由公司工会根据自荐、推荐情况，在充分听取职工意见的基础上提名，经职工代表大会全体代表的过半数通过方可当选，并报上一级工会组织备案。

工会主席、副主席应当作为职工董事、职工监事候选人人选。

第三十九条 公司高级管理人员和监事不得兼任职工董事；公司高级管理人员和董事不得兼任职工监事。

第四十条 职工董事、职工监事的任期与公司其他董事、监事的任期相同，可以连选连任。

第四十一条 职工董事、职工监事不履行职责或者有严重过错的，经三分之一以上的职工代表联名提议，职工代表大会全体代表的过半数通过可以罢免。

职工董事、职工监事出现空缺时，由公司工会依照本规定第三十七条的规定提出替补人选，提请职工代表大会民主选举产生。

第四十二条 职工董事依法行使下列权利：

（一）参加董事会会议，行使董事的发言权和表决权；

（二）就涉及职工切身利益的规章制度或者重大事项，提请召开董事会会议，反映职工的合理要求，维护职工合法权益；

（三）列席与其职责相关的公司行政办公会议和有关生产经营工作的重要会议；

（四）要求公司工会、公司有关部门和机构通报有关情况并提供相关资料；

（五）法律法规和公司章程规定的其他权利。

第四十三条 职工监事依法行使下列权利：

（一）参加监事会会议，行使监事的发言权和表决权；

（二）就涉及职工切身利益的规章制度或者重大事项，提议召开监事会会议；

（三）监督公司的财务情况和公司董事、高级管理人员执行公司职务的行为；监督检查公司对涉及职工切身利益的法律法规、公司规章制度贯彻执行情况；劳动合同和集体合同的履行情况；

（四）列席董事会会议，并对董事会决议事项提出质询或者建议；列席与其职责相关的公司行政办公会议和有关生产经营工作的重要会议；

（五）要求公司工会、公司有关部门和机构通报有关情况并提供相关资料；

（六）法律法规和公司章程规定的其他权利。

第四十四条 职工董事、职工监事应当履行下列义务：

（一）遵守法律法规，遵守公司章程及各项规章制度，保守公司秘密，认真履行职责；

（二）定期听取职工的意见和建议，在董事会、监事会上真实、准确、全面地反映职工的意见和建议；

（三）定期向职工代表大会述职和报告工作，执行职工代表大会的有关决议，在董事会、监事会会议上，对职工代表大会作出决议的事项，应当按照职工代表大会的相关决议发表意见，行使表决权；

（四）法律法规和公司章程规定的其他义务。

第四十五条 公司应当保障职工董事、职工监事依照法律法规和公司章程开展工作，为职工董事、职工监事履行职责提供必要的工作条件。

第四十六条 职工董事、职工监事在任职期间，除法定情形外，公司不得与其解除劳动合同。

第四十七条 职工董事、职工监事与公司的其他董事、监事享有同等的权利，承担相应的义务。

第五章 附 则

第四十八条 各地区、各有关部门和各企业根据本规定制定实施办法，推进企业民主管理工作。

第四十九条 集体企业依照《城镇集体所有制企业条例》等有关法律法规规定实行民主管理。

第五十条 本规定自发布之日起施行。

（此件发各省、自治区、直辖市纪委、组织部、国资委、监察厅〈局〉、总工会、工商联）

中共中央纪委　中共中央组织部

国务院国有资产监督管理委员会　监察部

中华全国总工会　中华全国工商业联合会

2012 年 2 月 13 日

中国工会章程

（中国工会第十六次全国代表大会部分修改，2013 年 10 月 22 日通过）

总　则

中国工会是中国共产党领导的职工自愿结合的工人阶级群众组织，是党联系职工群众的桥梁和纽带，是国家政权的重要社会支柱，是会员和职工利益的代表。

中国工会以宪法为根本活动准则，按照《中华人民共和国工会法》和本章程独立自主地开展工作，依法行使权利和履行义务。

工人阶级是我国的领导阶级，是先进生产力和生产关系的代表，是改革开放和社会主义现代化建设的主力军，是维护社会安定的强大而集中的社会力量。中国工会高举中国特色社会主义伟大旗帜，以马克思列宁主义、毛泽东思想、邓小平理论、“三个代表”重要思想、科学发展观为指导，贯彻执行党的以经济建设为中心，坚持四项基本原则，坚持改革开放的基本路线，坚定不移地走中国特色社会主义工会发展道路，推动党的全心全意依靠工人阶级的根本指导方针的贯彻落实，全面履行工会的社会职能，在维护全国人民总体利益的同时，更好地表达和维护职工的具体利益，团结和动员全国职工自力更生、艰苦创业，坚持和发展中国特色社会主义，为全面建成小康社会、把我国建设成为富强民主文明和谐的社会主义现代化国家、实现中华民族伟大复兴的中国梦而奋斗。

中国工会的基本职责是维护职工合法权益。

中国工会动员和组织职工积极参加建设和改革，努力促进经济、政治、文化、社会和生态文明建设；代表和组织职工参与国家和社会事务管理，参与企业、事业单位和机关的民主管理；教育职工不断提高思想道德素质和科学文化素质，建设有理想、有道德、有文化、有纪律的职工队伍，不断发展工人阶级先进性。

中国工会坚持组织起来、切实维权的工作方针，坚持以职工为本，主动依法科学维权的维权观，促进完善社会主义劳动法律，维护职工的经济、政治、文化和社会权利，参与协调劳动关系和社会利益关系，努力构建和谐劳动关系，促进经济发展和社会的长期稳定，为构建社会主义和谐社会作贡献。

中国工会维护工人阶级领导的、以工农联盟为基础的人民民主专政的社会主义国家政权，协助人民政府开展工作，依法发挥民主参与和社会监督作用。

中国工会在企业、事业单位中，按照促进企事业发展、维护职工权益的原则，支持行政依法行使管理权力，组织职工参加民主管理和民主监督，与行政方面建立协商制度，保障职工的合法权益，调动职工的积极性，促进企业、事业的发展。

中国工会实行产业和地方相结合的组织领导原则，坚持民主集中制。

中国工会坚持以改革创新精神加强自身建设，坚持群众化、民主化，保持同会员群众的密切联系，依靠会员群众开展工会工作。各级工会领导机关坚持把工作重点放到基层，全心全意为基层、为职工服务，增强基层工会的活力，把工会建设成为深受职工群众信赖的学习型、服务型、创新型“职工之家”。

工会兴办的企业、事业，坚持为改革开放和发展社会生产力服务，为职工群众服务，为推进工运事业服务。

中国工会努力巩固和发展工农联盟，坚持爱国统一战线，加强包括香港特别行政区同胞、澳门特别行政区同胞、台湾同胞和海外侨胞在内的全国各族人民的大团结，促进祖国的统一、繁荣和富强。

中国工会在国际事务中坚持独立自主、互相尊重、求同存异、加强合作、增进友谊的方针，在独立、平等、互相尊重、互不干涉内部事务的原则基础上，广泛建立和发展同国际和各国工会组织的友好关系，推动形成公正合理、民主和谐的国际工运新秩序，同全世界工人和工会一起，为世界的和平、发展、工人权益和社会进步而共同努力。

第一章　会　员

第一条　凡在中国境内的企业、事业单位、机关和其他社会组织中，以工资收入为主要生活来源或者与用人单位建立劳动关系的体力劳动者和脑力劳动者，不分民族、种族、性别、职业、宗教信仰、教育程度，承认工会章程，都可以加入工会为会员。

第二条　职工加入工会，由本人自愿申请，经工会基层委员会批准并发给会员证。

第三条　会员享有以下权利：

（一）选举权、被选举权和表决权。

（二）对工会工作进行监督，提出意见和建议，要求撤换或者罢免不称职的工会工作人员。

（三）对国家和社会生活问题及本单位工作提出批评与建议，要求工会组织向有关方面如实反映。

（四）在合法权益受到侵犯时，要求工会给予保护。

（五）工会提供的文化、教育、体育、旅游、疗休养事业、生活救助、法律服务、就业服务等优惠待遇；工会给予的各种奖励。

（六）在工会会议和工会媒体上，参加关于工会工作和职工关心问题的讨论。

第四条　会员履行下列义务：

（一）学习政治、经济、文化、法律、科学、技术和工会基本知识。

（二）积极参加民主管理，努力完成生产和工作任务。

（三）遵守宪法和法律，践行社会主义核心价值观，维护社会公德和职业道德，遵守劳动纪律。

（四）正确处理国家、集体、个人三者利益关系，向危害国家、社会利益的行为作斗争。

（五）维护中国工人阶级和工会组织的团结统一，发扬阶级友爱，搞好互助互济。

（六）遵守工会章程，执行工会决议，参加工会活动，按月交纳会费。

第五条 会员组织关系随劳动（工作）关系变动，凭会员证明接转。

第六条 会员有退会自由。会员退会由本人向工会小组提出，由工会基层委员会宣布其退会并收回会员证。

会员没有正当理由连续六个月不交纳会费、不参加工会组织生活，经教育拒不改正，应当视为自动退会。

第七条 对不执行工会决议、违反工会章程的会员，给予批评教育。对严重违法犯罪并受到刑事处分的会员，开除会籍。开除会员会籍，须经工会小组讨论，提出意见，由工会基层委员会决定，报上一级工会备案。

第八条 会员离休、退休和失业，可保留会籍。保留会籍期间免交会费。

工会组织要关心离休、退休和失业会员的生活，积极向有关方面反映他们的愿望和要求。

第二章　组织制度

第九条 中国工会实行民主集中制，主要内容是：

（一）个人服从组织，少数服从多数，下级组织服从上级组织。

（二）工会的各级领导机关，除它们派出的代表机关外，都由民主选举产生。

（三）工会的最高领导机关，是工会的全国代表大会和它所产生的中华全国总工会执行委员会。工会的地方各级领导机关，是工会的地方各级代表大会和它所产生的总工会委员会。

（四）工会各级委员会，向同级会员大会或者会员代表大会负责并报告工作，接受会员监督。会员大会和会员代表大会有权撤换或者罢免其所选举的代表和工会委员会组成人员。

（五）工会各级委员会，实行集体领导和分工负责相结合的制度。凡属重大问题由委员会民主讨论，作出决定，委员会成员根据集体的决定和分工，履行自己的职责。

（六）工会各级领导机关，经常向下级组织通报情况，听取下级组织和会员的意见，研究和解决他们提出的问题。下级组织向上级组织请示报告工作。

第十条 工会各级代表大会的代表和委员会的产生，要充分体现选举人的意志。候选人名单，要反复酝酿，充分讨论。选举采用无记名投票方式，可以直接采用候选人数多于应选人数的差额选举办法进行正式选举，也可以先采用差额选举办法进行预选，产生候选人名单，然后进行正式选举。任何组织和个人，不得以任何方式强迫选举人选举或不选举某个人。

第十一条 中国工会实行产业和地方相结合的组织领导原则。同一企业、事业单位、机关和其他社会组织中的会员，组织在一个工会基层组织中；同一行业或者性质相近的几个行业，根据需要建立全国的或者地方的产业工会组织。除少数行政管理体制实行垂直管理的产业，其产业工会实行产业工会和地方工会双重领导，以产业工会领导为主外，其他产业工会均实行以地方工会领导为主，同时接受上级产业工会领导的体制。各产业工会的领导体制，由中华全国总工会确定。

省、自治区、直辖市，设区的市和自治州，县（旗）、自治县、不设区的市建立地方总工会。地方总工会是当地地方工会组织和产业工会地方组织的领导机关。全国建立统一的中华全国总工会。中华全国总工会是各级地方总工会和各产业工会全国组织的领导机关。

中华全国总工会执行委员会委员和产业工会全国委员会委员实行替补制，各级地方总工会委员会委员和地方产业工会委员会委员，也可以实行替补制。

第十二条 县和县以上各级地方总工会委员会，根据工作需要可以派出代表机关。

县和县以上各级工会委员会，在两次代表大会之间，认为有必要时，可以召集代表会议，讨论和决定需要及时解决的重大问题。代表会议代表的名额和产生办法，由召集代表会议的总工会决定。

全国产业工会、各级地方产业工会、乡镇工会和城市街道工会的委员会，可以按照联合制、代表制原则，由下一级工会组织民主选举的主要负责人和适当比例的有关方面代表组成。

上级工会可以派员帮助和指导用人单位的职工组建工会。

第十三条 各级工会代表大会选举产生同级经费审查委员会。中华全国总工会经费审查委员会设常务委员会，省、自治区、直辖市总工会经费审查委员会和独立管理经费的全国产业工会经费审查委员会，应当设常务委员会。经费审查委员会负责审查同级工会组织及其直属企业、事业单位的经费收支和资产管理情况，监督财经法纪的贯彻执行和工会经费的使用，并接受上级工会经费审查委员会的指导。工会经费审查委员会向同级会员大会或会员代表大会负责并报告工作；在大会闭会期间，向同级工会委员会负责并报告工作。

上级经费审查委员会应当对下一级工会及其直属企业、事业单位的经费收支和资产管理情况进行审查。

中华全国总工会经费审查委员会委员实行替补制，各级地方总工会经费审查委员会委员和独立管理经费的产业工会经费审查委员会委员，也可以实行替补制。

第十四条 各级工会建立女职工委员会，表达和维护女职工的合法权益。女职工委员会由同级工会委员会提名，在充分协商的基础上组成或者选举产生，女职工委员会与工会委员会同时建立，在同级工会委员会领导下开展工作。企业工会女职工委员会是县或者县以上妇联的团体会员，通过县以上地方工会接受妇联的业务指导。

第十五条 县和县以上各级工会组织应当建立法律服务机构，为保护职工和工会组织的合法权益提供服务。

各级工会组织应当组织和代表职工开展劳动法律监督。

第十六条 成立或者撤销工会组织，必须经会员大会或者会员代表大会通过，并报上一级工会批准。工会基层组织所在的企业终止，或者所在的事业单位、机关和其他社会组织被撤销，该工会组织相应撤销，并报上级工会备案。其他组织和个人不得随意撤销工会组织，也不得把工会组织的机构撤销、合并或者归属其他工作部门。

第三章　全国组织

第十七条 中国工会全国代表大会，每五年举行一次，由中华全国总工会执行委员会召集。在特殊情况下，由中华全国总工会执行委员会主席团提议，经执行委员会全体会议通过，可以提前或者延期举行。代表名额和代表选举办法由中华全国总工会决定。

第十八条 中国工会全国代表大会的职权是：

（一）审议和批准中华全国总工会执行委员会的工作报告。

（二）审议和批准中华全国总工会执行委员会的经费收支情况报告和经费审查委员会的工作报告。

（三）修改中国工会章程。

（四）选举中华全国总工会执行委员会和经费审查委员会。

第十九条 中华全国总工会执行委员会，在全国代表大会闭会期间，负责贯彻执行全国代表大会的决议，领导全国工会工作。

执行委员会全体会议选举主席一人、副主席若干人、主席团委员若干人，组成主席团。

执行委员会全体会议由主席团召集，每年至少举行一次。

第二十条 中华全国总工会执行委员会全体会议闭会期间，由主席团行使执行委员会的职权。主席团全体会议，由主席召集。

主席团闭会期间，由主席、副主席组成的主席会议行使主席团职权。主席会议由中华全国总工会主席召集并主持。

主席团下设书记处，由主席团在主席团成员中推选第一书记一人，书记若干人组成。书记处在主席团领导下，主持中华全国总工会的日常工作。

第二十一条 产业工会全国组织的设置，由中华全国总工会根据需要确定。

产业工会全国委员会的建立，经中华全国总工会批准，可以按照联合制、代表制原则组成，也可以由产业工会全国代表大会选举产生。全国委员会每届任期五年。任期届满，应当如期召开会议，进行换届选举。在特殊情况下，经中华全国总工会批准，可以提前或者延期举行。

产业工会全国代表大会和按照联合制、代表制原则组成的产业工会全国委员会全体会议的职权是：审议和批准产业工会全国委员会的工作报告；选举产业工会全国委员会或者产业工会全国委员会常务委员会。独立管理经费的产业工会，选举经费审查委员会，并向产业工会全国代表大会或者委员会全体会议报告工作。产业工会全国委员会常务委员会由主席一人、副主席若干人、常务委员若干人组成。

第四章　地方组织

第二十二条　省、自治区、直辖市，设区的市和自治州，县(旗)、自治县、不设区的市的工会代表大会，由同级总工会委员会召集，每五年举行一次。在特殊情况下，由同级总工会委员会提议，经上一级工会批准，可以提前或者延期举行。工会的地方各级代表大会的职权是：

（一）审议和批准同级总工会委员会的工作报告。

（二）审议和批准同级总工会委员会的经费收支情况报告和经费审查委员会的工作报告。

（三）选举同级总工会委员会和经费审查委员会。

各级地方总工会委员会，在代表大会闭会期间，执行上级工会的决定和同级工会代表大会的决议，领导本地区的工会工作，定期向上级总工会委员会报告工作。

根据工作需要，省、自治区总工会可在地区设派出代表机关。直辖市和设区的市总工会可在区建立区一级工会组织或者设派出代表机关。

县和城市的区可在乡镇和街道建立乡镇工会和街道工会组织，具备条件的，建立总工会。

第二十三条　各级地方总工会委员会选举主席一人、副主席若干人、常务委员若干人，组成常务委员会。工会委员会、常务委员会和主席、副主席以及经费审查委员会的选举结果，报上一级总工会批准。

各级地方总工会委员会全体会议，每年至少举行一次，由常务委员会召集。各级地方总工会常务委员会，在委员会全体会议闭会期间，行使委员会的职权。

第二十四条　各级地方产业工会组织的设置，由同级地方总工会根据本地区的实际情况确定。

第五章　基层组织

第二十五条　企业、事业单位、机关和其他社会组织等基层单位，应当依法建立工会组织。社区和行政村可以建立工会组织。有会员二十五人以上的，应当成立工会基层委员会；不足二十五人的，可以单独建立工会基层委员会，也可以由两个以上单位的会员联合建立工会基层委员会，也可以选举组织员或者工会主席一人，主持基层工会工作。工会基层委员会有女会员十人以上的建立女职工委员会，不足十人的设女职工委员。

职工二百人以上企业、事业单位的工会设专职工会主席。工会专职工作人员的人数由工会与企业、事业单位协商确定。

基层工会具备法人条件，依法取得社团法人资格，工会主席为法定代表人。

第二十六条　工会基层组织的会员大会或者会员代表大会，每年至少召开一次。经基层工会委员会或者三分之一以上的工会会员提议，可以临时召开会员大会或者会员代表大会。工会会员在一百人以下的基层工会应当召开会员大会。

工会会员大会或者会员代表大会的职权是：

（一）审议和批准工会基层委员会的工作报告。

（二）审议和批准工会基层委员会的经费收支情况报告和经费审查委员会的工作报告。

（三）选举工会基层委员会和经费审查委员会。

（四）撤换或者罢免其所选举的代表或者工会委员会组成人员。

（五）讨论决定工会工作的重大问题。

工会基层委员会和经费审查委员会每届任期三年至五年，具体任期由会员大会或者会员代表大会决定。任期届满，应当如期召开会议，进行换届选举。在特殊情况下，经上一级工会批准，可以提前或者延期举行。

会员代表大会的代表实行常任制，任期与本单位工会委员会相同。

第二十七条　工会基层委员会的委员，应当在会员或者会员代表充分酝酿协商的基础上选举产生；主席、副主席，可以由会员大会或者会员代表大会直接选举产生，也可以由工会基层委员会选举产生。大型企业、事业单位的工会委员会，根据工作需要，经上级工会委员会批准，可以设立常务委员会。工会基层委员会、常务委员会和主席、副主席以及经费审查委员会的选举结果，报上一级工会批准。

第二十八条 工会基层委员会的基本任务是：

（一）执行会员大会或者会员代表大会的决议和上级工会的决定，主持基层工会的日常工作。

（二）代表和组织职工依照法律规定，通过职工代表大会、厂务公开和其他形式，参加本单位民主管理和民主监督。企业、事业单位工会委员会是职工代表大会工作机构，负责职工代表大会的日常工作，检查、督促职工代表大会决议的执行。

（三）参与协调劳动关系和调解劳动争议，与企业、事业单位行政方面建立协商制度，协商解决涉及职工切身利益问题。帮助和指导职工与企业、事业单位行政方面签订和履行劳动合同，代表职工与企业、事业单位行政方面签订集体合同或者其他专项协议，并监督执行。

（四）组织职工开展劳动竞赛、合理化建议、技术革新和技术协作等活动，总结推广先进经验。做好先进生产（工作）者和劳动模范的评选、表彰、培养和管理服务工作。

（五）对职工进行思想政治教育，鼓励支持职工学习文化科学技术和管理知识，开展健康的文化体育活动。推进企业文化职工文化建设，办好工会文化、教育、体育事业。

（六）监督有关法律、法规的贯彻执行。协助和督促行政方面做好工资、劳动安全卫生和社会保险等方面的工作，办好职工集体福利事业，改善职工生活，对困难职工开展帮扶。依法参与劳动安全卫生事故的调查处理。

（七）维护女职工的特殊利益，同歧视、虐待、摧残、迫害女职工的现象作斗争。

（八）搞好工会组织建设，健全民主制度和民主生活。建立和发展工会积极分子队伍。做好会员的发展、接收、教育和会籍管理工作。加强职工之家建设。

（九）收好、管好、用好工会经费，管理好工会资产和工会的企业、事业。

第二十九条 教育、科研、文化、卫生、体育等事业单位和机关工会，从脑力劳动者比较集中的特点出发开展工作，积极了解和关心职工的思想、工作和生活，推动党的知识分子政策的贯彻落实。组织职工搞好本单位的民主管理和民主监督，为发挥职工的聪明才智，创造良好的条件。

第三十条 工会基层委员会根据工作需要，可以在分厂、车间（科室）建立分厂、车间（科室）工会委员会。分厂、车间（科室）工会委员会由分厂、车间（科室）会员大会或者会员代表大会选举产生，任期和工会基层委员会相同。

工会基层委员会和分厂、车间（科室）委员会，可以根据需要设若干专门委员会或者专门小组。

按照生产（行政）班组建立工会小组，民主选举工会小组长，积极开展工会小组活动。

第六章 工会干部

第三十一条 各级工会组织按照革命化、年轻化、知识化、专业化的要求，努力建设一支坚持党的基本路线，熟悉本职业务，热爱工会工作，受到职工信赖的干部队伍。

第三十二条 工会干部要努力做到：

（一）认真学习马克思列宁主义、毛泽东思想、邓小平理论、“三个代表”重要思想和科学发展观，学习经济、法律和工会业务知识。

（二）执行党的基本路线和各项方针政策，遵守国家法律、法规，在改革开放和社会主义现代化建设中勇于开拓创新。

（三）忠于职守，勤奋工作，廉洁奉公，顾全大局，维护团结。

（四）坚持实事求是，认真调查研究，如实反映职工的意见、愿望和要求。

（五）坚持原则，不谋私利，热心为职工说话办事，依法维护职工的合法权益。

（六）作风民主，联系群众，自觉接受职工群众的批评和监督。

第三十三条 各级工会组织根据有关规定管理工会干部，重视培养和选拔青年干部、妇女干部、少数民族干部，成为培养干部的重要基地。

基层工会主席、副主席任期未满不得随意调动其工作。因工作需要调动时，应事先征得本级工会委员会和上一级工会同意。

第三十四条 各级工会组织建立与健全干部培训制度。办好工会干部院校和各种培训班。

第三十五条 各级工会组织关心工会干部的思想、学习和生活，督促落实相应的待遇，支持他们的工作，坚决同打击报复工会干部的行为作斗争。

县和县以上工会设立工会干部权益保障金，保障工会干部依法履行职责。

县和县以上工会可以为基层工会选派、聘用工作人员。

第七章 工会经费和资产

第三十六条 工会经费的来源：

（一）会员缴纳的会费。

（二）企业、事业单位、机关和其他社会组织按全部职工工资总额的百分之二向工会拨缴的经费或者建会筹备金。

（三）工会所属的企业、事业单位上缴的收入。

（四）人民政府和企业、事业单位、机关和其他社会组织的补助。

（五）其他收入。

第三十七条 县和县以上各级工会应当与税务、财政等有关部门合作，依照规定做好工会经费收缴和应当由财政负担的工会经费拨缴工作。

未成立工会的企业、事业单位、机关和其他社会组织，按工资总额的百分之二向上级工会拨缴工会建会筹备金。

具备社团法人资格的工会可以设立独立经费账户。

第三十八条 工会资产是社会团体资产，中华全国总工会对各级工会的资产拥有终极所有权。各级工会应当加强对工会资产的监督、管理，保护工会资产不受损害，促进工会资产保值增值。根据经费独立原则，建立预算、决算、资产监管和经费审查监督制度。实行“统一领导、分级管理”的财务体制、“统一所有、分级监管、单位使用”的资产监管体制和“统一领导、分级管理、分级负责”的经费审查监督体制。工会经费、资产的管理和使用办法以及工会经费审查监督制度，由中华全国总工会制定。

第三十九条 各级工会委员会按照规定编制和审批预算、决算，定期向会员大会或者会员代表大会和上一级工会委员会报告经费收支和资产管理情况，接受上级和同级工会经费审查委员会审查监督。

第四十条 工会经费、资产和国家及企业、事业单位等拨给工会的不动产和拨付资金形成的资产受法律保护，任何单位和个人不得侵占、挪用和任意调拨；不经批准，不得改变工会所属企业、事业单位的隶属关系和产权关系。

工会组织合并，其经费资产归合并后的工会所有；工会组织撤销或者解散，其经费资产由上级工会处置。

第八章 会 徽

第四十一条 中国工会会徽，选用汉字“中”、“工”两字，经艺术造型呈圆形重叠组成，并在两字外加一圆线，象征中国工会和中国工人阶级的团结统一。会徽的制作标准，由中华全国总工会规定。

第四十二条 中国工会会徽，可在工会办公地点、活动场所、会议会场悬挂，可作为纪念品、办公用品上的工会标志，也可以作为徽章佩戴。

第九章 附 则

第四十三条 本章程解释权属于中华全国总工会。

工会参与劳动争议处理试行办法

（1995年8月17日　总工发〔1995〕12号）

第一章　总　则

第一条　为指导工会参与处理劳动争议，维护劳动者合法权益，协调劳动关系，促进企业发展，根据《中华人民共和国工会法》、《中华人民共和国劳动法》和《中华人民共和国企业劳动争议处理条例》，制定本办法。

第二条　本办法适用于工会参与处理下列劳动争议：

（一）因用人单位开除、除名、辞退职工和职工辞职、自动离职发生的争议；

（二）因履行、变更、解除劳动合同发生的争议；

（三）因签订或履行集体合同发生的争议；

（四）因执行国家有关工作时间和休息休假、工资、劳动安全卫生、女职工和未成年工特殊保护、职业培训、社会保险和福利的规定发生的争议；

（五）法律、法规规定的其他劳动争议。

第三条　工会参与处理劳动争议应当遵循下列原则：

（一）依据事实和法律，及时公正处理；

（二）当事人在适用法律上一律平等；

（三）预防为主、基层为主、调解为主；

（四）尊重当事人申请仲裁和诉讼的权利；

（五）坚持劳动争议处理的三方原则。

第四条　工会依法参加劳动争议协商、调解、仲裁工作。

职工因劳动权益受到侵犯向人民法院起诉的，工会应当给予支持和帮助。

第五条　参加劳动争议调解、仲裁工作的工会代表应当遵纪守法、公正廉洁，不得滥用职权、徇私舞弊、收受贿赂、泄露秘密和个人隐私。

第二章　参与劳动争议协商

第六条　劳动争议协商是指劳动争议双方当事人就协调劳动关系、解决劳动争议进行商谈的行为。

第七条　发生劳动争议，工会可以接受职工及用人单位请求参与协商，促进争议解决。

第八条　工会发现劳动争议，应主动参与协商，及时化解矛盾。

第九条　劳动争议双方当事人经协商达成协议的，工会应当督促其自觉履行。

第十条　劳动争议双方当事人不愿协商或协商不成的，工会可以告知当事人依法申请调解或仲裁。

第三章　主持劳动争议调解

第十一条　工会应当督促、帮助用人单位依法建立劳动争议调解委员会。

劳动争议调解委员会由职工代表、用人单位代表和工会代表组成。职工代表和工会代表的人数不得少于调解委员会成员总数的2/3；女职工人数较多的单位，调解委员会成员中应当有女职工代表。

工会代表担任劳动争议调解委员会主任，主持劳动争议调解委员会工作。

劳动争议调解委员会的办事机构设在用人单位工会。

第十二条　调解委员会主任的职责：

（一）对劳动争议调解委员会无法决定是否受理的调解申请，决定是否受理；

（二）决定调解委员的回避；

（三）及时指派调解委员调解简单劳动争议；

（四）主持调解委员会会议，确定调解方案；

（五）召集有调解委员、劳动争议双方当事人参加的调解会议，依法主持调解。

第十三条 工会代表担任劳动争议调解委员的职责：

（一）依法调解本单位劳动争议；

（二）保证当事人实现自愿调解、申请回避和申请仲裁的权利；

（三）自争议发生之日起30日内结束调解，到期未结束的视为调解不成，告知当事人可以申请仲裁；

（四）督促劳动争议双方当事人履行调解协议；

（五）及时做好调解文书及案卷的整理归档工作；

（六）做好劳动争议预防工作。

第十四条 工会应当做好劳动争议调解委员、劳动争议调解员的培训工作，提高劳动争议调解委员会调解的法律水平和工作能力。

第十五条 劳动争议调解委员调离本单位或需要调整时，由原推选单位或组织在30日内依法推举或指定人员补齐。调解委员调离或调整超过半数以上的，应按规定程序重新组建。

第十六条 上级工会指导下级工会的劳动争议调解工作。

劳动争议调解委员会接受劳动争议仲裁委员会的业务指导。

第十七条 工会可以在城镇和乡镇企业集中的地方设立区域性劳动争议调解指导委员会。区域性劳动争议调解指导委员会可以邀请劳动行政部门的代表和社会有关人士参加。

区域性劳动争议调解指导委员会名单报上级地方总工会和劳动争议仲裁委员会备案。

第十八条 区域性劳动争议调解指导委员会指导本区域内劳动争议调解委员会的调解工作，并调解未设调解组织的用人单位的劳动争议。

第四章 参加劳动争议仲裁

第十九条 劳动争议仲裁委员会中工会代表的职责：

（一）担任劳动争议仲裁委员会副主任和委员，参与处理本委员会管辖范围内的劳动争议案件；

（二）按时参加仲裁委员会会议，遇特殊情况不能到会的，应出具委托书，委托本组织其他人员出席会议；

（三）对仲裁裁决意见依法行使表决权；

（四）参与研究处理有重大影响的案件和仲裁庭提交的重大疑难案件，参与审查、批准案情复杂，需要延期处理的案件；

（五）对应当受理未予受理的案件，有权提请仲裁委员会依法受理；

（六）对已经发生法律效力的仲裁裁决发现确有错误、需要重新处理的，应当要求仲裁委员会主任提交仲裁委员会重新处理；

（七）对受理的集体劳动争议及本地区有影响的个人劳动争议案件，及时向本级及上级工会书面报告。

第二十条 工会工作者依法取得仲裁员资格，由劳动争议仲裁委员会聘为兼职仲裁员的，所在单位应支持其参加劳动争议仲裁活动。

第二十一条 工会工作者担任兼职仲裁员，在执行仲裁公务时与专职仲裁员享有同等权利。

第二十二条 工会工作者担任兼职仲裁员，应当认真履行《劳动争议仲裁委员会组织规则》规定的仲裁员职责。

第五章 代理职工参与诉讼

第二十三条 县和县以上各级工会组织可以建立法律咨询服务机构，为保护职工和工会组织的合法权益提供服务。

第二十四条 工会法律服务机构可以接受职工当事人的委托，代理职工参与劳动争议诉讼。

工会法律服务机构接受职工当事人的代理申请后，应当指派代理人，指派的代理人应征得委托人同意。

第二十五条 工会法律服务机构代理职工参与诉讼，应当由委托人向仲裁委员会或人民法院提交由委托人签名或盖章的授权委托书。

第六章 参与处理集体劳动争议

第二十六条 发生集体劳动争议，用人单位工会应当及时向上级工会报告，依法参与处理。

工会参与处理集体劳动争议，应积极反映职工的正当要求，维护职工合法权益。

第二十七条 因集体劳动争议导致停工、怠工的，工会应当及时与有关方面协商解决，协商不成的，按集体劳动争议处理程序解决。

第二十八条 因签订和履行集体合同发生争议，用人单位工会可以就解决争议问题与用人单位平等协商。

第二十九条 因签订集体合同发生争议，当事人双方协商解决不成的，用人单位工会应当提请上级工会协同政府劳动行政部门协调处理。

第三十条 因履行集体合同发生争议，当事人双方协商解决不成的，可以向劳动争议仲裁委员会申请仲裁；对仲裁裁决不服的，可以自收到仲裁裁决书之日起 15 日内向人民法院提起诉讼。上级工会依法律法规的规定及本办法参与处理。

工会法律援助办法

（2008 年 8 月 11 日　总工发〔2008〕52 号）

第一章　总　则

第一条　为履行维护职工合法权益基本职责，规范工会法律援助工作，发展和谐劳动关系，根据《中华人民共和国工会法》、《中华人民共和国劳动法》、《法律援助条例》和《中国工会章程》，制定本办法。

第二条　工会建立法律援助制度，为合法权益受到侵害的职工、工会工作者和工会组织提供无偿法律服务。

工会法律援助是政府法律援助的必要补充。

第三条　工会建立法律援助异地协作制度，省际、城际间工会组织及其法律援助机构可以互相委托，协助办理相关法律援助事项。

第四条　全国总工会法律工作部指导、协调全国工会法律援助工作。县级以上地方工会法律工作部门指导、协调本地区工会法律援助工作。

工会法律援助工作接受司法行政机关的业务指导。

第五条　对在工会法律援助工作中作出突出贡献的工会法律援助组织和人员，县级以上总工会和产业工会应在工会系统内部或会同司法行政等部门予以表彰、奖励。

第二章　机构和人员

第六条　县级以上地方工会和具备条件的地方产业工会设立法律援助机构，在同级工会领导下开展工作。

地方工会可以与司法行政部门协作成立工会（职工）法律援助工作站，也可以与律师事务所等机构合作，签订职工法律援助服务协议。

工会设立法律援助机构应当符合有关法律、法规的规定。

第七条　工会法律援助机构可以单独设立也可以与困难职工帮扶中心合署办公，法律援助机构负责人及相关管理人员由同级工会委派或者聘任。

法律援助工作人员可以从下列人员中聘请：

（一）工会公职律师、专兼职劳动争议调解员、劳动保障法律监督员等工会法律工作者。

（二）法律专家、学者、律师等社会法律工作者。

第三章　范围和条件

第八条　工会法律援助的范围：

（一）劳动争议案件；

（二）因劳动权益涉及的职工人身权、民主权、财产权受到侵犯的案件；

（三）工会工作者因履行职责合法权益受到侵犯的案件；

（四）工会组织合法权益受到侵犯的案件；

（五）工会认为需要提供法律援助的其他事项。

第九条　工会法律援助的形式：

（一）普及法律知识；

（二）提供法律咨询；

（三）代写法律文书；

（四）参与协商、调解；

（五）仲裁、诉讼代理；

（六）其他法律援助形式。

第十条　职工符合下列条件之一的，可以向工会法律援助机构申请委托代理法律援助：

（一）为保障自身合法权益需要工会法律援助，且本人及其家庭经济状况符合当地工会提供法律援助的经济困难标准。

（二）未达到工会提供法律援助的经济困难标准，但有证据证明本人合法权益被严重侵害，需要工会提供法律援助的。

农民工因请求支付劳动报酬或者工伤赔偿申请法律援助的，不受本办法规定的经济困难条件的限制。

第四章　申请和承办

第十一条　职工申请法律援助应当向劳动合同履行地或者用人单位

所在地的工会法律援助机构提出。

工会工作者和工会组织申请工会法律援助应当向侵权行为地或者用人单位所在地的工会法律援助机构提出。

第十二条 职工申请工会法律援助机构代理劳动争议仲裁、诉讼等法律服务，应当以书面形式提出，并提交下列材料：

（一）身份证、工作证或者有关身份证明；

（二）所在单位工会或者地方工会（含乡镇、街道、开发区等工会）出具的申请人经济困难状况的证明；

（三）与法律援助事项相关的材料；

（四）工会法律援助机构认为需要提供的其他材料。

提交书面申请确有困难的，可以口头申请。工会法律援助机构应当当场记录申请人基本情况、申请事项、理由和时间，并经本人签字。

第十三条 工会工作者、工会组织申请工会法律援助机构参与协商、调解，代理仲裁、诉讼等法律服务，应当以书面形式提出，并分别提交下列材料：

（一）工会工作者所在单位工会或者工会组织所在地方工会出具的情况证明或说明；

（二）与法律援助事项相关的材料；

（三）工会法律援助机构认为需要提供的其他材料。

第十四条 工会法律援助机构自收到申请之日起7日内按规定的条件进行审查。对符合条件的，由工会法律援助机构负责人签署意见，作出同意提供法律援助的书面决定，指派法律援助承办人员，并通知申请人。

对申请人提交的证件、证明材料不齐全的，应当要求申请人作出必要的补充或者说明，申请人未按要求作出补充或者说明的，视为撤销申请。

对不符合条件的，作出不予提供法律援助的决定，以口头或者书面形式通知申请人。

第十五条 工会法律援助机构对法律咨询、代写法律文书等法律服务事项，应当即时办理；复杂疑难的可以预约择时办理。

第十六条 法律援助承办人员接受工会法律援助机构的管理和监

督，依法承办法律援助机构指定的援助事项，维护受援人合法权益。

第十七条 法律援助承办人员在援助事项结案后，应当向工会法律援助机构提交结案报告。

第十八条 法律援助事项结案后，工会法律援助机构应当按规定向承办人员支付法律援助办案补贴。补贴标准由县级以上地方工会根据本地实际情况确定。

第十九条 法律援助承办人员接受指派后，无正当理由不得拒绝、延迟或者中止、终止办理指定事项。

第二十条 法律援助承办人员未按规定程序批准，不得以工会法律援助机构名义承办案件。

第二十一条 法律援助承办人员应当遵守职业道德和执业纪律，不得收取受援人任何财物。

第五章 资金来源和管理

第二十二条 工会法律援助工作经费主要用于工会法律援助机构的办公、办案经费。县级以上地方工会应当将工会法律援助工作经费列入本级工会经费预算，并依据国家和工会财务制度的有关规定，制定相应管理办法。

第二十三条 对困难职工的法律援助补助资金，从工会困难职工帮扶中心专项资金中列支，管理和使用应当遵守《困难职工帮扶中心专项资金管理办法》的有关规定。

第二十四条 工会法律援助工作经费、对困难职工法律援助的补助资金，接受上级和本级工会财务、经审、法律、保障部门的监督检查。

第六章 附 则

第二十五条 各省、自治区、直辖市总工会可以根据本办法，结合本地实际，制定具体规定。

铁路、金融、民航、新疆生产建设兵团工会可以参照本办法执行。

第二十六条 本办法由全国总工会负责解释。

第二十七条 本办法自发布之日起执行。

中华全国总工会关于在企业改制重组关闭破产中进一步加强民主管理工作的通知

（2009年8月12日　发电〔2009〕61号）

各省、自治区、直辖市总工会，各全国产业工会，中共中央直属机关工会联合会，中央国家机关工会联合会，全总各部门、各直属单位：

为更好地应对国际金融危机，推进企业改革工作顺利进行，切实维护职工合法权益，保持职工队伍稳定，现就在企业改制重组关闭破产中进一步加强民主管理工作的有关问题通知如下。

一、充分认识在企业改制重组关闭破产过程中进一步加强民主管理工作的重要性和紧迫性

当前，我国经济发展正处于关键时期，企业改革取得了显著成效，有关国有企业改革政策层面的问题基本解决。但是，最近一段时期以来，有些企业在改革过程中忽视职工民主权利，改制方案不公开，职工安置方案也未经职工代表大会审议通过等，导致国有资产流失、职工利益受损，引起广大职工群众的质疑和不满，引发职工群众上访事件，个别企业甚至出现极端暴力事件，给企业和地区经济发展以及社会稳定造成了十分不利的影响。继续深入推进企业改革，不仅涉及经济发展和社会稳定的大局，而且涉及广大职工切身利益，必须坚持依靠职工群众，切实加强民主管理工作，确保职工合法权益得到维护。各级工会组织要坚持以科学发展观为指导，站在构建社会主义和谐社会的高度，充分认识坚持做好改制重组关闭破产企业民主管理工作的重要性和紧迫性，自觉把在企业改制重组关闭破产过程中加强民主管理工作作为支持企业应对国际金融危机，保障我国经济发展、社会稳定的重要措施，作为工会围绕中心、服务大局的一项重要工作，切实抓紧抓实。要积极支持政府和企业严格按照有关法律法规的规定进行改制重组关闭破产，通过厂务公开、职工代表大会等民主制度，落实职工的知情权、参与权、决策权

和监督权，切实维护职工合法权益。要积极配合党政有关部门，深入细致地做好职工群众的思想政治工作，向职工群众讲清楚有关企业改革的方针政策和规定，讲清楚企业改革的必要性、紧迫性以及企业的发展思路，争取职工群众的理解和支持，确保企业改制重组关闭破产依法顺利进行，确保职工队伍和社会稳定。

二、切实加强企业改制重组关闭破产中的民主管理工作

改制重组关闭破产企业工会要督促企业加强厂务公开工作，确保职工群众在企业改制重组关闭破产中的知情权和监督权，要推动企业认真贯彻落实中共中央办公厅、国务院办公厅《关于在国有企业、集体企业及其控股企业深入实行厂务公开制度的通知》（中办发〔2002〕13号，以下简称“两办通知”）、《国务院办公厅转发国资委〈关于进一步规范国有企业改制工作实施意见〉的通知》（国办发〔2005〕60号）的有关要求，协助和监督企业将改制方案、兼并破产方案、职工裁员及分流安置方案等企业重大决策问题，及时向职工群众公开，充分听取职工群众的意见。督促企业在实施改制时，将企业总资产、总负债、净资产、净利润等主要财务指标的财务审计、资产评估结果，向职工群众公开，接受职工群众的民主监督。

改制重组关闭破产企业工会要监督企业坚持和完善职工代表大会制度，在改制重组关闭破产中严格履行民主程序，要督促企业按照“两办通知”和《国务院办公厅转发〈国资委关于规范国有企业改制工作意见〉的通知》（国办发〔2003〕96号）的规定要求，将改制方案提交企业职工代表大会或职工大会审议，职工的裁减和安置方案等涉及职工切身利益的重大问题提交职工代表大会审议通过，未经职工代表大会审议的不应实施；既未公开又未经职工代表大会通过的决定视为无效。要坚持规范职工代表大会制度。改制企业召开职工代表大会，必须要有三分之二以上职工代表出席，经全体职工代表半数以上通过方为有效。职工代表大会的表决应以无记名投票方式进行，不能以职工代表团（组）长联席会议代替职工代表大会作出决定。

改制重组关闭破产企业工会要协助监督企业落实有关法律法规和政

策规定，切实维护职工合法权益不受侵害。积极协助和监督企业按照《破产法》、《劳动合同法》、《企业国有资产法》、《关于国有大中型企业主辅分离辅业改制分流安置富余人员的实施办法的通知》（国经贸企改〔2002〕859号）、《关于进一步规范国有大中型企业主辅分离辅业改制的通知》（国资发分配〔2005〕250号）、《最高人民法院关于正确审理企业破产案件为维护市场经济秩序提供司法保障若干问题的意见》（法发〔2009〕36号）等法律和政策规定，做好职工安置和经济补偿工作，避免大规模裁员，维护职工的劳动权益和经济权益。要协助企业尽可能地把问题解决在改制重组关闭破产过程中，暂时不能解决的，要把遗留问题的解决方法和时限向职工公开，通过职工代表大会广泛听取职工的意见，接受职工群众监督。对依法按政策确实不能解决的，要协助企业做好解释工作，取得职工的理解和支持。在改制完成的企业推动建立健全以职工代表大会为基本形式的企业民主管理制度，实行厂务公开，保障职工各项民主权利的落实，维护职工合法权益。

三、各地工会领导机关要切实加强对企业工会参与改制重组关闭破产工作的领导

各地工会和产业工会要加强源头参与工作，积极主动参与到本地区、本产业企业改革领导机构和企业改革工作中去，积极参与改制方案和有关政策的调研论证和制定、实施，参与、监督企业资产的评估、处置和企业股权配置，参与关于职工安置方案、经济补偿办法的制定与实施等。要对企业改制重组关闭破产中履行民主程序提出明确要求，对改制方案中涉及职工切身利益的问题要重点审核，严格把关，并监督实施。

要加强对改制重组关闭破产企业工会工作的指导，大力支持企业工会积极主动开展工作。要支持企业工会主席切实履行职权，参与企业改制方案调研论证，积极反映职工的意愿和要求，代表职工提出工会的意见，完善企业改革方案；支持企业工会主席敢于坚持原则，对侵犯职工合法权益的行为予以纠正，对暗箱操作、违规操作、严重损害国家利益和侵犯职工合法权益的行为，督促有关方面依据国家相关法律法规严肃

查处。要承担起保护企业工会主席合法权益的责任，对企业工会主席因依法履行职责遭受任何形式打击报复的，要依照《企业工会主席合法权益保护暂行办法》（总工发〔2007〕32 号）予以解决。畅通信息渠道，对企业改革过程中出现的不稳定因素，要及时向当地党委、政府和有关部门及上级工会反映，积极做好劳动争议预防和调解工作，切实把企业改革过程中的矛盾和问题解决在基层，解决在萌芽状态，保持职工队伍稳定，保障企业改革工作的顺利进行。

最高人民法院关于人民法院在审理企业破产和改制案件中切实防止债务人逃废债务的紧急通知

（2001 年 8 月 10 日　法〔2001〕105 号）

各省、自治区、直辖市高级人民法院，解放军军事法院，新疆维吾尔自治区高级人民法院生产建设兵团分院：

为了确保在审理企业破产和改制案件时严格适用法律，准确把握政策界限，坚决抵制、排除地方保护主义干扰，有效制止逃废、悬空债务现象，现就人民法院当前审理企业破产和改制案件中应当特别注意的几个问题紧急通知如下：

一、人民法院审理企业破产和改制案件，是运用司法手段维护市场经济秩序、社会信用，促进经济体制改革和经济发展的重要方面，各级人民法院必须以江泽民同志“三个代表”重要思想为指导，提高认识，加强领导，配备政治强、业务精的审判人员积极而慎重地审理好每一件企业破产和改制案件。院领导要亲自过问，审理任务重的法院要组织专门的合议庭。各中、高级人民法院对本辖区内影响较大的案件，要随时了解情况，对于典型案件和重大问题，要及时向上级人民法院报告。

二、上级人民法院要切实加强对下级人民法院审理企业破产案件的监督和指导，对确有错误的宣告企业破产裁定，应当通知其依法纠正，必要时可以指令下级人民法院重新作出裁定。破产宣告后，债权人或债务人有异议的，可以在人民法院宣告企业破产之日起十日内，向上一级人民法院申请复议，上一级人民法院应当在十五日内作出复议决定。

三、人民法院对企业破产案件立案应慎重，经审查破产申请发现有逃废债务迹象，或者“资不抵债”证据不足的，应当责令申请人补充材料，不得盲目立案。发现债务人有巨额财产下落不明且债务人不能合理解释财产去向的，或者先行剥离企业有效资产另组企业，而后申请破产的，应当裁定驳回破产申请。对于内贸、外贸企业的破产申请，应当严格按照国经贸〔1996〕492号文件的批准程序规定，从严把握，审慎受理。

四、人民法院在审理企业破产案件时，要切实监督和指导清算组认真审查破产企业的财务报表和原始凭证，逐项核实债权、债务，最大限度地保护债权人和其他当事人的合法权益。对破产企业隐匿、私分和无偿转让、压价出售财产，以及违反法律，对未到期债务提前清偿损害其他债权人利益和放弃债权等行为，应当依法确认无效，或者依当事人的申请依法予以撤销，并采取有效措施追回财产，防止国有资产流失。要准确把握政策界限，对未列入《全国企业兼并破产和职工再就业工作计划》的国有工业企业破产，不能适用国务院国发〔1994〕59号和〔1997〕10号文件，而应当按照《中华人民共和国企业破产法（试行)》的规定办理，即破产企业财产变现所得必须用于按比例清偿债务，安置破产企业职工的费用只能从当地政府补贴、民政救济和社会保障等渠道予以妥善解决。严格禁止和纠正违反规定，随意“搭车”，损害债权人的合法利益的现象。凡是纳入国家兼并破产计划的国有企业破产案件，在未对破产财产依法清算、处置完毕前，不得裁定终结破产程序。

五、处置破产财产，一般应当采取拍卖的方式，并加强对拍卖程序的监督，要确保拍卖的透明度、公平性，防止拍卖流于形式。要依法确定竞买人的资格，除法律、法规及有关政策有明确规定外，不得任意限定竞买人。所拍卖的破产财产价格，应当以评估确定的价格为依据，按照国家有关规定确定底价，一次拍卖不成的，应当降低底价继续拍卖，仍无法成交的，可经债权人会议讨论通过或者人民法院裁定，以实物作价抵还债务。以实物作价抵还债务的，应当以最后一次拍卖底价作为基本依据，做到公平、公正。防止因不适当地采取实物分配的方式抵还破产债权，而损害债权人的利益。

六、应当严格依据法律及司法解释的规定认真审查并确认破产企业担保的效力。不能仅以担保系政府指令违背了担保人意志，或者以担保人无财产承担担保责任等为由，而确认担保合同无效，更不能在确认担保合同无效后，完全免除担保人的赔偿责任。债务人有多个普通债权人的，债务人与其中一个债权人恶意串通，将其全部或者部分财产抵押给该债权人，因此丧失了履行其他债务的能力，损害了其他债权人的合法权益，受损害的其他债权人请求人民法院撤销该抵押行为的，人民法院应依法予以支持。对于合法有效的抵押，要确保抵押权人优先受偿。

七、人民法院审理涉及企业公司制改造、股份合作制改造、债权转股权、国有小型企业出售、企业兼并及分立等国有企业改制的纠纷案件，应当严格适用法律与国家改制政策。有关法律、行政法规无明文规定的，可适用改制行为发生时国务院有关主管部门的规范性文件；违反法律、行政法规和国务院规定的政策的有关地方性改制文件，不能作为办案依据。

八、人民法院审理国有企业改制案件，凡是改制行为发生时国务院有关主管部门的规范性文件明确规定须履行审批手续，对未履行审批手续，且事后又未补办审批手续的，或者当事人双方恶意串通，损害国家或债权人利益的，应当依法确认有关协议无效；在小型企业出售中，出售方借出售企业逃废债务，受让人知情的，对债权人撤销企业出售合同的主张，应当依法予以支持。

九、人民法院审理国有企业改制案件，应当依法认真处理好改制企业遗留债务的承担问题。对于改制企业遗留债务，当事人之间约定了新的债务承担人、并经债权人同意的，可依当事人的约定；对于虽未经债权人同意，但新的债务承担人有足够能力清偿债务的，可按照实际情况确认由新的债务承担人承担债务；对于仅对改制企业的财产进行了处理，而未处理改制企业债务的，原则上应当由改制变更后的企业在所接受财产的等值范围内承担原企业遗留债务。

十、人民法院审理国有企业改制案件，对企业出售中，卖方隐瞒或遗漏原企业债务的，应当由卖方对所隐瞒或遗漏的债务向原企业的债权人承担责任；对企业股份合作制改造及吸收合并中，被兼并或被改制企业原资产管理人隐瞒或遗漏债务的，应当由被兼并或被改制企业原资产管理人对所隐瞒或遗漏的债务承担民事责任；对借企业分立剥离企业有效资产，以逃避债务的，应当将分立后的企业列为共同被告，并依法确认由其承担连带责任。

请接到本通知后，立即组织有关审判人员学习，抓紧对本辖区法院所审理的案件进行一次认真检查，并制定贯彻执行措施，切实防止在审理企业破产和改制案件中债务人逃废债务的问题。检查、贯彻执行情况，及时报告最高人民法院。

最高人民法院
关于审理企业破产案件若干问题的规定

（2002年7月30日　法释〔2002〕23号）

为正确适用《中华人民共和国企业破产法（试行）》（以下简称企业破产法）、《中华人民共和国民事诉讼法》（以下简称民事诉讼法），规范对企业破产案件的审理，结合人民法院审理企业破产案件的实际情况，特制定以下规定。

一、关于企业破产案件管辖

第一条　企业破产案件由债务人住所地人民法院管辖。债务人住所地指债务人的主要办事机构所在地。债务人无办事机构的，由其注册地人民法院管辖。

第二条　基层人民法院一般管辖县、县级市或者区的工商行政管理机关核准登记企业的破产案件；

中级人民法院一般管辖地区、地级市（含本级）以上的工商行政管理机关核准登记企业的破产案件；

纳入国家计划调整的企业破产案件，由中级人民法院管辖。

第三条　上级人民法院审理下级人民法院管辖的企业破产案件，或者将本院管辖的企业破产案件移交下级人民法院审理，以及下级人民法院需要将自己管辖的企业破产案件交由上级人民法院审理的，依照民事诉讼法第三十九条的规定办理；省、自治区、直辖市范围内因特殊情况需对个别企业破产案件的地域管辖作调整的，须经共同上级人民法院批准。

二、关于破产申请与受理

第四条　申请（被申请）破产的债务人应当具备法人资格，不具备法人资格的企业、个体工商户、合伙组织、农村承包经营户不具备破产主体资格。

第五条 国有企业向人民法院申请破产时，应当提交其上级主管部门同意其破产的文件；其他企业应当提供其开办人或者股东会议决定企业破产的文件。

第六条 债务人申请破产，应当向人民法院提交下列材料：

（一）书面破产申请；

（二）企业主体资格证明；

（三）企业法定代表人与主要负责人名单；

（四）企业职工情况和安置预案；

（五）企业亏损情况的书面说明，并附审计报告；

（六）企业至破产申请日的资产状况明细表，包括有形资产、无形资产和企业投资情况等；

（七）企业在金融机构开设账户的详细情况，包括开户审批材料、帐号、资金等；

（八）企业债权情况表，列明企业的债务人名称、住所、债务数额、发生时间和催讨偿还情况；

（九）企业债务情况表，列明企业的债权人名称、住所、债权数额、发生时间；

（十）企业涉及的担保情况；

（十一）企业已发生的诉讼情况；

（十二）人民法院认为应当提交的其他材料。

第七条 债权人申请债务人破产，应当向人民法院提交下列材料：

（一）债权发生的事实与证据；

（二）债权性质、数额、有无担保，并附证据；

（三）债务人不能清偿到期债务的证据。

第八条 债权人申请债务人破产，人民法院可以通知债务人核对以下情况：

（一）债权的真实性；

（二）债权在债务人不能偿还的到期债务中所占的比例；

（三）债务人是否存在不能清偿到期债务的情况。

第九条 债权人申请债务人破产，债务人对债权人的债权提出异议，人民法院认为异议成立的，应当告知债权人先行提起民事诉讼。破产申请不予受理。

第十条 人民法院收到破产申请后，应当在七日内决定是否立案；破产申请人提交的材料需要更正、补充的，人民法院可以责令申请人限期更正、补充。按期更正、补充材料的，人民法院自收到更正补充材料之日起七日内决定是否立案；未按期更正、补充的，视为撤回申请。

人民法院决定受理企业破产案件的，应当制作案件受理通知书，并送达申请人和债务人。通知书作出时间为破产案件受理时间。

第十一条 在人民法院决定受理企业破产案件前，破产申请人可以请求撤回破产申请。

人民法院准许申请人撤回破产申请的，在撤回破产申请之前已经支出的费用由破产申请人承担。

第十二条 人民法院经审查发现有下列情况的，破产申请不予受理：

（一）债务人有隐匿、转移财产等行为，为了逃避债务而申请破产的；

（二）债权人借破产申请毁损债务人商业信誉，意图损害公平竞争的。

第十三条 人民法院对破产申请不予受理的，应当作出裁定。

破产申请人对不予受理破产申请的裁定不服的，可以在裁定送达之日起十日内向上一级人民法院提起上诉。

第十四条 人民法院受理企业破产案件后，发现不符合法律规定的受理条件或者有本规定第十二条所列情形的，应当裁定驳回破产申请。

人民法院受理债务人的破产申请后，发现债务人巨额财产下落不明且不能合理解释财产去向的，应当裁定驳回破产申请。

破产申请人对驳回破产申请的裁定不服的，可以在裁定送达之日起十日内向上一级人民法院提起上诉。

第十五条 人民法院决定受理企业破产案件后，应当组成合议庭，并在十日内完成下列工作：

（一）将合议庭组成人员情况书面通知破产申请人和被申请人，并在法院公告栏张贴企业破产受理公告。公告内容应当写明：破产申请受理时间、债务人名称，申报债权的期限、地点和逾期未申报债权的法律后果、第一次债权人会议召开的日期、地点；

（二）在债务人企业发布公告，要求保护好企业财产，不得擅自处理企业的账册、文书、资料、印章，不得隐匿、私分、转让、出售企业财产；

（三）通知债务人立即停止清偿债务，非经人民法院许可不得支付任何费用；

（四）通知债务人的开户银行停止债务人的结算活动，并不得扣划债务人款项抵扣债务。但经人民法院依法许可的除外。

第十六条 人民法院受理债权人提出的企业破产案件后，应当通知债务人在十五日内向人民法院提交有关会计报表、债权债务清册、企业资产清册以及人民法院认为应当提交的资料。

第十七条 人民法院受理企业破产案件后，除应当按照企业破产法第九条的规定通知已知的债权人外，还应当于三十日内在国家、地方有影响的报纸上刊登公告，公告内容同第十五条第（一）项的规定。

第十八条 人民法院受理企业破产案件后，除可以随即进行破产宣告成立清算组的外，在企业原管理组织不能正常履行管理职责的情况下，可以成立企业监管组。企业监管组成员从企业上级主管部门或者股东会议代表、企业原管理人员、主要债权人中产生，也可以聘请会计师、律师等中介机构参加。企业监管组主要负责处理以下事务：

（一）清点、保管企业财产；

（二）核查企业债权；

（三）为企业利益而进行的必要的经营活动；

（四）支付人民法院许可的必要支出；

（五）人民法院许可的其他工作。

企业监管组向人民法院负责，接受人民法院的指导、监督。

第十九条 人民法院受理企业破产案件后，以债务人为原告的其他民事纠纷案件尚在一审程序的，受诉人民法院应当将案件移送受理破产案件的人民法院；案件已进行到二审程序的，受诉人民法院应当继续审理。

第二十条 人民法院受理企业破产案件后，对债务人财产的其他民事执行程序应当中止。

以债务人为被告的其他债务纠纷案件，根据下列不同情况分别处理：

（一）已经审结但未执行完毕的，应当中止执行，由债权人凭生效的法律文书向受理破产案件的人民法院申报债权；

（二）尚未审结且无其他被告和无独立请求权的第三人的，应当中止诉讼，由债权人向受理破产案件的人民法院申报债权。在企业被宣告破产后，终结诉讼；

（三）尚未审结并有其他被告或者无独立请求权的第三人的，应当中止诉讼，由债权人向受理破产案件的人民法院申报债权。待破产程序终结后，恢复审理；

（四）债务人系从债务人的债务纠纷案件继续审理。

三、关于债权申报

第二十一条 债权人申报债权应当提交债权证明和合法有效的身份证明；代理申报人应当提交委托人的有效身份证明、授权委托书和债权证明。

申报的债权有财产担保的，应当提交证明财产担保的证据。

第二十二条 人民法院在登记申报的债权时，应当记明债权人名称、住所、开户银行、申报债权数额、申报债权的证据、财产担保情况、申报时间、联系方式以及其他必要的情况。

已经成立清算组的，由清算组进行上述债权登记工作。

第二十三条 连带债务人之一或者数人破产的，债权人可就全部债权向该债务人或者各债务人行使权利，申报债权。债权人未申报债权的，其他连带债务人可就将来可能承担的债务申报债权。

第二十四条 债权人虽未在法定期间申报债权，但有民事诉讼法第七十六条规定情形的，在破产财产分配前可向清算组申报债权。清算组负责审查其申报的债权，并由人民法院审查确定。债权人会议对人民法院同意该债权人参加破产财产分配有异议的，可以向人民法院申请复议。

四、关于破产和解与破产企业整顿

第二十五条 人民法院受理企业破产案件后，在破产程序终结前，债务人可以向人民法院申请和解。人民法院在破产案件审理过程中，可以根据债权人、债务人具体情况向双方提出和解建议。

人民法院作出破产宣告裁定前，债权人会议与债务人达成和解协议并经人民法院裁定认可的，由人民法院发布公告，中止破产程序。

人民法院作出破产宣告裁定后，债权人会议与债务人达成和解协议并经人民法院裁定认可，由人民法院裁定中止执行破产宣告裁定，并公告中止破产程序。

第二十六条 债务人不按和解协议规定的内容清偿全部债务的，相关债权人可以申请人民法院强制执行。

第二十七条 债务人不履行或者不能履行和解协议的，经债权人申请，人民法院应当裁定恢复破产程序。和解协议系在破产宣告前达成的，人民法院应当在裁定恢复破产程序的同时裁定宣告债务人破产。

第二十八条 企业由债权人申请破产的，如被申请破产的企业系国有企业，依照企业破产法第四章的规定，其上级主管部门可以申请对该企业进行整顿。整顿申请应当在债务人被宣告破产前提出。

企业无上级主管部门的，企业股东会议可以通过决议并以股东会议名义申请对企业进行整顿。整顿工作由股东会议指定人员负责。

第二十九条 企业整顿期间，企业的上级主管部门或者负责实施整顿方案的人员应当定期向债权人会议和人民法院报告整顿情况、和解协议执行情况。

第三十条 企业整顿期间，对于债务人财产的执行仍适用企业破产法第十一条的规定。

五、关于破产宣告

第三十一条 企业破产法第三条第一款规定的“不能清偿到期债

务”是指：

（一）债务的履行期限已届满；

（二）债务人明显缺乏清偿债务的能力。

债务人停止清偿到期债务并呈连续状态，如无相反证据，可推定为“不能清偿到期债务”。

第三十二条 人民法院受理债务人破产案件后，有下列情形之一的，应当裁定宣告债务人破产：

（一）债务人不能清偿债务且与债权人不能达成和解协议的；

（二）债务人不履行或者不能履行和解协议的；

（三）债务人在整顿期间有企业破产法第二十一条规定情形的；

（四）债务人在整顿期满后有企业破产法第二十二条第二款规定情形的。

宣告债务人破产应当公开进行。由债权人提出破产申请的，破产宣告时应当通知债务人到庭。

第三十三条 债务人自破产宣告之日起停止生产经营活动。为债权人利益确有必要继续生产经营的，须经人民法院许可。

第三十四条 人民法院宣告债务人破产后，应当通知债务人的开户银行，限定其银行账户只能由清算组使用。人民法院通知开户银行时应当附破产宣告裁定书。

第三十五条 人民法院裁定宣告债务人破产后应当发布公告，公告内容包括债务人亏损情况、资产负债状况、破产宣告时间、破产宣告理由和法律依据以及对债务人的财产、账册、文书、资料和印章的保护等内容。

第三十六条 破产宣告后，破产企业的财产在其他民事诉讼程序中被查封、扣押、冻结的，受理破产案件的人民法院应当立即通知采取查封、扣押、冻结措施的人民法院予以解除，并向受理破产案件的人民法院办理移交手续。

第三十七条 企业被宣告破产后，人民法院应当指定必要的留守人员。破产企业的法定代表人、财会、财产保管人员必须留守。

第三十八条 破产宣告后，债权人或者债务人对破产宣告有异议的，可以在人民法院宣告企业破产之日起十日内，向上一级人民法院申诉。上一级人民法院应当组成合议庭进行审理，并在三十日内作出裁定。

六、关于债权人会议

第三十九条 债权人会议由申报债权的债权人组成。

债权人会议主席由人民法院在有表决权的债权人中指定。必要时，人民法院可以指定多名债权人会议主席，成立债权人会议主席委员会。

少数债权人拒绝参加债权人会议，不影响会议的召开。但债权人会议不得作出剥夺其对破产财产受偿的机会或者不利于其受偿的决议。

第四十条 第一次债权人会议应当在人民法院受理破产案件公告三个月期满后召开。除债务人的财产不足以支付破产费用，破产程序提前终结外，不得以一般债权的清偿率为零为理由取消债权人会议。

第四十一条 第一次债权人会议由人民法院召集并主持。人民法院除完成本规定第十七条确定的工作外，还应当做好以下准备工作：

（一）拟订第一次债权人会议议程；

（二）向债务人的法定代表人或者负责人发出通知，要求其必须到会；

（三）向债务人的上级主管部门、开办人或者股东会议代表发出通知，要求其派员列席会议；

（四）通知破产清算组成员列席会议；

（五）通知审计、评估人员参加会议；

（六）需要提前准备的其他工作。

第四十二条 债权人会议一般包括以下内容：

（一）宣布债权人会议职权和其他有关事项；

（二）宣布债权人资格审查结果；

（三）指定并宣布债权人会议主席；

（四）安排债务人法定代表人或者负责人接受债权人询问；

（五）由清算组通报债务人的生产经营、财产、债务情况并作清算工作报告和提出财产处理方案及分配方案；

（六）讨论并审查债权的证明材料、债权的财产担保情况及数额、讨论通过和解协议、审阅清算组的清算报告、讨论通过破产财产的处理方案与分配方案等。讨论内容应当记明笔录。债权人对人民法院或者清算组登记的债权提出异议的，人民法院应当及时审查并作出裁定；

（七）根据讨论情况，依照企业破产法第十六条的规定进行表决。

以上第（五）至（七）项议程内的工作在本次债权人会议上无法完成的，交由下次债权人会议继续进行。

第四十三条 债权人认为债权人会议决议违反法律规定或者侵害其合法权益的，可以在债权人会议作出决议后七日内向人民法院提出，由人民法院依法裁定。

第四十四条 清算组财产分配方案经债权人会议两次讨论未获通过的，由人民法院依法裁定。

对前款裁定，占无财产担保债权总额半数以上债权的债权人有异议的，可以在人民法院作出裁定之日起十日内向上一级人民法院申诉。上一级人民法院应当组成合议庭进行审理，并在三十日内作出裁定。

第四十五条 债权人可以委托代理人出席债权人会议，并可以授权代理人行使表决权。代理人应当向人民法院或者债权人会议主席提交授权委托书。

第四十六条 第一次债权人会议后又召开债权人会议的，债权人会议主席应当在发出会议通知前三日报告人民法院，并由会议召集人在开会前十五日将会议时间、地点、内容、目的等事项通知债权人。

七、关于清算组

第四十七条 人民法院应当自裁定宣告企业破产之日起十五日内成立清算组。

第四十八条 清算组成员可以从破产企业上级主管部门、清算中介机构以及会计、律师中产生，也可以从政府财政、工商管理、计委、经委、审计、税务、物价、劳动、社会保险、土地管理、国有资产管理、人事等部门中指定。人民银行分（支）行可以按照有关规定派人参加清算组。

第四十九条 清算组经人民法院同意可以聘请破产清算机构、律师事务所、会计事务所等中介机构承担一定的破产清算工作。中介机构就清算工作向清算组负责。

第五十条 清算组的主要职责是：

（一）接管破产企业。向破产企业原法定代表人及留守人员接收原登记造册的资产明细表、有形资产清册，接管所有财产、账册、文书档案、印章、证照和有关资料。破产宣告前成立企业监管组的，由企业监管组和企业原法定代表人向清算组进行移交；

（二）清理破产企业财产，编制财产明细表和资产负债表，编制债权债务清册，组织破产财产的评估、拍卖、变现；

（三）回收破产企业的财产，向破产企业的债务人、财产持有人依法行使财产权利；

（四）管理、处分破产财产，决定是否履行合同和在清算范围内进行经营活动。确认别除权、抵销权、取回权；

（五）进行破产财产的委托评估、拍卖及其他变现工作；

（六）依法提出并执行破产财产处理和分配方案；

（七）提交清算报告；

（八）代表破产企业参加诉讼和仲裁活动；

（九）办理企业注销登记等破产终结事宜；

（十）完成人民法院依法指定的其他事项。

第五十一条 清算组对人民法院负责并且报告工作，接受人民法院的监督。人民法院应当及时指导清算组的工作，明确清算组的职权与责任，帮助清算组拟订工作计划，听取清算组汇报工作。

清算组有损害债权人利益的行为或者其他违法行为的，人民法院可以根据债权人的申请或者依职权予以纠正。

人民法院可以根据债权人的申请或者依职权更换不称职的清算组成员。

第五十二条 清算组应当列席债权人会议，接受债权人会议的询问。债权人有权查阅有关资料、询问有关事项；清算组的决定违背债权人利益的，债权人可以申请人民法院裁定撤销该决定。

第五十三条 清算组对破产财产应当及时登记、清理、审计、评估、变价。必要时，可以请求人民法院对破产企业财产进行保全。

第五十四条 清算组应当采取有效措施保护破产企业的财产。债务人的财产权利如不依法登记或者及时行使将丧失权利的，应当及时予以登记或者行使；对易损、易腐、跌价或者保管费用较高的财产应当及时变卖。

八、关于破产债权

第五十五条 下列债权属于破产债权：

（一）破产宣告前发生的无财产担保的债权；

（二）破产宣告前发生的虽有财产担保但是债权人放弃优先受偿的债权；

（三）破产宣告前发生的虽有财产担保但是债权数额超过担保物价值部分的债权；

（四）票据出票人被宣告破产，付款人或者承兑人不知其事实而向持票人付款或者承兑所产生的债权；

（五）清算组解除合同，对方当事人依法或者依照合同约定产生的对债务人可以用货币计算的债权；

（六）债务人的受托人在债务人破产后，为债务人的利益处理委托事务所发生的债权；

（七）债务人发行债券形成的债权；

（八）债务人的保证人代替债务人清偿债务后依法可以向债务人追偿的债权；

（九）债务人的保证人按照《中华人民共和国担保法》第三十二条的规定预先行使追偿权而申报的债权；

（十）债务人为保证人的，在破产宣告前已经被生效的法律文书确定承担的保证责任；

（十一）债务人在破产宣告前因侵权、违约给他人造成财产损失而产生的赔偿责任；

（十二）人民法院认可的其他债权。

以上第（五）项债权以实际损失为计算原则。违约金不作为破产债权，定金不再适用定金罚则。

第五十六条 因企业破产解除劳动合同，劳动者依法或者依据劳动合同对企业享有的补偿金请求权，参照企业破产法第三十七条第二款第（一）项规定的顺序清偿。

第五十七条 债务人所欠非正式职工（含短期劳动工）的劳动报酬，参照企业破产法第三十七条第二款第（一）项规定的顺序清偿。

第五十八条 债务人所欠企业职工集资款，参照企业破产法第三十七条第二款第（一）项规定的顺序清偿。但对违反法律规定的高额利息部分不予保护。

职工向企业的投资，不属于破产债权。

第五十九条 债务人退出联营应当对该联营企业的债务承担责任的，联营企业的债权人对该债务人享有的债权属于破产债权。

第六十条 与债务人互负债权债务的债权人可以向清算组请求行使抵销权，抵销权的行使应当具备以下条件：

（一）债权人的债权已经得到确认；

（二）主张抵销的债权债务均发生在破产宣告之前。

经确认的破产债权可以转让。受让人以受让的债权抵销其所欠债务人债务的，人民法院不予支持。

第六十一条 下列债权不属于破产债权：

（一）行政、司法机关对破产企业的罚款、罚金以及其他有关费用；

（二）人民法院受理破产案件后债务人未支付应付款项的滞纳金，包括债务人未执行生效法律文书应当加倍支付的迟延利息和劳动保险金的滞纳金；

（三）破产宣告后的债务利息；

（四）债权人参加破产程序所支出的费用；

（五）破产企业的股权、股票持有人在股权、股票上的权利；

（六）破产财产分配开始后向清算组申报的债权；

（七）超过诉讼时效的债权；

（八）债务人开办单位对债务人未收取的管理费、承包费。

上述不属于破产债权的权利，人民法院或者清算组也应当对当事人的申报进行登记。

第六十二条 政府无偿拨付给债务人的资金不属于破产债权。但财政、扶贫、科技管理等行政部门通过签订合同，按有偿使用、定期归还原则发放的款项，可以作为破产债权。

第六十三条 债权人对清算组确认或者否认的债权有异议的，可以向清算组提出。债权人对清算组的处理仍有异议的，可以向人民法院提出。人民法院应当在查明事实的基础上依法作出裁决。

九、关于破产财产

第六十四条 破产财产由下列财产构成：

（一）债务人在破产宣告时所有的或者经营管理的全部财产；

（二）债务人在破产宣告后至破产程序终结前取得的财产；

（三）应当由债务人行使的其他财产权利。

第六十五条 债务人与他人共有的物、债权、知识产权等财产或者财产权，应当在破产清算中予以分割，债务人分割所得属于破产财产；不能分割的，应当就其应得部分转让，转让所得属于破产财产。

第六十六条 债务人的开办人注册资金投入不足的，应当由该开办人予以补足，补足部分属于破产财产。

第六十七条 企业破产前受让他人财产并依法取得所有权或者土地使用权的，即便未支付或者未完全支付对价，该财产仍属于破产财产。

第六十八条 债务人的财产被采取民事诉讼执行措施的，在受理破产案件后尚未执行的或者未执行完毕的剩余部分，在该企业被宣告破产后列入破产财产。因错误执行应当执行回转的财产，在执行回转后列入破产财产。

第六十九条 债务人依照法律规定取得代位求偿权的，依该代位求偿权享有的债权属于破产财产。

第七十条 债务人在被宣告破产时未到期的债权视为已到期，属于破产财产，但应当减去未到期的利息。

第七十一条 下列财产不属于破产财产：

（一）债务人基于仓储、保管、加工承揽、委托交易、代销、借用、寄存、租赁等法律关系占有、使用的他人财产；

（二）抵押物、留置物、出质物，但权利人放弃优先受偿权的或者优先偿付被担保债权剩余的部分除外；

（三）担保物灭失后产生的保险金、补偿金、赔偿金等代位物；

（四）依照法律规定存在优先权的财产，但权利人放弃优先受偿权或者优先偿付特定债权剩余的部分除外；

（五）特定物买卖中，尚未转移占有但相对人已完全支付对价的特定物；

（六）尚未办理产权证或者产权过户手续但已向买方交付的财产；

（七）债务人在所有权保留买卖中尚未取得所有权的财产；

（八）所有权专属于国家且不得转让的财产；

（九）破产企业工会所有的财产。

第七十二条 本规定第七十一条第（一）项所列的财产，财产权利人有权取回。

前款财产在破产宣告前已经毁损灭失的，财产权利人仅能以直接损失额为限申报债权；在破产宣告后因清算组的责任毁损灭失的，财产权利人有权获得等值赔偿。

债务人转让上述财产获利的，财产权利人有权要求债务人等值赔偿。

十、关于破产财产的收回、处理和变现

第七十三条 清算组应当向破产企业的债务人和财产持有人发出书面通知，要求债务人和财产持有人于限定的时间向清算组清偿债务或者交付财产。

破产企业的债务人和财产持有人有异议的，应当在收到通知后的七日内提出，由人民法院作出裁定。

破产企业的债务人和财产持有人在收到通知后既不向清算组清偿债务或者交付财产，又没有正当理由不在规定的异议期内提出异议的，由清算组向人民法院提出申请，经人民法院裁定后强制执行。

破产企业在境外的财产，由清算组予以收回。

第七十四条 债务人享有的债权，其诉讼时效自人民法院受理债务人的破产申请之日起，适用《中华人民共和国民法通则》第一百四十条关于诉讼时效中断的规定。债务人与债权人达成和解协议，中止破产程序的，诉讼时效自人民法院中止破产程序裁定之日起重新计算。

第七十五条 经人民法院同意，清算组可以聘用律师或者其他中介机构的人员追收债权。

第七十六条 债务人设立的分支机构和没有法人资格的全资机构的财产，应当一并纳入破产程序进行清理。

第七十七条 债务人在其开办的全资企业中的投资权益应当予以追收。

全资企业资不抵债的，清算组停止追收。

第七十八条 债务人对外投资形成的股权及其收益应当予以追收。对该股权可以出售或者转让，出售、转让所得列入破产财产进行分配。

股权价值为负值的，清算组停止追收。

第七十九条 债务人开办的全资企业，以及由其参股、控股的企业不能清偿到期债务，需要进行破产还债的，应当另行提出破产申请。

第八十条 清算组处理集体所有土地使用权时，应当遵守相关法律规定。未办理土地征用手续的集体所有土地使用权，应当在该集体范围内转让。

第八十一条 破产企业的职工住房，已经签订合同、交付房款，进行房改给个人的，不属于破产财产。未进行房改的，可由清算组向有关部门申请办理房改事项，向职工出售。按照国家规定不具备房改条件，或者职工在房改中不购买住房的，由清算组根据实际情况处理。

第八十二条 债务人的幼儿园、学校、医院等公益福利性设施，按国家有关规定处理，不作为破产财产分配。

第八十三条 处理破产财产前，可以确定有相应评估资质的评估机构对破产财产进行评估，债权人会议、清算组对破产财产的评估结论、评估费用有异议的，参照最高人民法院《关于民事诉讼证据的若干规定》第二十七条的规定处理。

第八十四条 债权人会议对破产财产的市场价格无异议的，经人民法院同意后，可以不进行评估。但是国有资产除外。

第八十五条 破产财产的变现应当以拍卖方式进行。由清算组负责委托有拍卖资格的拍卖机构进行拍卖。

依法不得拍卖或者拍卖所得不足以支付拍卖所需费用的，不进行拍卖。

前款不进行拍卖或者拍卖不成的破产财产，可以在破产分配时进行实物分配或者作价变卖。债权人对清算组在实物分配或者作价变卖中对破产财产的估价有异议的，可以请求人民法院进行审查。

第八十六条 破产财产中的成套设备，一般应当整体出售。

第八十七条 依法属于限制流通的破产财产，应当由国家指定的部门收购或者按照有关法律规定处理。

十一、关于破产费用

第八十八条 破产费用包括：

（一）破产财产的管理、变卖、分配所需要的费用；

（二）破产案件的受理费；

（三）债权人会议费用；

（四）催收债务所需费用；

（五）为债权人的共同利益而在破产程序中支付的其他费用。

第八十九条 人民法院受理企业破产案件可以按照《人民法院诉讼收费办法补充规定》预收案件受理费。

破产宣告前发生的经人民法院认可的必要支出，从债务人财产中拨付。债务人财产不足以支付的，如系债权人申请破产的，由债权人支付。

第九十条 清算期间职工生活费、医疗费可以从破产财产中优先拨付。

第九十一条 破产费用可随时支付，破产财产不足以支付破产费用的，人民法院根据清算组的申请裁定终结破产程序。

十二、关于破产财产的分配

第九十二条 破产财产分配方案经债权人会议通过后，由清算组负责执行。财产分配可以一次分配，也可以多次分配。

第九十三条　破产财产分配方案应当包括以下内容：

（一）可供破产分配的财产种类、总值，已经变现的财产和未变现的财产；

（二）债权清偿顺序、各顺序的种类与数额，包括破产企业所欠职工工资、劳动保险费用和破产企业所欠税款的数额和计算依据，纳入国家计划调整的企业破产，还应当说明职工安置费的数额和计算依据；

（三）破产债权总额和清偿比例；

（四）破产分配的方式、时间；

（五）对将来能够追回的财产拟进行追加分配的说明。

第九十四条　列入破产财产的债权，可以进行债权分配。债权分配以便于债权人实现债权为原则。

将人民法院已经确认的债权分配给债权人的，由清算组向债权人出具债权分配书，债权人可以凭债权分配书向债务人要求履行。债务人拒不履行的，债权人可以申请人民法院强制执行。

第九十五条　债权人未在指定期限内领取分配的财产的，对该财产可以进行提存或者变卖后提存价款，并由清算组向债权人发出催领通知书。债权人在收到催领通知书一个月后或者在清算组发出催领通知书两个月后，债权人仍未领取的，清算组应当对该部分财产进行追加分配。

十三、关于破产终结

第九十六条　破产财产分配完毕，由清算组向人民法院报告分配情况，并申请人民法院终结破产程序。

人民法院在收到清算组的报告和终结破产程序申请后，认为符合破产程序终结规定的，应当在七日内裁定终结破产程序。

第九十七条　破产程序终结后，由清算组向破产企业原登记机关办理企业注销登记。

破产程序终结后仍有可以追收的破产财产、追加分配等善后事宜需要处理的，经人民法院同意，可以保留清算组或者保留部分清算组成员。

第九十八条　破产程序终结后出现可供分配的财产的，应当追加分配。追加分配的财产，除企业破产法第四十条规定的由人民法院追回的财产外，还包括破产程序中因纠正错误支出收回的款项，因权利被承认追回的财产，债权人放弃的财产和破产程序终结后实现的财产权利等。

第九十九条 破产程序终结后，破产企业的账册、文书等卷宗材料由清算组移交破产企业上级主管机关保存；无上级主管机关的，由破产企业的开办人或者股东保存。

十四、其他

第一百条 人民法院在审理企业破产案件中，发现破产企业的原法定代表人或者直接责任人员有企业破产法第三十五条所列行为的，应当向有关部门建议，对该法定代表人或者直接责任人员给予行政处分；涉嫌犯罪的，应当将有关材料移送相关国家机关处理。

第一百零一条 破产企业有企业破产法第三十五条所列行为，致使企业财产无法收回，造成实际损失的，清算组可以对破产企业的原法定代表人、直接责任人员提起民事诉讼，要求其承担民事赔偿责任。

第一百零二条 人民法院受理企业破产案件后，发现企业有巨额财产下落不明的，应当将有关涉嫌犯罪的情况和材料，移送相关国家机关处理。

第一百零三条 人民法院可以建议有关部门对破产企业的主要责任人员限制其再行开办企业，在法定期限内禁止其担任公司的董事、监事、经理。

第一百零四条 最高人民法院发现各级人民法院，或者上级人民法院发现下级人民法院在破产程序中作出的裁定确有错误的，应当通知其纠正；不予纠正的，可以裁定指令下级人民法院重新作出裁定。

第一百零五条 纳入国家计划调整的企业破产案件，除适用本规定外，还应当适用国家有关企业破产的相关规定。

第一百零六条 本规定自二〇〇二年九月一日起施行。在本规定发布前制定的有关审理企业破产案件的司法解释，与本规定相抵触的，不再适用。

最高人民法院关于审理与企业改制相关的民事纠纷案件若干问题的规定

（2003 年 1 月 3 日　法释〔2003〕1 号）

为了正确审理与企业改制相关的民事纠纷案件，根据《中华人民共和国民法通则》、《中华人民共和国公司法》、《中华人民共和国全民所有制工业企业法》、《中华人民共和国合同法》、《中华人民共和国民事诉讼法》等法律、法规的规定，结合审判实践，制定本规定。

一、案件受理

第一条　人民法院受理以下平等民事主体间在企业产权制度改造中发生的民事纠纷案件：

（一）企业公司制改造中发生的民事纠纷；

（二）企业股份合作制改造中发生的民事纠纷；

（三）企业分立中发生的民事纠纷；

（四）企业债权转股权纠纷；

（五）企业出售合同纠纷；

（六）企业兼并合同纠纷；

（七）与企业改制相关的其他民事纠纷。

第二条　当事人起诉符合本规定第一条所列情形，并符合民事诉讼法第一百零八条规定的起诉条件的，人民法院应当予以受理。

第三条　政府主管部门在对企业国有资产进行行政性调整、划转过程中发生的纠纷，当事人向人民法院提起民事诉讼的，人民法院不予受理。

二、企业公司制改造

第四条　国有企业依公司法整体改造为国有独资有限责任公司的，原企业的债务，由改造后的有限责任公司承担。

第五条 企业通过增资扩股或者转让部分产权，实现他人对企业的参股，将企业整体改造为有限责任公司或者股份有限公司的，原企业债务由改造后的新设公司承担。

第六条 企业以其部分财产和相应债务与他人组建新公司，对所转移的债务债权人认可的，由新组建的公司承担民事责任；对所转移的债务未通知债权人或者虽通知债权人，而债权人不予认可的，由原企业承担民事责任。原企业无力偿还债务，债权人就此向新设公司主张债权的，新设公司在所接收的财产范围内与原企业承担连带民事责任。

第七条 企业以其优质财产与他人组建新公司，而将债务留在原企业，债权人以新设公司和原企业作为共同被告提起诉讼主张债权的，新设公司应当在所接收的财产范围内与原企业共同承担连带责任。

三、企业股份合作制改造

第八条 由企业职工买断企业产权，将原企业改造为股份合作制的，原企业的债务，由改造后的股份合作制企业承担。

第九条 企业向其职工转让部分产权，由企业与职工共同组建股份合作制企业的，原企业的债务由改造后的股份合作制企业承担。

第十条 企业通过其职工投资增资扩股，将原企业改造为股份合作制企业的，原企业的债务由改造后的股份合作制企业承担。

第十一条 企业在进行股份合作制改造时，参照公司法的有关规定，公告通知了债权人。企业股份合作制改造后，债权人就原企业资产管理人（出资人）隐瞒或者遗漏的债务起诉股份合作制企业的，如债权人在公告期内申报过该债权，股份合作制企业在承担民事责任后，可再向原企业资产管理人（出资人）追偿。如债权人在公告期内未申报过该债权，则股份合作制企业不承担民事责任，人民法院可告知债权人另行起诉原企业资产管理人（出资人）。

四、企业分立

第十二条 债权人向分立后的企业主张债权，企业分立时对原企业的债务承担有约定，并经债权人认可的，按照当事人的约定处理；企业分立时对原企业债务承担没有约定或者约定不明，或者虽然有约定但债权人不予认可的，分立后的企业应当承担连带责任。

第十三条 分立的企业在承担连带责任后，各分立的企业间对原企业债务承担有约定的，按照约定处理；没有约定或者约定不明的，根据企业分立时的资产比例分担。

五、企业债权转股权

第十四条 债权人与债务人自愿达成债权转股权协议，且不违反法律和行政法规强制性规定的，人民法院在审理相关的民事纠纷案件中，应当确认债权转股权协议有效。

政策性债权转股权，按照国务院有关部门的规定处理。

第十五条 债务人以隐瞒企业资产或者虚列企业资产为手段，骗取债权人与其签订债权转股权协议，债权人在法定期间内行使撤销权的，人民法院应当予以支持。

债权转股权协议被撤销后，债权人有权要求债务人清偿债务。

第十六条 部分债权人进行债权转股权的行为，不影响其他债权人向债务人主张债权。

六、国有小型企业出售

第十七条 以协议转让形式出售企业，企业出售合同未经有审批权的地方人民政府或其授权的职能部门审批的，人民法院在审理相关的民事纠纷案件时，应当确认该企业出售合同不生效。

第十八条 企业出售中，当事人双方恶意串通，损害国家利益的，人民法院在审理相关的民事纠纷案件时，应当确认该企业出售行为无效。

第十九条 企业出售中，出卖人实施的行为具有合同法第五十四条规定的情形，买受人在法定期限内行使撤销权的，人民法院应当予以支持。

第二十条 企业出售合同约定的履行期限届满，一方当事人拒不履行合同，或者未完全履行合同义务，致使合同目的不能实现，对方当事人要求解除合同并要求赔偿损失的，人民法院应当予以支持。

第二十一条 企业出售合同约定的履行期限届满，一方当事人未完全履行合同义务，对方当事人要求继续履行合同并要求赔偿损失的，人民法院应当予以支持。双方当事人均未完全履行合同义务的，应当根据当事人的过错，确定各自应当承担的民事责任。

第二十二条 企业出售时，出卖人对所售企业的资产负债状况、损益状况等重大事项未履行如实告知义务，影响企业出售价格，买受人就此向人民法院起诉主张补偿的，人民法院应当予以支持。

第二十三条 企业出售合同被确认无效或者被撤销的，企业售出后买受人经营企业期间发生的经营盈亏，由买受人享有或者承担。

第二十四条 企业售出后，买受人将所购企业资产纳入本企业或者将所购企业变更为所属分支机构的，所购企业的债务，由买受人承担。但买卖双方另有约定，并经债权人认可的除外。

第二十五条 企业售出后，买受人将所购企业资产作价入股与他人重新组建新公司，所购企业法人予以注销的，对所购企业出售前的债务，买受人应当以其所有财产，包括在新组建公司中的股权承担民事责任。

第二十六条 企业售出后，买受人将所购企业重新注册为新的企业法人，所购企业法人被注销的，所购企业出售前的债务，应当由新注册的企业法人承担。但买卖双方另有约定，并经债权人认可的除外。

第二十七条 企业售出后，应当办理而未办理企业法人注销登记，债权人起诉该企业的，人民法院应当根据企业资产转让后的具体情况，告知债权人追加责任主体，并判令责任主体承担民事责任。

第二十八条 出售企业时，参照公司法的有关规定，出卖人公告通知了债权人。企业售出后，债权人就出卖人隐瞒或者遗漏的原企业债务起诉买受人的，如债权人在公告期内申报过该债权，买受人在承担民事责任后，可再行向出卖人追偿。如债权人在公告期内未申报过该债权，则买受人不承担民事责任。人民法院可告知债权人另行起诉出卖人。

第二十九条 出售企业的行为具有合同法第七十四条规定的情形，债权人在法定期限内行使撤销权的，人民法院应当予以支持。

七、企业兼并

第三十条 企业兼并协议自当事人签字盖章之日起生效。需经政府主管部门批准的，兼并协议自批准之日起生效；未经批准的，企业兼并协议不生效。但当事人在一审法庭辩论终结前补办报批手续的，人民法院应当确认该兼并协议有效。

第三十一条 企业吸收合并后，被兼并企业的债务应当由兼并方承担。

第三十二条 企业进行吸收合并时，参照公司法的有关规定，公告通知了债权人。企业吸收合并后，债权人就被兼并企业原资产管理人（出资人）隐瞒或者遗漏的企业债务起诉兼并方的，如债权人在公告期内申报过该笔债权，兼并方在承担民事责任后，可再行向被兼并企业原资产管理人（出资人）追偿。如债权人在公告期内未申报过该笔债权，则兼并方不承担民事责任。人民法院可告知债权人另行起诉被兼并企业原资产管理人（出资人）。

第三十三条 企业新设合并后，被兼并企业的债务由新设合并后的企业法人承担。

第三十四条 企业吸收合并或新设合并后，被兼并企业应当办理而未办理工商注销登记，债权人起诉被兼并企业的，人民法院应当根据企业兼并后的具体情况，告知债权人追加责任主体，并判令责任主体承担民事责任。

第三十五条 以收购方式实现对企业控股的，被控股企业的债务，仍由其自行承担。但因控股企业抽逃资金、逃避债务，致被控股企业无力偿还债务的，被控股企业的债务则由控股企业承担。

八、附则

第三十六条 本规定自二〇〇三年二月一日起施行。在本规定施行前，本院制定的有关企业改制方面的司法解释与本规定相抵触的，不再适用。

最高人民法院关于适用《中华人民共和国企业破产法》若干问题的规定（一）

（2011 年 9 月 9 日　法释〔2011〕22 号）

为正确适用《中华人民共和国企业破产法》，结合审判实践，就人民法院依法受理企业破产案件适用法律问题作出如下规定。

第一条　债务人不能清偿到期债务并且具有下列情形之一的，人民法院应当认定其具备破产原因：

（一）资产不足以清偿全部债务；

（二）明显缺乏清偿能力。

相关当事人以对债务人的债务负有连带责任的人未丧失清偿能力为由，主张债务人不具备破产原因的，人民法院应不予支持。

第二条　下列情形同时存在的，人民法院应当认定债务人不能清偿到期债务：

（一）债权债务关系依法成立；

（二）债务履行期限已经届满；

（三）债务人未完全清偿债务。

第三条　债务人的资产负债表，或者审计报告、资产评估报告等显示其全部资产不足以偿付全部负债的，人民法院应当认定债务人资产不足以清偿全部债务，但有相反证据足以证明债务人资产能够偿付全部负债的除外。

第四条　债务人账面资产虽大于负债，但存在下列情形之一的，人民法院应当认定其明显缺乏清偿能力：

（一）因资金严重不足或者财产不能变现等原因，无法清偿债务；

（二）法定代表人下落不明且无其他人员负责管理财产，无法清偿债务；

（三）经人民法院强制执行，无法清偿债务；

（四）长期亏损且经营扭亏困难，无法清偿债务；

（五）导致债务人丧失清偿能力的其他情形。

第五条 企业法人已解散但未清算或者未在合理期限内清算完毕，债权人申请债务人破产清算的，除债务人在法定异议期限内举证证明其未出现破产原因外，人民法院应当受理。

第六条 债权人申请债务人破产的，应当提交债务人不能清偿到期债务的有关证据。债务人对债权人的申请未在法定期限内向人民法院提出异议，或者异议不成立的，人民法院应当依法裁定受理破产申请。

受理破产申请后，人民法院应当责令债务人依法提交其财产状况说明、债务清册、债权清册、财务会计报告等有关材料，债务人拒不提交的，人民法院可以对债务人的直接责任人员采取罚款等强制措施。

第七条 人民法院收到破产申请时，应当向申请人出具收到申请及所附证据的书面凭证。

人民法院收到破产申请后应当及时对申请人的主体资格、债务人的主体资格和破产原因，以及有关材料和证据等进行审查，并依据企业破产法第十条的规定作出是否受理的裁定。

人民法院认为申请人应当补充、补正相关材料的，应当自收到破产申请之日起五日内告知申请人。当事人补充、补正相关材料的期间不计入企业破产法第十条规定的期限。

第八条 破产案件的诉讼费用，应根据企业破产法第四十三条的规定，从债务人财产中拨付。相关当事人以申请人未预先交纳诉讼费用为由，对破产申请提出异议的，人民法院不予支持。

第九条 申请人向人民法院提出破产申请，人民法院未接收其申请，或者未按本规定第七条执行的，申请人可以向上一级人民法院提出破产申请。

上一级人民法院接到破产申请后，应当责令下级法院依法审查并及时作出是否受理的裁定；下级法院仍不作出是否受理裁定的，上一级人民法院可以径行作出裁定。

上一级人民法院裁定受理破产申请的，可以同时指令下级人民法院审理该案件。

最高人民法院关于适用《中华人民共和国企业破产法》若干问题的规定（二）

（2013年9月5日　法释〔2013〕22号）

根据《中华人民共和国企业破产法》《中华人民共和国物权法》《中华人民共和国合同法》等相关法律，结合审判实践，就人民法院审理企业破产案件中认定债务人财产相关的法律适用问题，制定本规定。

第一条　除债务人所有的货币、实物外，债务人依法享有的可以用货币估价并可以依法转让的债权、股权、知识产权、用益物权等财产和财产权益，人民法院均应认定为债务人财产。

第二条　下列财产不应认定为债务人财产：

（一）债务人基于仓储、保管、承揽、代销、借用、寄存、租赁等合同或者其他法律关系占有、使用的他人财产；

（二）债务人在所有权保留买卖中尚未取得所有权的财产；

（三）所有权专属于国家且不得转让的财产；

（四）其他依照法律、行政法规不属于债务人的财产。

第三条　债务人已依法设定担保物权的特定财产，人民法院应当认定为债务人财产。

对债务人的特定财产在担保物权消灭或者实现担保物权后的剩余部分，在破产程序中可用以清偿破产费用、共益债务和其他破产债权。

第四条　债务人对按份享有所有权的共有财产的相关份额，或者共同享有所有权的共有财产的相应财产权利，以及依法分割共有财产所得部分，人民法院均应认定为债务人财产。

人民法院宣告债务人破产清算，属于共有财产分割的法定事由。人民法院裁定债务人重整或者和解的，共有财产的分割应当依据物权法第九十九条的规定进行；基于重整或者和解的需要必须分割共有财产，管理人请求分割的，人民法院应予准许。

因分割共有财产导致其他共有人损害产生的债务，其他共有人请求作为共益债务清偿的，人民法院应予支持。

第五条 破产申请受理后，有关债务人财产的执行程序未依照企业破产法第十九条的规定中止的，采取执行措施的相关单位应当依法予以纠正。依法执行回转的财产，人民法院应当认定为债务人财产。

第六条 破产申请受理后，对于可能因有关利益相关人的行为或者其他原因，影响破产程序依法进行的，受理破产申请的人民法院可以根据管理人的申请或者依职权，对债务人的全部或者部分财产采取保全措施。

第七条 对债务人财产已采取保全措施的相关单位，在知悉人民法院已裁定受理有关债务人的破产申请后，应当依照企业破产法第十九条的规定及时解除对债务人财产的保全措施。

第八条 人民法院受理破产申请后至破产宣告前裁定驳回破产申请，或者依据企业破产法第一百零八条的规定裁定终结破产程序的，应当及时通知原已采取保全措施并已依法解除保全措施的单位按照原保全顺位恢复相关保全措施。

在已依法解除保全的单位恢复保全措施或者表示不再恢复之前，受理破产申请的人民法院不得解除对债务人财产的保全措施。

第九条 管理人依据企业破产法第三十一条和第三十二条的规定提起诉讼，请求撤销涉及债务人财产的相关行为并由相对人返还债务人财产的，人民法院应予支持。

管理人因过错未依法行使撤销权导致债务人财产不当减损，债权人提起诉讼主张管理人对其损失承担相应赔偿责任的，人民法院应予支持。

第十条 债务人经过行政清理程序转入破产程序的，企业破产法第三十一条和第三十二条规定的可撤销行为的起算点，为行政监管机构作出撤销决定之日。

债务人经过强制清算程序转入破产程序的，企业破产法第三十一条和第三十二条规定的可撤销行为的起算点，为人民法院裁定受理强制清算申请之日。

第十一条 人民法院根据管理人的请求撤销涉及债务人财产的以明显不合理价格进行的交易的，买卖双方应当依法返还从对方获取的财产或者价款。

因撤销该交易，对于债务人应返还受让人已支付价款所产生的债务，受让人请求作为共益债务清偿的，人民法院应予支持。

第十二条 破产申请受理前一年内债务人提前清偿的未到期债务，在破产申请受理前已经到期，管理人请求撤销该清偿行为的，人民法院不予支持。但是，该清偿行为发生在破产申请受理前六个月内且债务人有企业破产法第二条第一款规定情形的除外。

第十三条 破产申请受理后，管理人未依据企业破产法第三十一条的规定请求撤销债务人无偿转让财产、以明显不合理价格交易、放弃债权行为的，债权人依据合同法第七十四条等规定提起诉讼，请求撤销债务人上述行为并将因此追回的财产归入债务人财产的，人民法院应予受理。

相对人以债权人行使撤销权的范围超出债权人的债权抗辩的，人民法院不予支持。

第十四条 债务人对以自有财产设定担保物权的债权进行的个别清偿，管理人依据企业破产法第三十二条的规定请求撤销的，人民法院不予支持。但是，债务清偿时担保财产的价值低于债权额的除外。

第十五条 债务人经诉讼、仲裁、执行程序对债权人进行的个别清偿，管理人依据企业破产法第三十二条的规定请求撤销的，人民法院不予支持。但是，债务人与债权人恶意串通损害其他债权人利益的除外。

第十六条 债务人对债权人进行的以下个别清偿，管理人依据企业破产法第三十二条的规定请求撤销的，人民法院不予支持：

（一）债务人为维系基本生产需要而支付水费、电费等的；

（二）债务人支付劳动报酬、人身损害赔偿金的；

（三）使债务人财产受益的其他个别清偿。

第十七条 管理人依据企业破产法第三十三条的规定提起诉讼，主张被隐匿、转移财产的实际占有人返还债务人财产，或者主张债务人虚构债务或者承认不真实债务的行为无效并返还债务人财产的，人民法院应予支持。

第十八条 管理人代表债务人依据企业破产法第一百二十八条的规定，以债务人的法定代表人和其他直接责任人员对所涉债务人财产的相关行为存在故意或者重大过失，造成债务人财产损失为由提起诉讼，主张上述责任人员承担相应赔偿责任的，人民法院应予支持。

第十九条 债务人对外享有债权的诉讼时效，自人民法院受理破产申请之日起中断。

债务人无正当理由未对其到期债权及时行使权利，导致其对外债权在破产申请受理前一年内超过诉讼时效期间的，人民法院受理破产申请之日起重新计算上述债权的诉讼时效期间。

第二十条 管理人代表债务人提起诉讼，主张出资人向债务人依法缴付未履行的出资或者返还抽逃的出资本息，出资人以认缴出资尚未届至公司章程规定的缴纳期限或者违反出资义务已经超过诉讼时效为由抗辩的，人民法院不予支持。

管理人依据公司法的相关规定代表债务人提起诉讼，主张公司的发起人和负有监督股东履行出资义务的董事、高级管理人员，或者协助抽逃出资的其他股东、董事、高级管理人员、实际控制人等，对股东违反出资义务或者抽逃出资承担相应责任，并将财产归入债务人财产的，人民法院应予支持。

第二十一条 破产申请受理前，债权人就债务人财产提起下列诉讼，破产申请受理时案件尚未审结的，人民法院应当中止审理：

（一）主张次债务人代替债务人直接向其偿还债务的；

（二）主张债务人的出资人、发起人和负有监督股东履行出资义务的董事、高级管理人员，或者协助抽逃出资的其他股东、董事、高级管理人员、实际控制人等直接向其承担出资不实或者抽逃出资责任的；

（三）以债务人的股东与债务人法人人格严重混同为由，主张债务人的股东直接向其偿还债务人对其所负债务的；

（四）其他就债务人财产提起的个别清偿诉讼。

债务人破产宣告后，人民法院应当依照企业破产法第四十四条的规定判决驳回债权人的诉讼请求。但是，债权人一审中变更其诉讼请求为追收的相关财产归入债务人财产的除外。

债务人破产宣告前，人民法院依据企业破产法第十二条或者第一百零八条的规定裁定驳回破产申请或者终结破产程序的，上述中止审理的案件应当依法恢复审理。

第二十二条 破产申请受理前，债权人就债务人财产向人民法院提起本规定第二十一条第一款所列诉讼，人民法院已经作出生效民事判决书或者调解书但尚未执行完毕的，破产申请受理后，相关执行行为应当依据企业破产法第十九条的规定中止，债权人应当依法向管理人申报相关债权。

第二十三条 破产申请受理后，债权人就债务人财产向人民法院提起本规定第二十一条第一款所列诉讼的，人民法院不予受理。

债权人通过债权人会议或者债权人委员会，要求管理人依法向次债务人、债务人的出资人等追收债务人财产，管理人无正当理由拒绝追收，债权人会议依据企业破产法第二十二条的规定，申请人民法院更换管理人的，人民法院应予支持。

管理人不予追收，个别债权人代表全体债权人提起相关诉讼，主张次债务人或者债务人的出资人等向债务人清偿或者返还债务人财产，或者依法申请合并破产的，人民法院应予受理。

第二十四条 债务人有企业破产法第二条第一款规定的情形时，债务人的董事、监事和高级管理人员利用职权获取的以下收入，人民法院应当认定为企业破产法第三十六条规定的非正常收入：

（一）绩效奖金；

（二）普遍拖欠职工工资情况下获取的工资性收入；

（三）其他非正常收入。

债务人的董事、监事和高级管理人员拒不向管理人返还上述债务人财产，管理人主张上述人员予以返还的，人民法院应予支持。

债务人的董事、监事和高级管理人员因返还第一款第（一）项、第（三）项非正常收入形成的债权，可以作为普通破产债权清偿。因返还第一款第（二）项非正常收入形成的债权，依据企业破产法第一百一十三条第三款的规定，按照该企业职工平均工资计算的部分作为拖欠职工工资清偿；高出该企业职工平均工资计算的部分，可以作为普通破产债权清偿。

第二十五条 管理人拟通过清偿债务或者提供担保取回质物、留置物，或者与质权人、留置权人协议以质物、留置物折价清偿债务等方式，进行对债权人利益有重大影响的财产处分行为的，应当及时报告债权人委员会。未设立债权人委员会的，管理人应当及时报告人民法院。

第二十六条 权利人依据企业破产法第三十八条的规定行使取回权，应当在破产财产变价方案或者和解协议、重整计划草案提交债权人会议表决前向管理人提出。权利人在上述期限后主张取回相关财产的，应当承担延迟行使取回权增加的相关费用。

第二十七条 权利人依据企业破产法第三十八条的规定向管理人主张取回相关财产，管理人不予认可，权利人以债务人为被告向人民法院提起诉讼请求行使取回权的，人民法院应予受理。

权利人依据人民法院或者仲裁机关的相关生效法律文书向管理人主张取回所涉争议财产，管理人以生效法律文书错误为由拒绝其行使取回权的，人民法院不予支持。

第二十八条 权利人行使取回权时未依法向管理人支付相关的加工费、保管费、托运费、委托费、代销费等费用，管理人拒绝其取回相关财产的，人民法院应予支持。

第二十九条 对债务人占有的权属不清的鲜活易腐等不易保管的财产或者不及时变现价值将严重贬损的财产，管理人及时变价并提存变价款后，有关权利人就该变价款行使取回权的，人民法院应予支持。

第三十条 债务人占有的他人财产被违法转让给第三人，依据物权法第一百零六条的规定第三人已善意取得财产所有权，原权利人无法取回该财产的，人民法院应当按照以下规定处理：

（一）转让行为发生在破产申请受理前的，原权利人因财产损失形成的债权，作为普通破产债权清偿；

（二）转让行为发生在破产申请受理后的，因管理人或者相关人员执行职务导致原权利人损害产生的债务，作为共益债务清偿。

第三十一条 债务人占有的他人财产被违法转让给第三人，第三人已向债务人支付了转让价款，但依据物权法第一百零六条的规定未取得财产所有权，原权利人依法追回转让财产的，对因第三人已支付对价而产生的债务，人民法院应当按照以下规定处理：

（一）转让行为发生在破产申请受理前的，作为普通破产债权清偿；

（二）转让行为发生在破产申请受理后的，作为共益债务清偿。

第三十二条 债务人占有的他人财产毁损、灭失，因此获得的保险金、赔偿金、代偿物尚未交付给债务人，或者代偿物虽已交付给债务人但能与债务人财产予以区分的，权利人主张取回就此获得的保险金、赔偿金、代偿物的，人民法院应予支持。

保险金、赔偿金已经交付给债务人，或者代偿物已经交付给债务人且不能与债务人财产予以区分的，人民法院应当按照以下规定处理：

（一）财产毁损、灭失发生在破产申请受理前的，权利人因财产损失形成的债权，作为普通破产债权清偿；

（二）财产毁损、灭失发生在破产申请受理后的，因管理人或者相关人员执行职务导致权利人损害产生的债务，作为共益债务清偿。

债务人占有的他人财产毁损、灭失，没有获得相应的保险金、赔偿金、代偿物，或者保险金、赔偿物、代偿物不足以弥补其损失的部分，人民法院应当按照本条第二款的规定处理。

第三十三条 管理人或者相关人员在执行职务过程中，因故意或者重大过失不当转让他人财产或者造成他人财产毁损、灭失，导致他人损害产生的债务作为共益债务，由债务人财产随时清偿不足弥补损失，权利人向管理人或者相关人员主张承担补充赔偿责任的，人民法院应予支持。

上述债务作为共益债务由债务人财产随时清偿后，债权人以管理人或者相关人员执行职务不当导致债务人财产减少给其造成损失为由提起诉讼，主张管理人或者相关人员承担相应赔偿责任的，人民法院应予支持。

第三十四条 买卖合同双方当事人在合同中约定标的物所有权保

留，在标的物所有权未依法转移给买受人前，一方当事人破产的，该买卖合同属于双方均未履行完毕的合同，管理人有权依据企业破产法第十八条的规定决定解除或者继续履行合同。

第三十五条 出卖人破产，其管理人决定继续履行所有权保留买卖合同的，买受人应当按照原买卖合同的约定支付价款或者履行其他义务。

买受人未依约支付价款或者履行完毕其他义务，或者将标的物出卖、出质或者作出其他不当处分，给出卖人造成损害，出卖人管理人依法主张取回标的物的，人民法院应予支持。但是，买受人已经支付标的物总价款百分之七十五以上或者第三人善意取得标的物所有权或者其他物权的除外。

因本条第二款规定未能取回标的物，出卖人管理人依法主张买受人继续支付价款、履行完毕其他义务，以及承担相应赔偿责任的，人民法院应予支持。

第三十六条 出卖人破产，其管理人决定解除所有权保留买卖合同，并依据企业破产法第十七条的规定要求买受人向其交付买卖标的物的，人民法院应予支持。

买受人以其不存在未依约支付价款或者履行完毕其他义务，或者将标的物出卖、出质或者作出其他不当处分情形抗辩的，人民法院不予支持。

买受人依法履行合同义务并依据本条第一款将买卖标的物交付出卖人管理人后，买受人已支付价款损失形成的债权作为共益债务清偿。但是，买受人违反合同约定，出卖人管理人主张上述债权作为普通破产债权清偿的，人民法院应予支持。

第三十七条 买受人破产，其管理人决定继续履行所有权保留买卖合同的，原买卖合同中约定的买受人支付价款或者履行其他义务的期限在破产申请受理时视为到期，买受人管理人应当及时向出卖人支付价款或者履行其他义务。

买受人管理人无正当理由未及时支付价款或者履行完毕其他义务，或者将标的物出卖、出质或者作出其他不当处分，给出卖人造成损害，出卖人依据合同法第一百三十四条等规定主张取回标的物的，人民法院应予支持。但是，买受人已支付标的物总价款百分之七十五以上或者第三人善意取得标的物所有权或者其他物权的除外。

因本条第二款规定未能取回标的物，出卖人依法主张买受人继续支付价款、履行完毕其他义务，以及承担相应赔偿责任的，人民法院应予支持。对因买受人未支付价款或者未履行完毕其他义务，以及买受人管理人将标的物出卖、出质或者作出其他不当处分导致出卖人损害产生的债务，出卖人主张作为共益债务清偿的，人民法院应予支持。

第三十八条 买受人破产，其管理人决定解除所有权保留买卖合同，出卖人依据企业破产法第三十八条的规定主张取回买卖标的物的，人民法院应予支持。

出卖人取回买卖标的物，买受人管理人主张出卖人返还已支付价款的，人民法院应予支持。取回的标的物价值明显减少给出卖人造成损失的，出卖人可从买受人已支付价款中优先予以抵扣后，将剩余部分返还给买受人；对买受人已支付价款不足以弥补出卖人标的物价值减损损失形成的债权，出卖人主张作为共益债务清偿的，人民法院应予支持。

第三十九条 出卖人依据企业破产法第三十九条的规定，通过通知承运人或者实际占有人中止运输、返还货物、变更到达地，或者将货物交给其他收货人等方式，对在运途中标的物主张了取回权但未能实现，或者在货物未达管理人前已向管理人主张取回在运途中标的物，在买卖标的物到达管理人后，出卖人向管理人主张取回的，管理人应予准许。

出卖人对在运途中标的物未及时行使取回权，在买卖标的物到达管理人后向管理人行使在运途中标的物取回权的，管理人不应准许。

第四十条 债务人重整期间，权利人要求取回债务人合法占有的权利人的财产，不符合双方事先约定条件的，人民法院不予支持。但是，因管理人或者自行管理的债务人违反约定，可能导致取回物被转让、毁损、灭失或者价值明显减少的除外。

第四十一条 债权人依据企业破产法第四十条的规定行使抵销权，应当向管理人提出抵销主张。

管理人不得主动抵销债务人与债权人的互负债务，但抵销使债务人财产受益的除外。

第四十二条 管理人收到债权人提出的主张债务抵销的通知后，经审查无异议的，抵销自管理人收到通知之日起生效。

管理人对抵销主张有异议的，应当在约定的异议期限内或者自收到主张债务抵销的通知之日起三个月内向人民法院提起诉讼。无正当理由逾期提起的，人民法院不予支持。

人民法院判决驳回管理人提起的抵销无效诉讼请求的，该抵销自管理人收到主张债务抵销的通知之日起生效。

第四十三条 债权人主张抵销，管理人以下列理由提出异议的，人民法院不予支持：

（一）破产申请受理时，债务人对债权人负有的债务尚未到期；

（二）破产申请受理时，债权人对债务人负有的债务尚未到期；

（三）双方互负债务标的物种类、品质不同。

第四十四条 破产申请受理前六个月内，债务人有企业破产法第二条第一款规定的情形，债务人与个别债权人以抵销方式对个别债权人清偿，其抵销的债权债务属于企业破产法第四十条第（二）、（三）项规定的情形之一，管理人在破产申请受理之日起三个月内向人民法院提起诉讼，主张该抵销无效的，人民法院应予支持。

第四十五条 企业破产法第四十条所列不得抵销情形的债权人，主张以其对债务人特定财产享有优先受偿权的债权，与债务人对其不享有优先受偿权的债权抵销，债务人管理人以抵销存在企业破产法第四十条规定的情形提出异议的，人民法院不予支持。但是，用以抵销的债权大于债权人享有优先受偿权财产价值的除外。

第四十六条 债务人的股东主张以下列债务与债务人对其负有的债务抵销，债务人管理人提出异议的，人民法院应予支持：

（一）债务人股东因欠缴债务人的出资或者抽逃出资对债务人所负的债务；

（二）债务人股东滥用股东权利或者关联关系损害公司利益对债务人所负的债务。

第四十七条 人民法院受理破产申请后，当事人提起的有关债务人的民事诉讼案件，应当依据企业破产法第二十一条的规定，由受理破产申请的人民法院管辖。

受理破产申请的人民法院管辖的有关债务人的第一审民事案件，可以依据民事诉讼法第三十八条的规定，由上级人民法院提审，或者报请上级人民法院批准后交下级人民法院审理。

受理破产申请的人民法院，如对有关债务人的海事纠纷、专利纠纷、证券市场因虚假陈述引发的民事赔偿纠纷等案件不能行使管辖权的，可以依据民事诉讼法第三十七条的规定，由上级人民法院指定管辖。

第四十八条 本规定施行前本院发布的有关企业破产的司法解释，与本规定相抵触的，自本规定施行之日起不再适用。